年《ねん》・場《ば》所《しょ》	力《りき》士《し》名《めい》	番付《ばんづけ》	所属部屋《しょぞくべや》	成《せい》績《せき》	出身《しゅっしん》	回数《かいすう》
昭和《しょうわ》32（1957）年《ねん》・三月《がつ》	朝汐《あさしお》 太郎《たろう》	関脇《せきわけ》	高砂《たかさご》	13勝《しょう》2敗《はい》	鹿児島《かごしま》	2
昭和32（1957）年・五月	安念山《あんねんやま》 治《おさむ》	小結《こむすび》	立浪《たつなみ》	13勝《しょう》2敗《はい》	北海道《ほっかいどう》	1
昭和32（1957）年・九月	栃錦《とちにしき》 清隆《きよたか》	横綱《よこづな》	春日野《かすがの》	13勝《しょう》2敗《はい》	東京《とうきょう》	6
昭和32（1957）年・十一月	玉乃海《たまのうみ》 太三郎《だいさぶろう》	前頭《まえがしら》14	二所ノ関《にしょのせき》	15勝《しょう》	大分《おおいた》	1
昭和33（1958）年・一月	若乃花《わかのはな》 勝治《かつじ》	大関《おおぜき》	花籠《はなかご》	13勝《しょう》2敗《はい》	青森《あおもり》	2
昭和33（1958）年・三月	朝汐《あさしお》 太郎《たろう》	大関《おおぜき》	高砂《たかさご》	13勝《しょう》2敗《はい》	鹿児島《かごしま》	3
昭和33（1958）年・五月	栃錦《とちにしき》 清隆《きよたか》	横綱《よこづな》	春日野《かすがの》	14勝《しょう》1敗《ぱい》	東京《とうきょう》	7
昭和33（1958）年・七月	若乃花《わかのはな》 幹士《かんじ》（初代《しょだい》）	横綱《よこづな》	花籠《はなかご》	13勝《しょう》2敗《はい》	青森《あおもり》	3
昭和33（1958）年・九月	若乃花《わかのはな》 幹士《かんじ》（初代《しょだい》）	横綱《よこづな》	花籠《はなかご》	14勝《しょう》1敗《ぱい》	青森《あおもり》	4
昭和33（1958）年・十一月	朝汐《あさしお》 太郎《たろう》	大関《おおぜき》	高砂《たかさご》	14勝《しょう》1敗《ぱい》	鹿児島《かごしま》	4
昭和34（1959）年・一月	若乃花《わかのはな》 幹士《かんじ》（初代《しょだい》）	横綱《よこづな》	花籠《はなかご》	14勝《しょう》1敗《ぱい》	青森《あおもり》	5
昭和34（1959）年・三月	栃錦《とちにしき》 清隆《きよたか》	横綱《よこづな》	春日野《かすがの》	14勝《しょう》1敗《ぱい》	東京《とうきょう》	8
昭和34（1959）年・五月	若乃花《わかのはな》 幹士《かんじ》（初代《しょだい》）	横綱《よこづな》	花籠《はなかご》	14勝《しょう》1敗《ぱい》	青森《あおもり》	6
昭和34（1959）年・七月	栃錦《とちにしき》 清隆《きよたか》	横綱《よこづな》	春日野《かすがの》	15勝《しょう》	東京《とうきょう》	9
昭和34（1959）年・九月	若乃花《わかのはな》 幹士《かんじ》（初代《しょだい》）	横綱《よこづな》	花籠《はなかご》	14勝《しょう》1敗《ぱい》	青森《あおもり》	7
昭和34（1959）年・十一月	若羽黒《わかはぐろ》 朋明《ともあき》	大関《おおぜき》	立浪《たつなみ》	13勝《しょう》2敗《はい》	神奈川《かながわ》	1
昭和35（1960）年・一月	栃錦《とちにしき》 清隆《きよたか》	横綱《よこづな》	春日野《かすがの》	14勝《しょう》1敗《ぱい》	東京《とうきょう》	10
昭和35（1960）年・三月	若乃花《わかのはな》 幹士《かんじ》（初代《しょだい》）	横綱《よこづな》	花籠《はなかご》	15勝《しょう》	青森《あおもり》	8
昭和35（1960）年・五月	若三杉《わかみすぎ》 彰晃《あきてる》	前頭《まえがしら》4	花籠《はなかご》	14勝《しょう》1敗《ぱい》	香川《かがわ》	1
昭和35（1960）年・七月	若乃花《わかのはな》 幹士《かんじ》（初代《しょだい》）	横綱《よこづな》	花籠《はなかご》	13勝《しょう》2敗《はい》	青森《あおもり》	9
昭和35（1960）年・九月	若乃花《わかのはな》 幹士《かんじ》（初代《しょだい》）	横綱《よこづな》	花籠《はなかご》	13勝《しょう》2敗《はい》	青森《あおもり》	10
昭和35（1960）年・十一月	大鵬《たいほう》 幸喜《こうき》	関脇《せきわけ》	二所ノ関《にしょのせき》	13勝《しょう》2敗《はい》	北海道《ほっかいどう》	1
昭和36（1961）年・一月	柏戸《かしわど》 剛《つよし》	大関《おおぜき》	伊勢ノ海《いせのうみ》	13勝《しょう》2敗《はい》	山形《やまがた》	1
昭和36（1961）年・三月	朝潮《あさしお》 太郎《たろう》	横綱《よこづな》	高砂《たかさご》	13勝《しょう》2敗《はい》	鹿児島《かごしま》	5
昭和36（1961）年・五月	佐田《さだ》の山《やま》 晋松《しんまつ》	前頭《まえがしら》13	出羽海《でわのうみ》	12勝《しょう》3敗《ぱい》	長崎《ながさき》	1
昭和36（1961）年・七月	大鵬《たいほう》 幸喜《こうき》	大関《おおぜき》	二所ノ関《にしょのせき》	13勝《しょう》2敗《はい》	北海道《ほっかいどう》	2
昭和36（1961）年・九月	大鵬《たいほう》 幸喜《こうき》	大関《おおぜき》	二所ノ関《にしょのせき》	12勝《しょう》3敗《ぱい》	北海道《ほっかいどう》	3
昭和36（1961）年・十一月	大鵬《たいほう》 幸喜《こうき》	横綱《よこづな》	二所ノ関《にしょのせき》	13勝《しょう》2敗《はい》	北海道《ほっかいどう》	4
昭和37（1962）年・一月	大鵬《たいほう》 幸喜《こうき》	横綱《よこづな》	二所ノ関《にしょのせき》	13勝《しょう》2敗《はい》	北海道《ほっかいどう》	5
昭和37（1962）年・三月	佐田《さだ》の山《やま》 晋松《しんまつ》	関脇《せきわけ》	出羽海《でわのうみ》	13勝《しょう》2敗《はい》	長崎《ながさき》	2
昭和37（1962）年・五月	栃ノ海《とちのうみ》 晃嘉《てるよし》	関脇《せきわけ》	春日野《かすがの》	14勝《しょう》1敗《ぱい》	青森《あおもり》	1
昭和37（1962）年・七月	大鵬《たいほう》 幸喜《こうき》	横綱《よこづな》	二所ノ関《にしょのせき》	14勝《しょう》1敗《ぱい》	北海道《ほっかいどう》	6
昭和37（1962）年・九月	大鵬《たいほう》 幸喜《こうき》	横綱《よこづな》	二所ノ関《にしょのせき》	13勝《しょう》2敗《はい》	北海道《ほっかいどう》	7
昭和37（1962）年・十一月	大鵬《たいほう》 幸喜《こうき》	横綱《よこづな》	二所ノ関《にしょのせき》	13勝《しょう》2敗《はい》	北海道《ほっかいどう》	8
昭和38（1963）年・一月	大鵬《たいほう》 幸喜《こうき》	横綱《よこづな》	二所ノ関《にしょのせき》	14勝《しょう》1敗《ぱい》	北海道《ほっかいどう》	9
昭和38（1963）年・三月	大鵬《たいほう》 幸喜《こうき》	横綱《よこづな》	二所ノ関《にしょのせき》	14勝《しょう》1敗《ぱい》	北海道《ほっかいどう》	10
昭和38（1963）年・五月	大鵬《たいほう》 幸喜《こうき》	横綱《よこづな》	二所ノ関《にしょのせき》	15勝《しょう》	北海道《ほっかいどう》	11
昭和38（1963）年・七月	北葉山《きたばやま》 英俊《ひでとし》	大関《おおぜき》	時津風《ときつかぜ》	13勝《しょう》2敗《はい》	北海道《ほっかいどう》	1
昭和38（1963）年・九月	柏戸《かしわど》 健志《つよし》	横綱《よこづな》	伊勢ノ海《いせのうみ》	15勝《しょう》	山形《やまがた》	2
昭和38（1963）年・十一月	栃ノ海《とちのうみ》 晃嘉《てるよし》	大関《おおぜき》	春日野《かすがの》	14勝《しょう》1敗《ぱい》	青森《あおもり》	2
昭和39（1964）年・一月	大鵬《たいほう》 幸喜《こうき》	横綱《よこづな》	二所ノ関《にしょのせき》	15勝《しょう》	北海道《ほっかいどう》	12

年《ねん》・場《ば》所《しょ》	力《りき》士《し》名《めい》	番付《ばんづけ》	所属部屋《しょぞくべや》	成《せい》績《せき》	出身《しゅっしん》	回数《かいすう》
昭和《しょうわ》39（1964）年《ねん》・三月《がつ》	大鵬《たいほう》 幸喜《こうき》	横綱《よこづな》	二所ノ関《にしょのせき》	15勝《しょう》	北海道《ほっかいどう》	13
昭和39（1964）年・五月	栃ノ海《とちのうみ》 晃嘉《てるよし》	横綱《よこづな》	春日野《かすがの》	13勝《しょう》2敗《はい》	青森《あおもり》	3
昭和39（1964）年・七月	富士錦《ふじにしき》 猛光《たけみつ》	前頭《まえがしら》9	高砂《たかさご》	14勝《しょう》1敗《ぱい》	山梨《やまなし》	1
昭和39（1964）年・九月	大鵬《たいほう》 幸喜《こうき》	横綱《よこづな》	二所ノ関《にしょのせき》	14勝《しょう》1敗《ぱい》	北海道《ほっかいどう》	14
昭和39（1964）年・十一月	大鵬《たいほう》 幸喜《こうき》	横綱《よこづな》	二所ノ関《にしょのせき》	14勝《しょう》1敗《ぱい》	北海道《ほっかいどう》	15
昭和40（1965）年・一月	佐田《さだ》の山《やま》 晋松《しんまつ》	大関《おおぜき》	出羽海《でわのうみ》	13勝《しょう》2敗《はい》	長崎《ながさき》	3
昭和40（1965）年・三月	大鵬《たいほう》 幸喜《こうき》	横綱《よこづな》	二所ノ関《にしょのせき》	14勝《しょう》1敗《ぱい》	北海道《ほっかいどう》	16
昭和40（1965）年・五月	佐田《さだ》の山《やま》 晋松《しんまつ》	横綱《よこづな》	出羽海《でわのうみ》	14勝《しょう》1敗《ぱい》	長崎《ながさき》	4
昭和40（1965）年[illegible]月	[illegible]鵬《たいほう》 幸喜《こうき》	横綱《よこづな》	二所ノ関《にしょのせき》	13勝《しょう》2敗《はい》	北海道《ほっかいどう》	17
昭和[illegible]	[illegible]戸《ど》 剛《つよし》	横綱《よこづな》	伊勢ノ海《いせのうみ》	12勝《しょう》3敗《ぱい》	山形《やまがた》	3
昭和[illegible]	[illegible] 幸喜《こうき》	横綱《よこづな》	二所ノ関《にしょのせき》	13勝《しょう》2敗《はい》	北海道《ほっかいどう》	18
昭和[illegible]	[illegible]戸《ど》 剛《つよし》	横綱《よこづな》	伊勢ノ海《いせのうみ》	14勝《しょう》1敗《ぱい》	山形《やまがた》	4
昭和[illegible]	[illegible] 幸喜《こうき》	横綱《よこづな》	二所ノ関《にしょのせき》	13勝《しょう》2敗《はい》	北海道《ほっかいどう》	19
昭和[illegible]	[illegible] 幸喜《こうき》	横綱《よこづな》	二所ノ関《にしょのせき》	14勝《しょう》1敗《ぱい》	北海道《ほっかいどう》	20
昭和[illegible]	[illegible] 幸喜《こうき》	横綱《よこづな》	二所ノ関《にしょのせき》	14勝《しょう》1敗《ぱい》	北海道《ほっかいどう》	21
昭和[illegible]	[illegible] 幸喜《こうき》	横綱《よこづな》	二所ノ関《にしょのせき》	13勝《しょう》2敗《はい》	北海道《ほっかいどう》	22
昭和[illegible]	[illegible] 幸喜《こうき》	横綱《よこづな》	二所ノ関《にしょのせき》	15勝《しょう》	北海道《ほっかいどう》	23
昭和[illegible]	[illegible] 幸喜《こうき》	横綱《よこづな》	二所ノ関《にしょのせき》	15勝《しょう》	北海道《ほっかいどう》	24
昭和[illegible]	[illegible]士《じ》 勝明《かつあき》	大関《おおぜき》	九重《ここのえ》	14勝《しょう》1敗《ぱい》	北海道《ほっかいどう》	1
昭和4[illegible]	[illegible] 幸喜《こうき》	横綱《よこづな》	二所ノ関《にしょのせき》	14勝《しょう》1敗《ぱい》	北海道《ほっかいどう》	25
昭和42（1967）年・七月	柏戸《かしわど》 剛《つよし》	横綱《よこづな》	伊勢ノ海《いせのうみ》	14勝《しょう》1敗《ぱい》	山形《やまがた》	5
昭和42（1967）年・九月	大鵬《たいほう》 幸喜《こうき》	横綱《よこづな》	二所ノ関《にしょのせき》	15勝《しょう》	北海道《ほっかいどう》	26
昭和42（1967）年・十一月	佐田《さだ》の山《やま》 晋松《しんまつ》	横綱《よこづな》	出羽海《でわのうみ》	12勝《しょう》3敗《ぱい》	長崎《ながさき》	5
昭和43（1968）年・一月	佐田《さだ》の山《やま》 晋松《しんまつ》	横綱《よこづな》	出羽海《でわのうみ》	13勝《しょう》2敗《はい》	長崎《ながさき》	6
昭和43（1968）年・三月	若浪《わかなみ》 順《じゅん》	前頭《まえがしら》8	立浪《たつなみ》	13勝《しょう》2敗《はい》	茨城《いばらき》	1
昭和43（1968）年・五月	玉乃島《たまのしま》 正夫《まさお》	大関《おおぜき》	片男波《かたおなみ》	13勝《しょう》2敗《はい》	愛知《あいち》	1
昭和43（1968）年・七月	琴櫻《ことざくら》 傑将《まさかつ》	大関《おおぜき》	佐渡ケ嶽《さどがたけ》	13勝《しょう》2敗《はい》	鳥取《とっとり》	1
昭和43（1968）年・九月	大鵬《たいほう》 幸喜《こうき》	横綱《よこづな》	二所ノ関《にしょのせき》	14勝《しょう》1敗《ぱい》	北海道《ほっかいどう》	27
昭和43（1968）年・十一月	大鵬《たいほう》 幸喜《こうき》	横綱《よこづな》	二所ノ関《にしょのせき》	15勝《しょう》	北海道《ほっかいどう》	28
昭和44（1969）年・一月	大鵬《たいほう》 幸喜《こうき》	横綱《よこづな》	二所ノ関《にしょのせき》	15勝《しょう》	北海道《ほっかいどう》	29
昭和44（1969）年・三月	琴櫻《ことざくら》 傑将《まさかつ》	大関《おおぜき》	佐渡ケ嶽《さどがたけ》	13勝《しょう》2敗《はい》	鳥取《とっとり》	2
昭和44（1969）年・五月	大鵬《たいほう》 幸喜《こうき》	横綱《よこづな》	二所ノ関《にしょのせき》	13勝《しょう》2敗《はい》	北海道《ほっかいどう》	30
昭和44（1969）年・七月	清國《きよくに》 勝雄《かつお》	大関《おおぜき》	伊勢ケ濱《いせがはま》	12勝《しょう》3敗《ぱい》	秋田《あきた》	1
昭和44（1969）年・九月	玉乃島《たまのしま》 正夫《まさお》	大関《おおぜき》	片男波《かたおなみ》	13勝《しょう》2敗《はい》	愛知《あいち》	2
昭和44（1969）年・十一月	北《きた》の富士《ふじ》 勝昭《かつあき》	大関《おおぜき》	九重《ここのえ》	13勝《しょう》2敗《はい》	北海道《ほっかいどう》	2
昭和45（1970）年・一月	北《きた》の富士《ふじ》 勝昭《かつあき》	大関《おおぜき》	九重《ここのえ》	13勝《しょう》2敗《はい》	北海道《ほっかいどう》	3
昭和45（1970）年・三月	大鵬《たいほう》 幸喜《こうき》	横綱《よこづな》	二所ノ関《にしょのせき》	14勝《しょう》1敗《ぱい》	北海道《ほっかいどう》	31
昭和45（1970）年・五月	北《きた》の富士《ふじ》 勝昭《かつあき》	大関《おおぜき》	九重《ここのえ》	14勝《しょう》1敗《ぱい》	北海道《ほっかいどう》	4
昭和45（1970）年・七月	北《きた》の富士《ふじ》 勝昭《かつあき》	大関《おおぜき》	九重《ここのえ》	13勝《しょう》2敗《はい》	北海道《ほっかいどう》	5
昭和45（1970）年・九月	玉《たま》の海《うみ》 正洋《まさひろ》	横綱《よこづな》	片男波《かたおなみ》	14勝《しょう》1敗《ぱい》	愛知《あいち》	3
昭和45（1970）年・十一月	玉《たま》の海《うみ》 正洋《まさひろ》	横綱《よこづな》	片男波《かたおなみ》	14勝《しょう》1敗《ぱい》	愛知《あいち》	4

年《ねん》・場《ば》所《しょ》	力《りき》士《し》名《めい》	番付《ばんづけ》	所属部屋《しょぞくべや》	成《せい》績《せき》	出身《しゅっしん》	回数《かいすう》
昭和《しょうわ》46（1971）年《ねん》・一月《がつ》	大鵬《たいほう》 幸喜《こうき》	横綱《よこづな》	二所ノ関《にしょのせき》	14勝《しょう》1敗《ぱい》	北海道《ほっかいどう》	32
昭和46（1971）年・三月	玉《たま》の海《うみ》 正洋《まさひろ》	横綱《よこづな》	片男波《かたおなみ》	14勝《しょう》1敗《ぱい》	愛知《あいち》	5
昭和46（1971）年・五月	北《きた》の富士《ふじ》 勝晃《かつあき》	横綱《よこづな》	九重《ここのえ》	15勝《しょう》	北海道《ほっかいどう》	6
昭和46（1971）年・七月	玉《たま》の海《うみ》 正洋《まさひろ》	横綱《よこづな》	片男波《かたおなみ》	15勝《しょう》	愛知《あいち》	6
昭和46（1971）年・九月	北《きた》の富士《ふじ》 勝晃《かつあき》	横綱《よこづな》	九重《ここのえ》	15勝《しょう》	北海道《ほっかいどう》	7
昭和46（1971）年・十一月	北《きた》の富士《ふじ》 勝晃《かつあき》	横綱《よこづな》	九重《ここのえ》	13勝《しょう》2敗《はい》	北海道《ほっかいどう》	8
昭和47（1972）年・一月	栃東《とちあずま》 知頼《ともより》	前頭《まえがしら》5	春日野《かすがの》	11勝《しょう》4敗《ぱい》	福島《ふくしま》	1
昭和47（1972）年・三月	長谷川《はせがわ》 勝敏《かつとし》	関脇《せきわけ》	佐渡ケ嶽《さどがたけ》	12勝《しょう》3敗《ぱい》	北海道《ほっかいどう》	1
昭和47（1972）年・五月	輪島《わじま》 博《ひろし》	関脇《せきわけ》	花籠《はなかご》	12勝《しょう》3敗《ぱい》	石川《いしかわ》	1
昭和47（1972）年・七月	高見山《たかみやま》 大五郎《だいごろう》	前頭《まえがしら》4	高砂《たかさご》	13勝《しょう》2敗《はい》	アメリカ	1
昭和47（1972）年・九月	北《きた》の富士《ふじ》 勝昭《かつあき》	横綱《よこづな》	九重《ここのえ》	15勝《しょう》	北海道《ほっかいどう》	9
昭和47（1972）年・十一月	琴櫻《ことざくら》 傑将《まさかつ》	大関《おおぜき》	佐渡ケ嶽《さどがたけ》	14勝《しょう》1敗《ぱい》	鳥取《とっとり》	3
昭和48（1973）年・一月	琴櫻《ことざくら》 傑将《まさかつ》	大関《おおぜき》	佐渡ケ嶽《さどがたけ》	14勝《しょう》1敗《ぱい》	鳥取《とっとり》	4
昭和48（1973）年・三月	北《きた》の富士《ふじ》 勝昭《かつあき》	横綱《よこづな》	九重《ここのえ》	14勝《しょう》1敗《ぱい》	北海道《ほっかいどう》	10
昭和48（1973）年・五月	輪島《わじま》 大士《ひろし》	大関《おおぜき》	花籠《はなかご》	15勝《しょう》	石川《いしかわ》	2
昭和48（1973）年・七月	琴櫻《ことざくら》 傑将《まさかつ》	横綱《よこづな》	佐渡ケ嶽《さどがたけ》	14勝《しょう》1敗《ぱい》	鳥取《とっとり》	5
昭和48（1973）年・九月	輪島《わじま》 大士《ひろし》	横綱《よこづな》	花籠《はなかご》	15勝《しょう》	石川《いしかわ》	3
昭和48（1973）年・十一月	輪島《わじま》 大士《ひろし》	横綱《よこづな》	花籠《はなかご》	12勝《しょう》2敗《はい》1休	石川《いしかわ》	4
昭和49（1974）年・一月	北《きた》の湖《うみ》 敏満《としみつ》	関脇《せきわけ》	三保ケ関《みほがせき》	14勝《しょう》1敗《ぱい》	北海道《ほっかいどう》	1
昭和49（1974）年・三月	輪島《わじま》 大士《ひろし》	横綱《よこづな》	花籠《はなかご》	12勝《しょう》3敗《ぱい》	石川《いしかわ》	5
昭和49（1974）年・五月	北《きた》の湖《うみ》 敏満《としみつ》	大関《おおぜき》	三保ケ関《みほがせき》	13勝《しょう》2敗《はい》	北海道《ほっかいどう》	2
昭和49（1974）年・七月	輪島《わじま》 大士《ひろし》	横綱《よこづな》	花籠《はなかご》	13勝《しょう》2敗《はい》	石川《いしかわ》	6
昭和49（1974）年・九月	輪島《わじま》 大士《ひろし》	横綱《よこづな》	花籠《はなかご》	14勝《しょう》1敗《ぱい》	石川《いしかわ》	7
昭和49（1974）年・十一月	魁傑《かいけつ》 将晃《まさてる》	小結《こむすび》	花籠《はなかご》	12勝《しょう》3敗《ぱい》	山口《やまぐち》	1
昭和50（1975）年・一月	北《きた》の湖《うみ》 敏満《としみつ》	横綱《よこづな》	三保ケ関《みほがせき》	12勝《しょう》3敗《ぱい》	北海道《ほっかいどう》	3
昭和50（1975）年・三月	貴ノ花《たかのはな》 健士《けんし》	大関《おおぜき》	二子山《ふたごやま》	13勝《しょう》2敗《はい》	青森《あおもり》	1
昭和50（1975）年・五月	北《きた》の湖《うみ》 敏満《としみつ》	横綱《よこづな》	三保ケ関《みほがせき》	13勝《しょう》2敗《はい》	北海道《ほっかいどう》	4
昭和50（1975）年・七月	金剛《こんごう》 正裕《まさひろ》	前頭《まえがしら》1	二所ノ関《にしょのせき》	13勝《しょう》2敗《はい》	北海道《ほっかいどう》	1
昭和50（1975）年・九月	貴ノ花《たかのはな》 健士《けんし》	大関《おおぜき》	二子山《ふたごやま》	12勝《しょう》3敗《ぱい》	青森《あおもり》	2
昭和50（1975）年・十一月	三重ノ海《みえのうみ》 五郎《ごろう》	関脇《せきわけ》	出羽海《でわのうみ》	13勝《しょう》2敗《はい》	三重《みえ》	1
昭和51（1976）年・一月	北《きた》の湖《うみ》 敏満《としみつ》	横綱《よこづな》	三保ケ関《みほがせき》	13勝《しょう》2敗《はい》	北海道《ほっかいどう》	5
昭和51（1976）年・三月	輪島《わじま》 大士《ひろし》	横綱《よこづな》	花籠《はなかご》	13勝《しょう》2敗《はい》	石川《いしかわ》	8
昭和51（1976）年・五月	北《きた》の湖《うみ》 敏満《としみつ》	横綱《よこづな》	三保ケ関《みほがせき》	13勝《しょう》2敗《はい》	北海道《ほっかいどう》	6
昭和51（1976）年・七月	輪島《わじま》 大士《ひろし》	横綱《よこづな》	花籠《はなかご》	14勝《しょう》1敗《ぱい》	石川《いしかわ》	9
昭和51（1976）年・九月	魁傑《かいけつ》 将晃《まさてる》	前頭《まえがしら》4	花籠《はなかご》	14勝《しょう》1敗《ぱい》	山口《やまぐち》	2
昭和51（1976）年・十一月	北《きた》の湖《うみ》 敏満《としみつ》	横綱《よこづな》	三保ケ関《みほがせき》	14勝《しょう》1敗《ぱい》	北海道《ほっかいどう》	7
昭和52（1977）年・一月	輪島《わじま》 大士《ひろし》	横綱《よこづな》	花籠《はなかご》	13勝《しょう》2敗《はい》	石川《いしかわ》	10
昭和52（1977）年・三月	北《きた》の湖《うみ》 敏満《としみつ》	横綱《よこづな》	三保ケ関《みほがせき》	15勝《しょう》	北海道《ほっかいどう》	8
昭和52（1977）年・五月	若三杉《わかみすぎ》 寿人《としひと》	大関《おおぜき》	二子山《ふたごやま》	13勝《しょう》2敗《はい》	青森《あおもり》	1
昭和52（1977）年・七月	輪島《わじま》 大士《ひろし》	横綱《よこづな》	花籠《はなかご》	15勝《しょう》	石川《いしかわ》	11
昭和52（1977）年・九月	北《きた》の湖《うみ》 敏満《としみつ》	横綱《よこづな》	三保ケ関《みほがせき》	15勝《しょう》	北海道《ほっかいどう》	9

←後見返《あとみかえ》しへ続《つづ》く

デーモン閣下《かっか》監修《かんしゅう》！

みんなの相撲大全《すもうたいぜん》

〈一〉

大相撲《おおずもう》を楽《たの》しもう！

はじめに

2人の力士《りきし》がぶつかり合《あ》い、いろいろな技《わざ》を出《だ》し合《あ》って勝負《しょうぶ》する相撲《すもう》は、迫力《はくりょく》があり、見《み》ている人《ひと》たちを楽《たの》しませてくれます。また、自分《じぶん》たちで相撲《すもう》を取《と》るのも、楽《たの》しいものです。

もともと、相撲《すもう》は、神事《しんじ》や祭《まつ》りとして行《おこな》われていました。それが、長《なが》い間《あいだ》に、日本《にっぽん》の文化《ぶんか》の中《なか》に定着《ていちゃく》し、やがて興行《こうぎょう》が行《おこな》われ、人気《にんき》を呼《よ》ぶようになりました。現在《げんざい》の大相撲《おおずもう》は、江戸時代《えどじだい》の興行《こうぎょう》から発展《はってん》してきたものですが、神事《しんじ》としての一面《いちめん》も見《み》ることができます。

この巻《かん》では、「大相撲《おおずもう》を楽《たの》しもう！」と題《だい》して、現在《げんざい》の大相撲《おおずもう》の魅力《みりょく》を伝《つた》えています。スポーツや武道《ぶどう》としての相撲《すもう》の魅力《みりょく》を知《し》り、また、文化《ぶんか》や伝統《でんとう》としての魅力《みりょく》も味《あじ》わってみてください。これからみなさんが、相撲《すもう》を見《み》る時《とき》にも、自分《じぶん》たちで取《と》る時《とき》にも、いっそう〝相撲《すもう》〟を楽《たの》しめることでしょう。

わがはいが、相撲《すもう》の世界《せかい》を案内《あんない》するぞ！

監修者《かんしゅうしゃ》のデーモン閣下《かっか》

もくじ

相撲《すもう》を知《し》ることは、日本《にっぽん》の文化《ぶんか》や伝統《でんとう》、つまり和《わ》の美意識《びいしき》を知《し》ることでもあるのだ。

この本《ほん》を読《よ》む前《まえ》に

＊この本《ほん》の内容《ないよう》は、平成《へいせい》30（2018）年《ねん》1月現在《がつげんざい》の情報《じょうほう》をもとにしています。

＊各《かく》ページの下《した》には、相撲豆知識《すもうまめちしき》をのせています。

＊この本《ほん》では、「大相撲《おおずもう》」は、日本相撲協会《にほんすもうきょうかい》が主催《しゅさい》して行《おこな》われる相撲《すもう》の興行《こうぎょう》のこととしました。「相撲《すもう》」とした場合《ばあい》は、基本的《きほんてき》に、大相撲《おおずもう》のほか、アマチュアの大会《たいかい》などで行《おこな》われる力士《りきし》（または選手《せんしゅ》など）の戦《たたか》いや、神事《しんじ》や祭《まつ》りでの儀式《ぎしき》などをふくめたものをさしています。

＊相撲《すもう》に関《かん》する用語《ようご》や歴史的《れきしてき》なできごとなどには、異《こと》なる言《い》い方《かた》や説《せつ》がある場合《ばあい》がありますが、この本《ほん》では一般的《いっぱんてき》と思《おも》われる記述《きじゅつ》をしています。ほかの言《い》い方《かた》や異説《いせつ》を否定《ひてい》するものではありません。

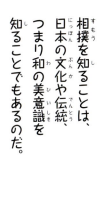

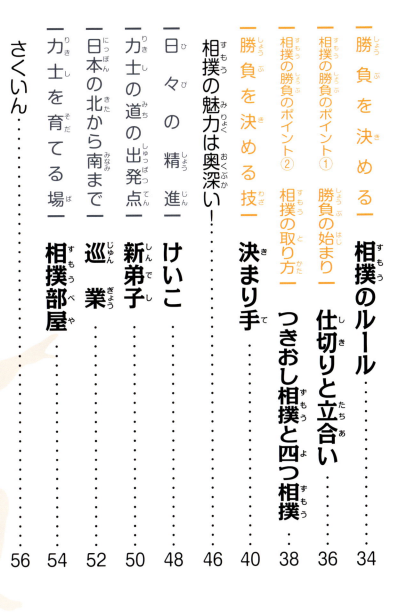

勝負《しょうぶ》の場《ば》

土《ど》俵《ひょう》

力士《りきし》が取組《とりくみ》をして、勝負《しょうぶ》をつける場所《ばしょ》が土俵《どひょう》です。観客《かんきゃく》から見《み》やすいよう、土《つち》を盛《も》り上《あ》げて高《たか》く作《つく》られています。

土俵《どひょう》のつくり

土《つち》を盛《も》り上《あ》げて固《かた》め、土《つち》をつめた俵《たわら》をうめています。俵《たわら》は6種類《しゅるい》あり、合計《ごうけい》66俵《ぴょう》使《つか》われています。

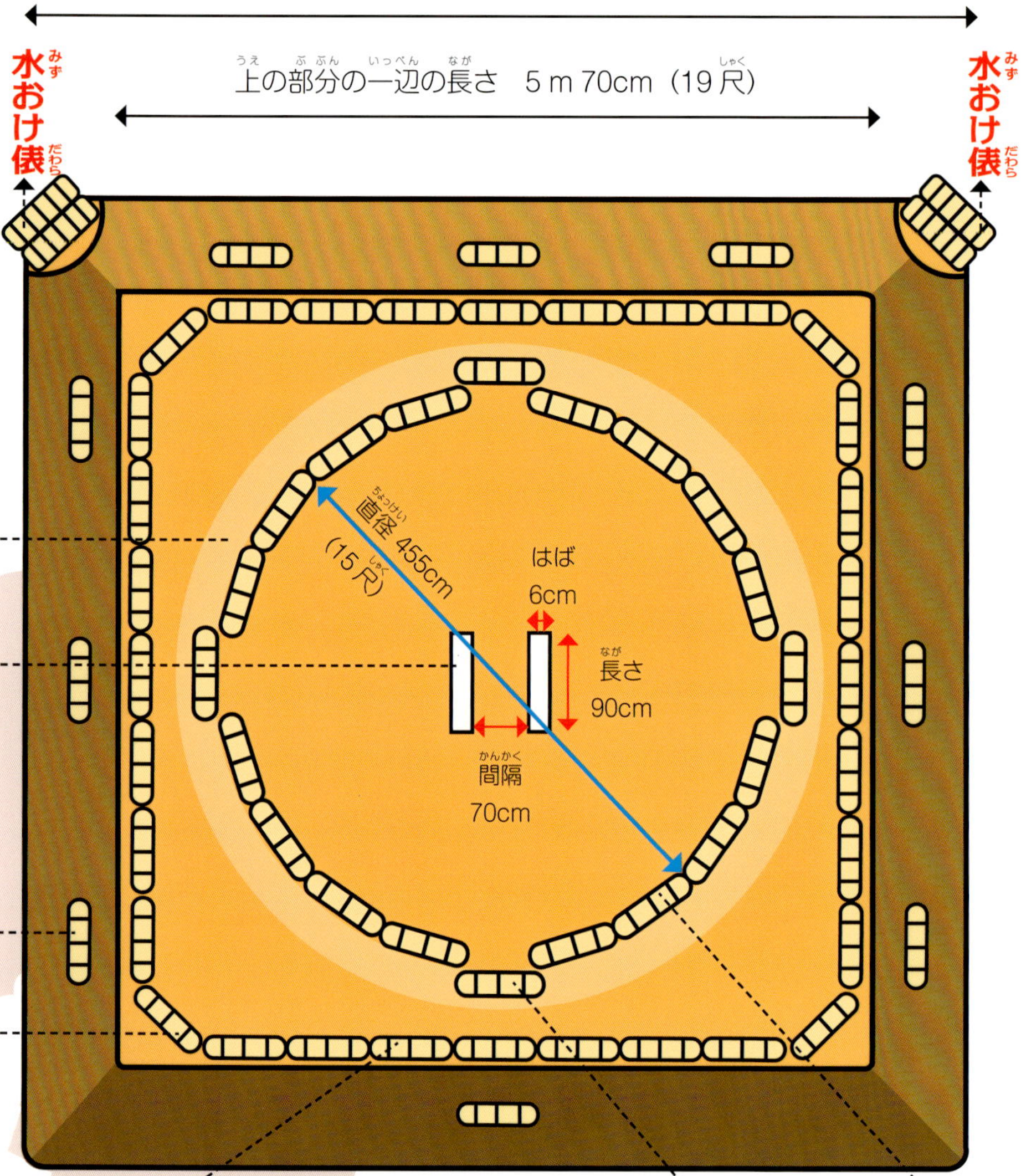

※1尺《しゃく》＝約《やく》30.3cm

勝負俵《しょうぶだわら》
ここから外《そと》に体《からだ》が着《つ》いたら負《ま》けという境《さかい》を示《しめ》します。

徳俵《とくだわら》
勝負俵《しょうぶだわら》より俵《たわら》1つ分外《ぶんそと》に出《で》たところが4か所《しょ》あります。ここの内側《うちがわ》なら足《あし》を着《つ》いても負《ま》けにならず、少《すこ》し得《とく》なところなので、徳俵《とくだわら》と呼《よ》びます。

角俵《かくだわら》
土俵《どひょう》の上《うえ》の面《めん》のふちを囲《かこ》む俵《たわら》。

横《よこ》から見《み》たところ

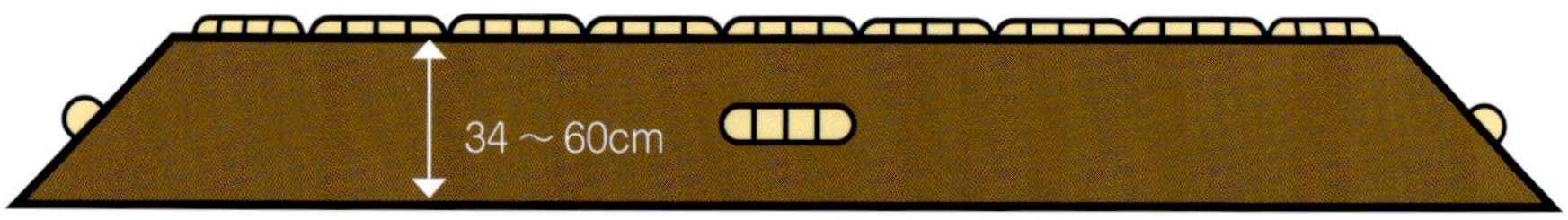

徳俵《とくだわら》は、昔《むかし》、相撲《すもう》が屋外《おくがい》で行《おこな》われていたころ、土俵上《どひょうじょう》にたまった雨水《あまみず》をはき出《だ》しやすいようにと、俵《たわら》を1つ分《ぶん》ずらしてうめていたことの名残《なごり》。

勝負俵《しょうぶだわら》と徳俵《とくだわら》から外《そと》へ出《で》ると負《ま》けだ。この範囲《はんい》を〝土俵《どひょう》〟と呼《よ》ぶこともある。

蛇《じゃ》の目《め》の砂《すな》

勝負俵《しょうぶだわら》と徳俵《とくだわら》の外側《そとがわ》には足《あし》などが着《つ》いたときにわかりやすいように砂《すな》をしいています。取組《とりくみ》ごとに、ほうきではいてきれいにします。

仕切《しき》り線《せん》

土俵中央《どひょうちゅうおう》に2本《ほん》引《ひ》いてある白《しろ》い線《せん》です。これより前《まえ》には手《て》を着《つ》いてはいけないということを示《しめ》します。

上《あ》げ俵《だわら》

角俵《かくだわら》の四《よ》すみの俵《たわら》。

ふみ俵《だわら》

土俵《どひょう》に上《のぼ》り下《お》りする時《とき》に足《あし》をかけるための俵《たわら》。

屋形《やかた》と方位《ほうい》

土俵《どひょう》の上《うえ》には、つり屋根式《やねしき》の屋形《やかた》があります。また、土俵《どひょう》を見《み》る方向《ほうこう》に、呼《よ》び名《な》がつけられています。

屋形《やかた》

天井《てんじょう》から2本《ほん》のワイヤーロープでつり下《さ》げられている屋根《やね》。両国《りょうごく》国技館《こくぎかん》のものは、重《おも》さ6・25トンあります。

水引幕《みずひきまく》

取組《とりくみ》で熱《あつ》くなった土俵《どひょう》を、水《みず》でしずめる意味《いみ》があるとされます。紫《むらさき》の地《じ》に、桜《さくら》の紋《もん》が染《そ》めぬかれています。

房《ふさ》

水引幕《みずひきまく》の真《ま》ん中《なか》と屋形《やかた》の四《よ》すみに、青《あお》（緑《みどり》）、赤《あか》、白《しろ》、黒《くろ》の房《ふさ》があります。4つの色《いろ》は、季節《きせつ》、方位《ほうい》、方位《いほうい》を守《まも》る神《かみ》を表《あらわ》しています。

＊本来《ほんらい》、房《ふさ》は、水引幕《みずひきまく》の真《ま》ん中《なか》にある揚巻《あげまき》をさす。

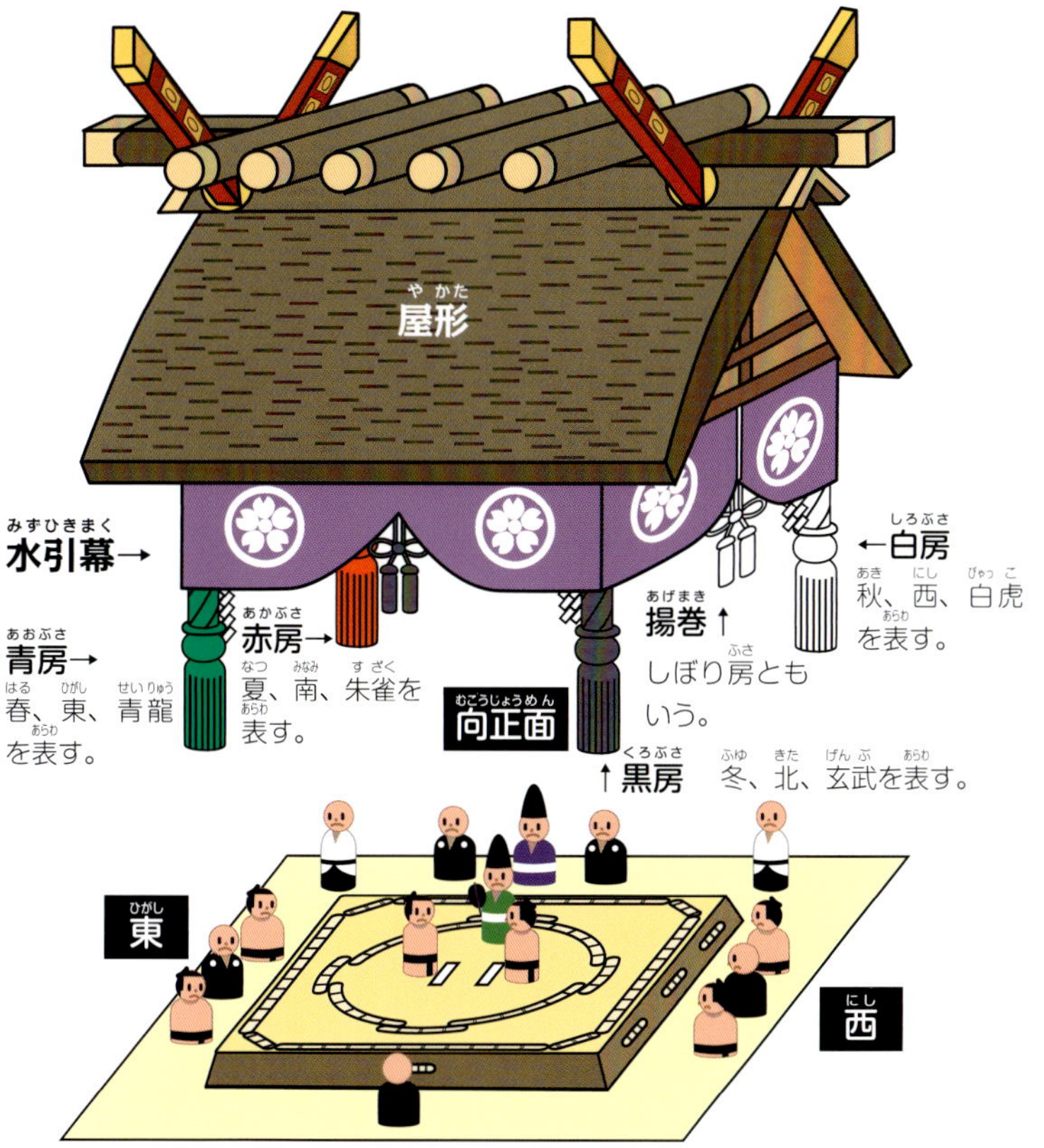

正面《しょうめん》 行司《ぎょうじ》を正面《しょうめん》に見《み》る方位《ほうい》を正面《しょうめん》とし、向正面《むこうじょうめん》、東《とう》西《ざい》がある。実際《じっさい》の方角《ほうがく》の東西《とうざい》とは合《あ》っていない。

江戸時代《えどじだい》にできた〝土俵《どひょう》〟

江戸時代初期《えどじだいしょき》までは土俵《どひょう》はありませんでした。見物《けんぶつ》する人《ひと》たちが輪《わ》のように取《と》り囲《かこ》む中《なか》で相撲《すもう》が取《と》られ、相手《あいて》をたおすか、人垣《ひとがき》の中《なか》におしたおすかすれば勝《か》ちでした。しかし、それでは危険《きけん》なので、やがて人垣《ひとがき》の代《か》わりに土俵《どひょう》を作《つく》るようになったと考《かんが》えられています。

土俵《どひょう》ができたことで、相手《あいて》をそこから出《だ》せば勝《か》ちになる範囲《はんい》が決《き》まりました。そのため、投《な》げ技《わざ》のほかに、寄《よ》り切《き》りや押《お》し出《だ》しなどの技《わざ》ができました。

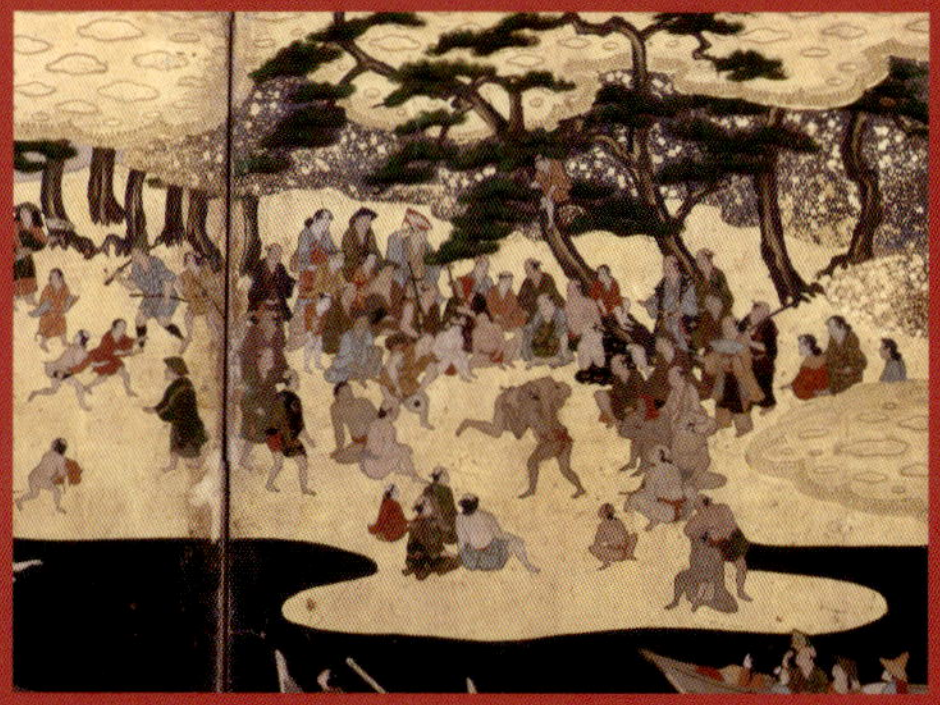

江戸時代初期《えどじだいしょき》の相撲《すもう》。人《ひと》の輪《わ》の中《なか》で相撲《すもう》を取《と》っている。

『住吉祭礼・賀茂競馬図屏風』（部分）（堺市博物館所蔵）

第二次世界大戦《だいにじせかいたいせん》の直後《ちょくご》まで、屋形《やかた》は土俵《どひょう》の周《まわ》りに立《た》てられた4本《ほん》の柱《はしら》で支《ささ》えられていた。柱《はしら》にはそれぞれ、青《あお》（緑《みどり》）、赤《あか》、白《しろ》、黒《くろ》の布《ぬの》が巻《ま》かれていた。昭和《しょうわ》27（1952）年九月場所《ねんくがつばしょ》から、現在《げんざい》のようなつり屋根《やね》に変《か》わり、4色《しょく》の房《ふさ》をつるすようになった。

土俵《どひょう》には神《かみ》がいる!?

土俵《どひょう》は、本場所《ほんばしょ》ごとに新《あたら》しく作《つく》られます。本場所《ほんばしょ》が行《おこな》われる期間《きかん》は、土俵《どひょう》に神《かみ》をむかえていると考《かんが》えられています。

土俵《どひょう》の作《つく》り方《かた》

土俵《どひょう》を作《つく》ることを「土俵築《どひょうつき》」といいます。土俵《どひょう》を作《つく》るのは、呼出《よびだ》し（→30ページ）の仕事《しごと》です。本場所《ほんばしょ》の5日《か》前《まえ》から、40人《にん》ほどの呼出《よびだ》しが、ほぼ総出《そうで》で、手作業《てさぎょう》で作《つく》ります。土俵《どひょう》にうめる俵《たわら》も、毎回《まいかい》新《あたら》しく作《つく》っています。

土俵《どひょう》ができあがるまでに、3日《か》間《かん》かかります。

※東京《とうきょう》の国技館《こくぎかん》で行《おこな》われる場所《ばしょ》では、前《まえ》の場所《ばしょ》の土俵《どひょう》が残《のこ》してあるので、それをこわすところから始《はじ》める（上《うえ》から約《やく》20㎝をこわして土《つち》を入《い》れかえる）。地方《ちほう》場所《ばしょ》では、全部《ぜんぶ》作《つく》り直《なお》す。

あらなわでわらをしばり、俵《たわら》を作《つく》る。土《つち》を入《い》れ、棒《ぼう》でついて固《かた》める。勝負俵《しょうぶだわら》には、かたさを出《だ》すため、土《つち》に砂利《じゃり》を混《ま》ぜる。

土《つち》を入《い》れた俵《たわら》を、ビールびんでたたいて、形《かたち》を整《ととの》える。

土《つち》を盛《も》り、水《みず》をまきながら形《かたち》を整《ととの》える。人《ひと》が足《あし》でふむほか、タコなどの道具《どうぐ》を使《つか》って土《つち》をしめ、土俵《どひょう》の形《かたち》を作《つく》っていく。

表面《ひょうめん》や側面《そくめん》をたたいて固《かた》める。

エナメルという塗料《とりょう》を使《つか》って仕切《しき》り線《せん》を引《ひ》く。

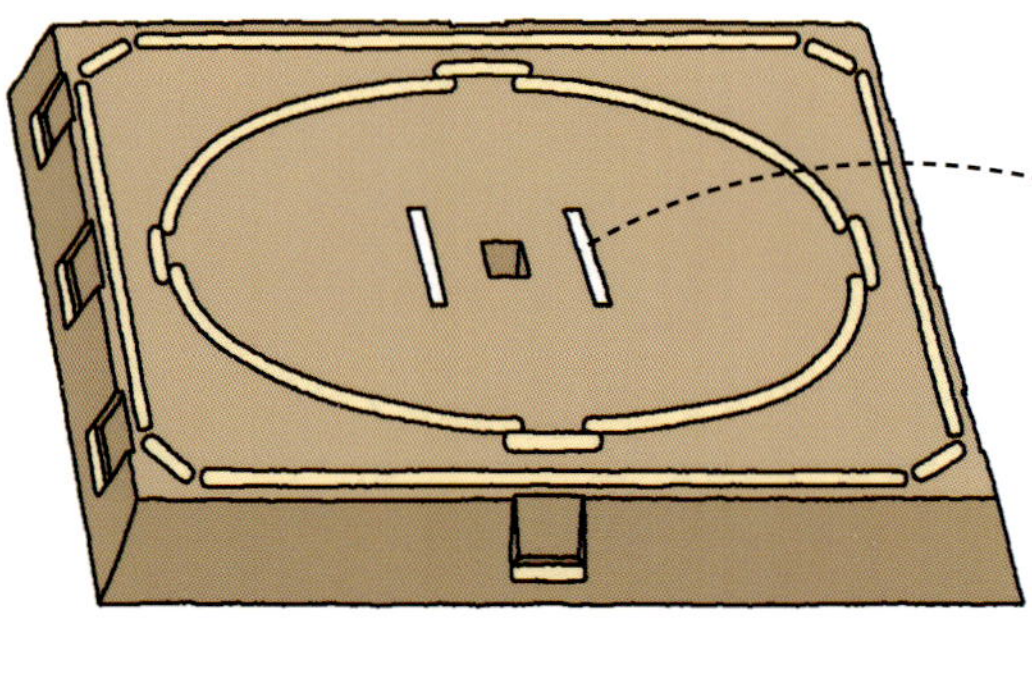

みぞをほり、高《たか》さがそろうように調整《ちょうせい》しながら、決《き》まった位置《いち》に俵《たわら》を入《い》れていく。土俵《どひょう》の真《ま》ん中《なか》に、一辺《いっぺん》約《やく》15㎝の四角《しかく》い穴《あな》を開《あ》ける。

土俵《どひょう》を作《つく》るのに使《つか》う土《つち》は、ねん土質《どしつ》のものが適《てき》している。国技館《こくぎかん》では約《やく》10t の土《つち》を、地方場所《ちほうばしょ》では約《やく》40t もの土《つち》を使《つか》う。埼玉県川越市《さいたまけんかわごえし》でとれる荒木田土《あらきだつち》がよいとされている。

神《かみ》をむかえ、神《かみ》を送《おく》る

本場所《ほんばしょ》の初日《しょにち》の前《まえ》の日《ひ》の朝《あさ》に、土《ど》俵《ひょう》に神《かみ》をむかえるための土俵祭《どひょうまつり》が行《おこな》われます。また、本場所《ほんばしょ》の最終日《さいしゅうび》、千秋楽《せんしゅうらく》には、神《かみ》を送《おく》る儀式《ぎしき》が行《おこな》われます。

土俵祭《どひょうまつり》の手順《てじゅん》

土俵《どひょう》の中央《ちゅうおう》に、ぬさ（けがれをはらう白《しろ》い紙《かみ》）を立《た》てる。神職《しんしょく》（神主《かんぬし》）の衣装《いしょう》を着《き》た行司《ぎょうじ》が、祭主《さいしゅ》（祭《まつ》りの主催者《しゅさいしゃ》）になり、祝詞《のりと》（神《かみ》への言葉《ことば》）を述《の》べる。

ぬさを、土俵《どひょう》の四《よ》すみに置《お》き、土俵《どひょう》に酒《さけ》を注《そそ》いだ後《あと》、祭主《さいしゅ》が、「方屋開口《かたやかいこう》」を述《の》べる。「方屋《かたや》」は土俵場《どひょうば》のことで、「方屋開口《かたやかいこう》」は、土俵《どひょう》ができたいわれを告《つ》げるもの。

「方屋開口《かたやかいこう》」

天地開《あめつちひら》け始《はじ》まりてより、陰陽《いんよう》に分《わ》かり、清《きよ》く明《あき》らかなるものは陽《よう》にして上《うえ》にあり、これを勝《か》ちと名《な》づく。重《おも》くにごれるもの陰《いん》にして下《した》にあり、これを負《ま》けと名《な》づく…（略《りゃく》）

土俵《どひょう》の中央《ちゅうおう》の穴《あな》に、縁起《えんぎ》がよいとされる、昆布《こんぶ》、勝栗《かちぐり》、するめなどのしずめ物《もの》を納《おさ》め、酒《さけ》を注《そそ》いで土《つち》をかぶせる。この後《あと》、徳俵《とくだわら》に酒《さけ》を注《そそ》ぐ。

写真／日本相撲協会

土俵《どひょう》にうめる“しずめ物《もの》”

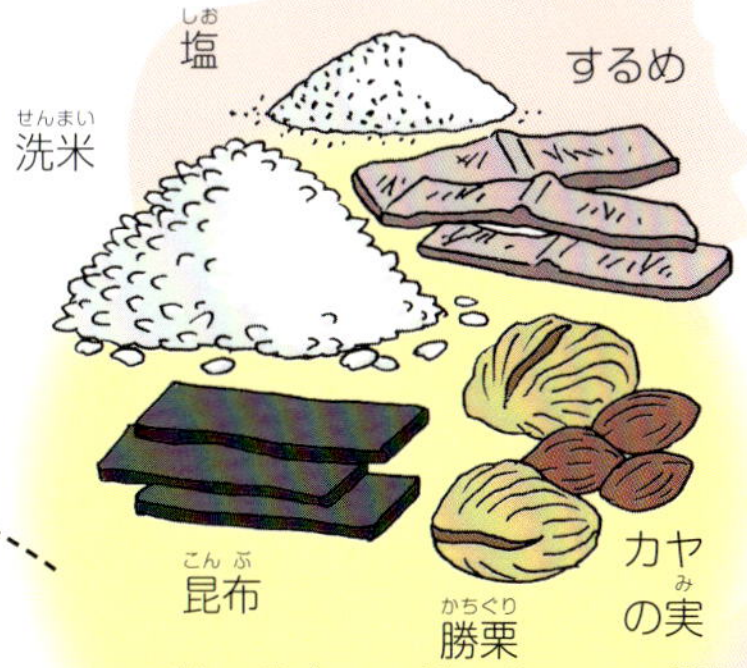

白《しろ》い素焼《すや》きの器《うつわ》に入《い》れて、奉書《ほうしょ》紙《がみ》で包《つつ》み、水引《みずひき》をかけてうめる。

神送《かみおく》りの儀式《ぎしき》

千秋楽《せんしゅうらく》に、優勝力士《ゆうしょうりきし》の表彰式《ひょうしょうしき》など、すべての行事《ぎょうじ》が終《お》わった後《あと》に、神送《かみおく》りの儀式《ぎしき》が行《おこな》われる。次《つぎ》の場所《ばしょ》に初《はじ》めて番付《ばんづけ》にのる力《りき》士《し》たちが、土俵上《どひょうじょう》で神《かみ》に見立《みた》てた人《ひと》（行司《ぎょうじ》など）を胴上《どうあ》げして、土俵《どひょう》に来《き》ていた神《かみ》を送《おく》り出《だ》す儀式《ぎしき》だ。

写真／日本相撲協会

土俵祭《どひょうまつり》は、豊《ゆた》かな作物《さくもつ》の実《みの》りや国《くに》の平和《へいわ》、そして、これから行《おこな》われる場所中《ばしょちゅう》の安全《あんぜん》を神《かみ》に願《ねが》うために行《おこな》われる行事《ぎょうじ》だ。日《に》本相撲協会《ほんすもうきょうかい》の理事長《りじちょう》、審判部長《しんぱんぶちょう》、副部長《ふくぶちょう》、審判委員《しんぱんいいん》、三役以上《さんやくいじょう》の力士《りきし》、全行司《ぜんぎょうじ》も参加《さんか》する。一般《いっぱん》にも公開《こうかい》されている。

本場所《ほんばしょ》

1年《ねん》に6回開《かいひら》かれる大相撲《おおずもう》の公式戦《こうしきせん》を、本場所《ほんばしょ》といいます。一場所《ひとばしょ》は15日間《にちかん》で、連日《れんじつ》、力士《りきし》たちの取組《とりくみ》が行《おこな》われます。

本場所《ほんばしょ》の日程《にってい》と取組《とりくみ》

本場所《ほんばしょ》は、1年《ねん》に6回《かい》、奇数《きすう》の月《つき》に開《ひら》かれます。それぞれの場所《ばしょ》は、第《だい》2日曜日《にちようび》に始《はじ》まり、第《だい》4日曜日《にちようび》に終《お》わる15日間《にちかん》とされています。

幕内《まくうち》と十両《じゅうりょう》の力士《りきし》は、毎日《まいにち》1番《ばん》ずつ取組《とりくみ》をして、一場所《ひとばしょ》で計《けい》15番取《ばんと》ります。幕下以下《まくしたいか》の力士《りきし》は、ほぼ1日《にち》おきに1番取《ばんと》り、一場所全部《ひとばしょぜんぶ》で7番《ばん》の取組《とりくみ》をします。

本場所《ほんばしょ》の日程《にってい》の例《れい》

	日	月	火	水	木	金	土
			1	2	3	4	5
	6	7	8	9	10	11	12
初日《しょにち》	13	14	15	16	17	18	19
中日《なかび》	20	21	22	23	24	25	26
千秋楽《せんしゅうらく》！(最終日《さいしゅうび》)	27	28	29	30	31		

本場所《ほんばしょ》の期間《きかん》

最多勝力士《さいたしょうりきし》が優勝《ゆうしょう》

力士《りきし》たちは、幕内《まくうち》、十両《じゅうりょう》、幕下《まくした》、三段目《さんだんめ》、序二段《じょにだん》、序ノ口《じょのくち》の6つの階級《かいきゅう》（段《だん》）（→15ページ）に分《わ》かれて取組《とりくみ》をします。

それぞれの階級《かいきゅう》で、最《もっと》も多《おお》く勝《か》った力士《りきし》が優勝力士《ゆうしょうりきし》として表彰《ひょうしょう》されます。同《おな》じ階級《かいきゅう》で、最多勝力士《さいたしょうりきし》が2人以上《いじょう》いる場合《ばあい》は、優勝決定戦《ゆうしょうけっていせん》が行《おこな》われます。

対戦相手《たいせんあいて》はこう決《き》まる！ 取組編成会議《とりくみへんせいかいぎ》

どの力士《りきし》が対戦《たいせん》するか、本場所《ほんばしょ》の毎日《まいにち》の取組《とりくみ》は、取組編成会議《とりくみへんせいかいぎ》で決《き》まります。初日《しょにち》と2日目《かめ》の取組《とりくみ》は、初日《しょにち》の2日前《かまえ》に決《き》めておき、3日目以降《かめいこう》の取組《とりくみ》は、それぞれの前日《ぜんじつ》の午前中《ごぜんちゅう》に決《き》めていきます。千秋楽《せんしゅうらく》の取組《とりくみ》は、14日目《かめ》の夕方《ゆうがた》に決《き》められます。

取組編成会議《とりくみへんせいかいぎ》では、全《ぜん》力士《りきし》の名前《なまえ》が書《か》いてある「巻《まき》」という長《なが》い紙《かみ》を前《まえ》にして、力士《りきし》たちの前日《ぜんじつ》までの成績《せいせき》などを考慮《こうりょ》し、話《はな》し合《あ》って決《き》めていきます。対戦相手《たいせんあいて》が決《き》まった力士《りきし》の名前《なまえ》の上《うえ》には白《しろ》い碁石《ごいし》を置《お》き、ダブったりもれたりしないようにしています。

同《おな》じ部屋《へや》の力士《りきし》や、兄弟《きょうだい》・親戚同士《しんせきどうし》の力士《りきし》は対戦《たいせん》しないという決《き》まりがあります。

取組《とりくみ》が決《き》まってから休場《きゅうじょう》すると、その日《ひ》は不戦敗《ふせんぱい》となり、相手《あいて》の力士《りきし》は不戦勝《ふせんしょう》となります。

審判部長《しんぱんぶちょう》、審判副部長《しんぱんふくぶちょう》、審判委員《しんぱんいいん》が取組編成会議《とりくみへんせいかいぎ》に参加《さんか》する。

現在《げんざい》の本場所《ほんばしょ》は、一月場所《いちがつばしょ》（初場所《はつばしょ》、東京《とうきょう》）、三月場所《さんがつばしょ》（春場所《はるばしょ》、大阪《おおさか》）、五月場所《ごがつばしょ》（夏場所《なつばしょ》、東京《とうきょう》）、七月場所《しちがつばしょ》（名古屋場所《なごやばしょ》、名古屋《なごや》）、九月場所《くがつばしょ》（秋場所《あきばしょ》、東京《とうきょう》）、十一月場所《じゅういちがつばしょ》（九州場所《きゅうしゅうばしょ》、福岡《ふくおか》）の、一年間《いちねんかん》に6回《かい》。

力士《りきし》の勝《か》ち負《ま》けの記録《きろく》、星取表《ほしとりひょう》

十両以上《じゅうりょういじょう》の関取《せきとり》は、一場所《ひとばしょ》に15番《ばん》の取組《とりくみ》をするので、8勝《しょう》すれば勝《か》ちの方《ほう》が多《おお》くなります。これを勝《か》ちこしといいます。反対《はんたい》に、負《ま》けのほうが多《おお》いことを負《ま》けこしといいます。星取表《ほしとりひょう》を見《み》ると、対戦相手《たいせんあいて》や結果《けっか》がひと目《め》でわかります。

星取表《ほしとりひょう》の例《れい》

各力士《かくりきし》の毎日《まいにち》の対戦相手《たいせんあいて》と結果《けっか》を記録《きろく》した表《ひょう》。勝《か》ちは白丸《しろまる》、負《ま》けは黒丸《くろまる》で表《あらわ》される。

○…勝《か》ち（白星《しろぼし》）　□…不戦勝《ふせんしょう》　や…休場《きゅうじょう》
●…負《ま》け（黒星《くろぼし》）　■…不戦敗《ふせんぱい》

●8日目《かめ》（中日《なかび》）までの結果《けっか》

東	1	2	3	4	5	6	7	8	9
日馬富士 0-3	●阿咲	●貴景	■玉鷲	や	や	や	や	や	や
稀勢の里 4-4	●玉鷲	○阿咲	○千龍	●貴景	○松鳳	○栃煌	●北富	●逸城	宝富
豪栄道 6-2	○貴景	○琴奨	○栃煌	○玉鷲	○阿咲	●千龍	●松鳳	○千国	嘉風
御嶽海 5-3	○栃煌	●北富	○琴奨	○千国	□照富	○阿咲	●玉鷲	●貴景	高安
照ノ富士 0-5	●北富	●松鳳	●嘉風	●琴奨	■嶽海	や	や	や	や
琴奨菊 2-6	●白鵬	●豪栄	●嶽海	○照富	○千龍	●北富	●嘉風	●阿咲	玉鷲
玉鷲 6-2	○稀勢	●白鵬	□日馬	●豪栄	○高安	○嘉風	○嶽海	○宝富	琴奨
千代大龍 3-5	●高安	○嘉風	●稀勢	●白鵬	●琴奨	○豪栄	●貴景	○栃煌	松鳳
松鳳山 3-5	○嘉風	○照富	●千国	●高安	●稀勢	●白鵬	○豪栄	●千翔	千龍
千代の国 1-7	●逸城	●荒鷲	○松鳳	●嶽海	●北富	●宝富	●高安	●豪栄	白鵬
宝富士 3-5	●荒鷲	●逸城	○千翔	●栃心	○翔丸	○千国	●正代	●玉鷲	稀勢
千代翔馬 4-4	○栃心	●正代	●宝富	○翔丸	○逸城	●荒鷲	●遠藤	○松鳳	北富
大翔丸 2-6	○正代	●栃心	○千丸	●千翔	●宝富	●魁聖	●荒鷲	●碧山	逸城
貴ノ岩	や	や	や	や	や	や	や	や	や
遠藤 5-3	○千丸	○魁聖	●正代	●勢	○朝山	●隠岐	○千翔	○安美	栃心
魁聖 5-3	○栄翔	●遠藤	□碧山	●隠岐	○輝	○翔丸	○千丸	●妙義	正代
碧山 2-2	○勢	●隠岐	■魁聖	や	や	や	や	○翔丸	豪風
隠岐の海 7-1	●朝山	○碧山	○豪風	○魁聖	○栄翔	○遠藤	○勢	○大奄	琴勇
豪風 2-6	●輝	○琴勇	●隠岐	○錦木	●勢	●大奄	●安美	●朝山	碧山
琴勇輝 3-5	●安美	●豪風	○妙義	●竜電	●錦木	○輝	○大奄	●勢	隠岐
錦木 4-4	○大奄	○石浦	●安美	●豪風	○琴勇	○妙義	●輝	●豊山	朝山
宇良	や	や	や	や	や	や	や	や	や

	西	1	2	3	4	5	6	7	8	9
横綱	白鵬 8-0	○琴奨	○玉鷲	○貴景	○千龍	○栃煌	○松鳳	○阿咲	○北富	千国
横綱	鶴竜	や	や	や	や	や	や	や	や	や
大関	高安 5-3	○千龍	○栃煌	○阿咲	○松鳳	●玉鷲	●貴景	○千国	●嘉風	嶽海
関脇	嘉風 4-4	●松鳳	●千龍	○照富	○阿咲	●貴景	●玉鷲	○琴奨	○高安	豪栄
関脇										
小結	阿武咲 2-6	○日馬	●稀勢	●高安	●嘉風	●豪栄	●嶽海	●白鵬	○琴奨	貴景
前1	貴景勝 6-2	●豪栄	○日馬	●白鵬	○稀勢	○嘉風	○高安	○千龍	○嶽海	阿咲
同2	栃煌山 0-8	●嶽海	●高安	●豪栄	●北富	●白鵬	●稀勢	●逸城	●千龍	荒鷲
同3	北勝富士 6-2	○照富	○嶽海	●逸城	○栃煌	○千国	○琴奨	○稀勢	●白鵬	千翔
同4	逸ノ城 7-1	○千国	○宝富	○北富	○荒鷲	●千翔	○栃心	○栃煌	○稀勢	翔丸
同5	荒鷲 7-1	○宝富	○千国	○栃心	●逸城	○正代	○千翔	○翔丸	○千丸	栃煌
同6	栃ノ心 5-3	●千翔	○翔丸	●荒鷲	○宝富	○千丸	●逸城	○栄翔	○正代	遠藤
同7	正代 4-4	●翔丸	○千翔	○遠藤	●千丸	●荒鷲	●栄翔	○宝富	●栃心	魁聖
同8	千代丸 3-5	●遠藤	○栄翔	●翔丸	○正代	●栃心	○勢	●魁聖	●荒鷲	輝
同9	大栄翔 3-5	●魁聖	●千丸	○勢	○朝山	●隠岐	○正代	●栃心	●輝	安美
同10	勢 4-4	●碧山	○朝山	●栄翔	○遠藤	○豪風	●千丸	●隠岐	○琴勇	妙義
同11	朝乃山 3-5	○隠岐	●勢	●輝	●栄翔	●遠藤	○安美	●妙義	○豪風	錦木
同12	輝 5-3	○豪風	●安美	○朝山	○大奄	●魁聖	●琴勇	○錦木	○栄翔	千丸
同13	安美錦 6-2	○琴勇	○輝	○錦木	○妙義	○大奄	●朝山	○豪風	●遠藤	栄翔
同14	大奄美 2-6	●錦木	●妙義	○旭秀	●輝	●安美	○豪風	●琴勇	●隠岐	誉富
同15	妙義龍 5-3	○誉富	○大奄	●琴勇	●安美	○徳勝	●錦木	○朝山	○魁聖	勢
同16										

4連勝《れんしょう》の後《あと》、1敗《ぱい》してまた3連勝中《れんしょうちゅう》。

●3日目《かめ》までの結果《けっか》

東	1	2	3	4
日馬富士 0-3	●阿咲	●貴景	■玉鷲	や
稀勢の里 2-1	●玉鷲	○阿咲	○千龍	貴景
豪栄道 3-0	○貴景	○琴奨	○栃煌	玉鷲
御嶽海 2-1	○栃煌	●北富	○琴奨	千国
照ノ富士 0-3	●北富	●松鳳	●嘉風	琴奨
琴奨菊 0-3	●白鵬	●豪栄	●嶽海	照富
玉鷲 2-1	○稀勢	●白鵬	□日馬	豪栄
千代大龍 1-2	●高安	○嘉風	●稀勢	白鵬
松鳳山 2-1	○嘉風	○照富	●千国	高安
千代の国 1-2	●逸城	●荒鷲	○松鳳	嶽海
宝富士 1-2	●荒鷲	●逸城	○千翔	栃心
千代翔馬 1-2	○栃心	●正代	●宝富	翔丸
大翔丸 2-1	○正代	●栃心	○千丸	千翔
貴ノ岩	や	や	や	や
遠藤 2-1	○千丸	○魁聖	●正代	勢
魁聖 2-1	○栄翔	●遠藤	□碧山	隠岐
碧山 1-2	○勢	●隠岐	■魁聖	や
隠岐の海 2-1	●朝山	○碧山	○豪風	魁聖
豪風 1-2	●輝	○琴勇	●隠岐	錦木
琴勇輝 1-2	●安美	●豪風	○妙義	竜電
錦木 2-1	○大奄	○石浦	●安美	豪風
宇良	や	や	や	や

	西	1	2	3	4
横綱	白鵬 3-0	○琴奨	○玉鷲	○貴景	千龍
横綱	鶴竜	や	や	や	や
大関	高安 3-0	○千龍	○栃煌	○阿咲	松鳳
関脇	嘉風 1-2	●松鳳	●千龍	○照富	阿咲
関脇					
小結	阿武咲 1-2	○日馬	●稀勢	●高安	嘉風
前1	貴景勝 1-2	●豪栄	○日馬	●白鵬	稀勢
同2	栃煌山 0-3	●嶽海	●高安	●豪栄	北富
同3	北勝富士 2-1	○照富	○嶽海	●逸城	栃煌
同4	逸ノ城 3-0	○千国	○宝富	○北富	荒鷲
同5	荒鷲 3-0	○宝富	○千国	○栃心	逸城
同6	栃ノ心 1-2	●千翔	○翔丸	●荒鷲	宝富
同7	正代 2-1	●翔丸	○千翔	○遠藤	千丸
同8	千代丸 1-2	●遠藤	○栄翔	●翔丸	正代
同9	大栄翔 1-2	●魁聖	●千丸	○勢	朝山
同10	勢 1-2	●碧山	○朝山	●栄翔	遠藤
同11	朝乃山 1-2	○隠岐	●勢	●輝	栄翔
同12	輝 2-1	○豪風	●安美	○朝山	大奄
同13	安美錦 3-0	○琴勇	○輝	○錦木	妙義
同14	大奄美 1-2	●錦木	●妙義	○旭秀	輝
同15	妙義龍 2-1	○誉富	○大奄	●琴勇	安美
同16					

この日《ひ》までの勝《か》ち数《すう》と負《ま》け数《すう》。

4日目《かめ》に予定《よてい》される取組相手《とりくみあいて》。

●15日間《にちかん》の結果《けっか》

東	成績	1	2	3	4	5	6	7	8	9	10	11	12	13	14	15
日馬富士	3敗	●阿咲	●貴景	■玉鷲	や	や	や	や	や	や	や	や	や	や	や	や
稀勢の里	4勝6敗	●玉鷲	○阿咲	○千龍	●貴景	○松鳳	○栃煌	●北富	●逸城	●宝富	■千国	や	や	や	や	や
豪栄道	9勝6敗	○貴景	○琴奨	○栃煌	○玉鷲	○阿咲	●千龍	●松鳳	○千国	○嘉風	●嶽海	●北富	●逸城	□高安	○宝富	●白鵬
御嶽海	9勝6敗	○栃煌	●北富	○琴奨	○千国	□照富	○阿咲	●玉鷲	●貴景	●高安	○豪栄	○千龍	●白鵬	●逸城	○荒鷲	○嘉風
照ノ富士	5敗	●北富	●松鳳	●嘉風	●琴奨	■嶽海	や	や	や	や	や	や	や	や	や	や
琴奨菊	6勝9敗	●白鵬	●豪栄	●嶽海	○照富	○千龍	●北富	●嘉風	●阿咲	●玉鷲	●高安	○貴景	●栃煌	○千国	○松鳳	○逸城
玉鷲	11勝4敗	○稀勢	●白鵬	□日馬	●豪栄	○高安	○嘉風	○嶽海	○宝富	○琴奨	●阿咲	○荒鷲	●貴景	○遠藤	○隠岐	○北富
千代大龍	7勝8敗	●高安	○嘉風	●稀勢	●白鵬	●琴奨	○豪栄	●貴景	○栃煌	○松鳳	●北富	●嶽海	●阿咲	○荒鷲	○翔丸	○栄翔
松鳳山	3勝12敗	○嘉風	○照富	●千国	●高安	●稀勢	●白鵬	○豪栄	●千翔	●千龍	●貴景	●宝富	●翔丸	●阿咲	●琴奨	●碧山
千代の国	6勝9敗	●逸城	●荒鷲	○松鳳	●嶽海	●北富	●宝富	●高安	●豪栄	●白鵬	□稀勢	○翔丸	○嘉風	●琴奨	○栃煌	○豪風
宝富士	7勝8敗	●荒鷲	●逸城	○千翔	●栃心	○翔丸	○千国	●正代	●玉鷲	○稀勢	○千丸	○松鳳	○栄翔	●白鵬	●豪栄	●阿咲
千代翔馬	7勝8敗	○栃心	●正代	●宝富	○翔丸	○逸城	●荒鷲	●遠藤	○松鳳	●北富	○栄翔	●魁聖	○錦木	○輝	●貴景	●安美
大翔丸	4勝11敗	○正代	●栃心	○千丸	●千翔	●宝富	●魁聖	●荒鷲	●碧山	○逸城	●隠岐	●千国	○松鳳	●豪風	●千龍	●錦木
貴ノ岩	全休	や	や	や	や	や	や	や	や	や	や	や	や	や	や	や
遠藤	9勝6敗	○千丸	○魁聖	●正代	●勢	○朝山	●隠岐	○千翔	○安美	○栃心	○荒鷲	○錦木	○妙義	●玉鷲	●白鵬	●輝
魁聖	8勝7敗	○栄翔	●遠藤	□碧山	●隠岐	○輝	○翔丸	○千丸	●妙義	○正代	●錦木	○千翔	●荒鷲	○朝山	●勢	●栃煌
碧山	3勝8敗	○勢	●隠岐	■魁聖	や	や	や	や	○翔丸	●豪風	●安美	●朝山	●琴勇	●大奄	●錦木	○松鳳
隠岐の海	11勝4敗	●朝山	○碧山	○豪風	○魁聖	○栄翔	○遠藤	○勢	○大奄	●琴勇	○翔丸	○輝	○安美	○栃心	●玉鷲	●貴景
豪風	7勝8敗	●輝	○琴勇	●隠岐	○錦木	●勢	●大奄	●安美	●朝山	○碧山	●栃心	○妙義	○千丸	○翔丸	○栄翔	●千国
琴勇輝	8勝7敗	●安美	●豪風	○妙義	●竜電	●錦木	○輝	○大奄	●勢	○隠岐	○石浦	○栄翔	○碧山	●正代	○朝山	●栃心
錦木	7勝8敗	○大奄	○石浦	●安美	●豪風	○琴勇	○妙義	●輝	●豊山	●朝山	○魁聖	●遠藤	●千翔	●千丸	○碧山	○翔丸
宇良	全休	や	や	や	や	や	や	や	や	や	や	や	や	や	や	や

	西	成績	1	2	3	4	5	6	7	8	9	10	11	12	13	14	15
横綱	白鵬	14勝1敗	○琴奨	○玉鷲	○貴景	○千龍	○栃煌	○松鳳	○阿咲	○北富	○千国	○逸城	●嘉風	○嶽海	○宝富	○遠藤	○豪栄
横綱	鶴竜	全休	や	や	や	や	や	や	や	や	や	や	や	や	や	や	や
大関	高安	8勝5敗	○千龍	○栃煌	○阿咲	○松鳳	●玉鷲	●貴景	○千国	●嘉風	○嶽海	○琴奨	○逸城	●北富	■豪栄	や	や
関脇	嘉風	6勝9敗	●松鳳	●千龍	○照富	○阿咲	●貴景	●玉鷲	○琴奨	○高安	●豪栄	○栃煌	○白鵬	●千国	●北富	●逸城	●嶽海
関脇																	
小結	阿武咲	8勝7敗	○日馬	●稀勢	●高安	●嘉風	●豪栄	●嶽海	●白鵬	○琴奨	○貴景	○玉鷲	●栃煌	○千龍	○松鳳	○北富	○宝富
前1	貴景勝	11勝4敗	●豪栄	○日馬	●白鵬	○稀勢	○嘉風	○高安	○千龍	○嶽海	●阿咲	○松鳳	●琴奨	○玉鷲	○栃煌	○千翔	○隠岐
同2	栃煌山	4勝11敗	●嶽海	●高安	●豪栄	●北富	●白鵬	●稀勢	●逸城	●千龍	○荒鷲	●嘉風	○阿咲	○琴奨	●貴景	●千国	○魁聖
同3	北勝富士	11勝4敗	○照富	○嶽海	●逸城	○栃煌	○千国	○琴奨	○稀勢	●白鵬	○千翔	○千龍	○豪栄	○高安	○嘉風	●阿咲	●玉鷲
同4	逸ノ城	10勝5敗	○千国	○宝富	○北富	○荒鷲	●千翔	○栃心	○栃煌	○稀勢	●翔丸	●白鵬	●高安	○豪栄	○嶽海	○嘉風	●琴奨
同5	荒鷲	8勝7敗	○宝富	○千国	○栃心	●逸城	○正代	○千翔	○翔丸	○千丸	●栃煌	●遠藤	●玉鷲	○魁聖	●千龍	●嶽海	●勢
同6	栃ノ心	9勝6敗	●千翔	○翔丸	●荒鷲	○宝富	○千丸	●逸城	○栄翔	○正代	●遠藤	○豪風	●勢	○朝山	●隠岐	○輝	○琴勇
同7	正代	9勝6敗	●翔丸	○千翔	○遠藤	●千丸	●荒鷲	●栄翔	○宝富	●栃心	●魁聖	○勢	○安美	○輝	○琴勇	□妙義	○大奄
同8	千代丸	7勝8敗	●遠藤	○栄翔	●翔丸	○正代	●栃心	○勢	●魁聖	●荒鷲	○輝	●宝富	●大奄	●豪風	○錦木	○安美	○朝山
同9	大栄翔	5勝10敗	●魁聖	●千丸	○勢	○朝山	●隠岐	○正代	●栃心	●輝	○安美	●千翔	●琴勇	●宝富	○妙義	●豪風	●千龍
同10	勢	9勝6敗	●碧山	○朝山	●栄翔	○遠藤	○豪風	●千丸	●隠岐	○琴勇	●妙義	●正代	○栃心	○大奄	○安美	○魁聖	○荒鷲
同11	朝乃山	5勝10敗	○隠岐	●勢	●輝	●栄翔	●遠藤	○安美	●妙義	○豪風	○錦木	●大奄	○碧山	●栃心	●魁聖	●琴勇	●千丸
同12	輝	7勝8敗	○豪風	●安美	○朝山	○大奄	●魁聖	●琴勇	○錦木	○栄翔	●千丸	○妙義	●隠岐	●正代	●千翔	●栃心	○遠藤
同13	安美錦	8勝7敗	○琴勇	○輝	○錦木	○妙義	○大奄	●朝山	○豪風	●遠藤	●栄翔	○碧山	●正代	●隠岐	●勢	●千丸	○千翔
同14	大奄美	6勝9敗	●錦木	●妙義	○旭秀	●輝	●安美	○豪風	●琴勇	●隠岐	●誉富	○朝山	○千丸	●勢	○碧山	○竜電	●正代
同15	妙義龍	6勝8敗	○誉富	○大奄	●琴勇	●安美	○徳勝	●錦木	○朝山	○魁聖	○勢	●輝	●豪風	●遠藤	●栄翔	■正代	や
同16																	

千秋楽《せんしゅうらく》（最終日《さいしゅうび》）で勝《か》ちこせた！

大《おお》きく勝《か》ちこし！

千秋楽《せんしゅうらく》（最終日《さいしゅうび》）でおしくも負《ま》けこし。

途中休場《とちゅうきゅうじょう》して、また出場《しゅつじょう》した。

思《おも》わぬ苦戦《くせん》、目《め》を見《み》はる大活躍《だいかつやく》…、星取表《ほしとりひょう》には、熱《あつ》いドラマがつまっている。

幕内《まくうち》には40人以上《にんいじょう》の力士《りきし》がいるので、15日間《にちかん》で全部《ぜんぶ》の力士《りきし》に当《あ》たるわけではない。対戦《たいせん》は、基本的《きほんてき》には、近《ちか》い地位《ちい》の相手《あいて》と組《く》まれるが、下位《かい》の力士《りきし》でもその場所《ばしょ》の成績《せいせき》がよいと、終盤《しゅうばん》に横綱《よこづな》・大関《おおぜき》などの上位《じょうい》の力士《りきし》と当《あ》たることがある。

本場所《ほんばしょ》の一日《いちにち》

本場所《ほんばしょ》の一日《いちにち》は、朝早《あさはや》くから始《はじ》まります。下位《かい》の力士《りきし》の取組《とりくみ》から始《はじ》まり、上位力士《じょういりきし》の取組《とりくみ》へと進《すす》んでいきます。

真剣勝負《しんけんしょうぶ》の10時間《じかん》

本場所《ほんばしょ》の開場《かいじょう》は、午前《ごぜん》8時《じ》です。寄《よ》せ太鼓《だいこ》に始《はじ》まって、夕方《ゆうがた》のはね太鼓《だいこ》に送《おく》られるまで、激《はげ》しい熱戦《ねっせん》がくり広《ひろ》げられます。

午前《ごぜん》8時《じ》

寄《よ》せ太鼓《だいこ》、開場《かいじょう》

やぐらの上《うえ》で、「寄《よ》せ太鼓《だいこ》」が、約《やく》30分間《ぶんかん》打《う》たれ、開場《かいじょう》を知《し》らせる。太鼓《たいこ》を打《う》つのは、呼出《よびだ》しの役目《やくめ》。

午前《ごぜん》8時《じ》
30分《ぷん》ごろ～

前相撲《まえずもう》

新《あたら》しく弟子《でし》入《い》りした力士《りきし》たちが相撲《すもう》を取《と》る。3日目《かめ》から行《おこな》われる(三月場所《さんがつばしょ》では2日目《かめ》から)。

午前《ごぜん》8時《じ》
35分《ふん》ごろ～

序ノ口《じょのくち》から幕下《まくした》の取組《とりくみ》

序ノ口《じょのくち》、序二段《じょにだん》、三段目《さんだんめ》、幕《まく》下《した》と、下《した》の階級《かいきゅう》から取組《とりくみ》が進《すす》んでいく。

午後《ごご》2時《じ》ごろ～

幕内力士《まくうちりきし》 場所《ばしょ》入《い》り

午後《ごご》になると、幕内《まくうち》の力士《りきし》たちが到着《とうちゃく》（場所《ばしょ》入《い》り）する。支《し》度部屋《たくべや》で、対戦《たいせん》の準備《じゅんび》を始《はじ》める。

午後《ごご》2時《じ》
15分《ふん》ごろ～

十両力士《じゅうりょうりきし》 土俵入《どひょうい》り

十両《じゅうりょう》の力士《りきし》が、化粧《けしょう》まわしをつけ、東西《とうざい》に分《わ》かれて、それぞれ土俵《どひょう》に上《あ》がる（土俵入《どひょうい》り）。

午後《ごご》2時《じ》
35分《ふん》ごろ～

十両力士《じゅうりょうりきし》の取組《とりくみ》

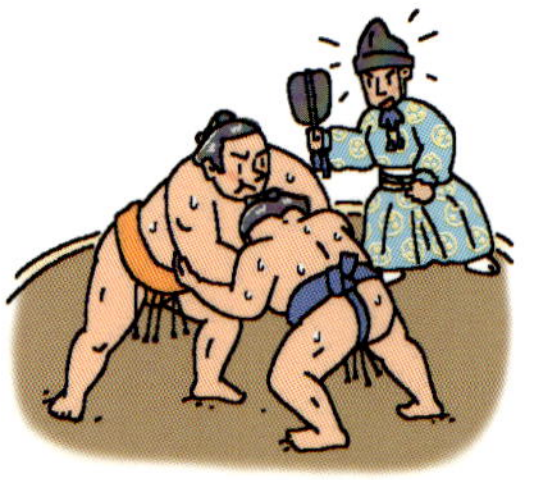

十両《じゅうりょう》の力士《りきし》による対戦《たいせん》が進《すす》む。十両以上《じゅうりょういじょう》と幕下《まくした》の一部《いちぶ》の対戦《たいせん》では、仕切《しき》りの時《とき》に塩《しお》がまかれる。

午後《ごご》3時《じ》
40分《ふん》ごろ～

幕内力士《まくうちりきし》 土俵入《どひょうい》り

横綱以外《よこづないがい》の幕内力士《まくうちりきし》が、東西《とうざい》に分《わ》かれ、それぞれ、化粧《けしょう》まわしをつけて、土俵入《どひょうい》りをする。

本場所《ほんばしょ》で、力士《りきし》が取組《とりくみ》の準備《じゅんび》をする場所《ばしょ》を支度部屋《したくべや》という。化粧《けしょう》まわしなどの力士《りきし》の道具《どうぐ》が入《はい》った“明《あ》け荷《に》”が置《お》かれ、力士《りきし》たちはまげをゆってもらったり、準備運動《じゅんびうんどう》をしたりして出番《でばん》を待《ま》つ。

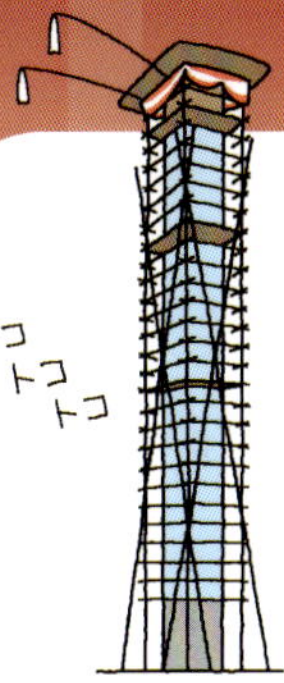

呼出《よびだ》しが、一日《いちにち》が終《お》わったことを示《しめ》す「柝《き》」を打《う》つ（打《う》ち出《だ》し）。やぐらの上《うえ》では、「はね太鼓《だいこ》」が打《う》たれる。

午後《ごご》5時《じ》50分《ぷん》ごろ～

結《むす》びの一番《いちばん》

その日《ひ》の最後《さいご》の取組《とりくみ》（結《むす》びの一番《いちばん》）が行《おこな》われる。

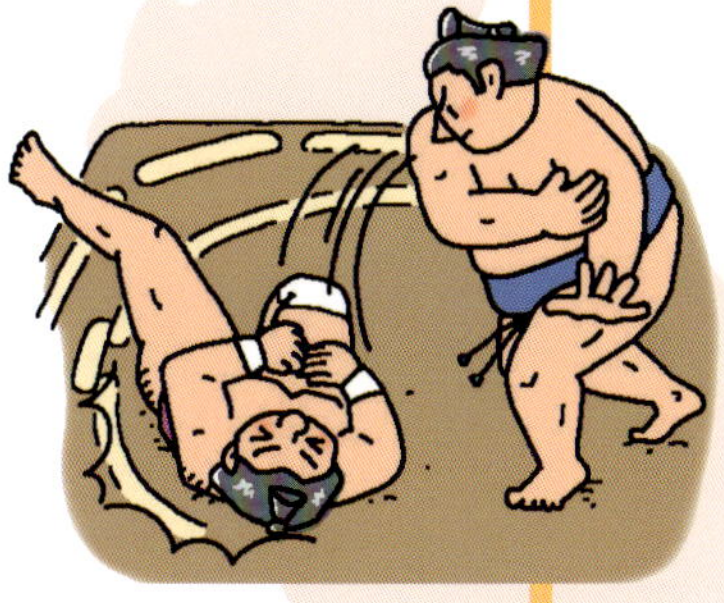

午後《ごご》5時《じ》55分《ふん》ごろ～

弓取式《ゆみとりしき》・打《う》ち出《だ》し

写真／日本相撲協会

→結《むす》びの一番《いちばん》に勝《か》った力士《りきし》に代《か》わって、幕下以下《まくしたいか》の力士《りきし》が土俵上《どひょうじょう》で弓《ゆみ》を受《う》け、所作《しょさ》を行《おこな》う弓取式《ゆみとりしき》が行《おこな》われる。

午後《ごご》4時《じ》10分《ぷん》ごろ～

幕内力士《まくうちりきし》の取組《とりくみ》

←幕内力士《まくうちりきし》の取組《とりくみ》が進《すす》む。テレビ中継《ちゅうけい》されるのは、主《おも》にここ。

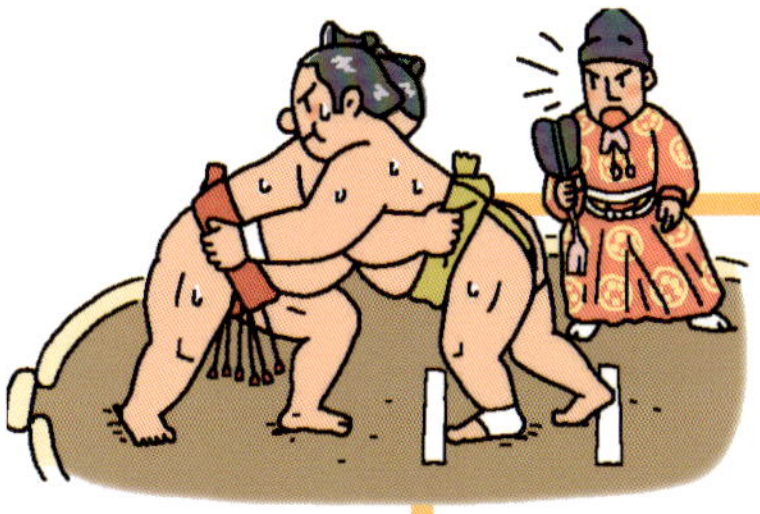

↓その日《ひ》の取組《とりくみ》は、場内《じょうない》の掲示板《けいじばん》に表示《ひょうじ》される。勝《か》った力士《りきし》の名前《なまえ》にランプがつく。両方《りょうほう》にランプがついているところは、今《いま》から行《おこな》われる取組《とりくみ》を示《しめ》す。

結《むす》びの一番《いちばん》

幕内力士《まくうちりきし》の対戦《たいせん》。

十両力士《じゅうりょうりきし》の対戦《たいせん》。

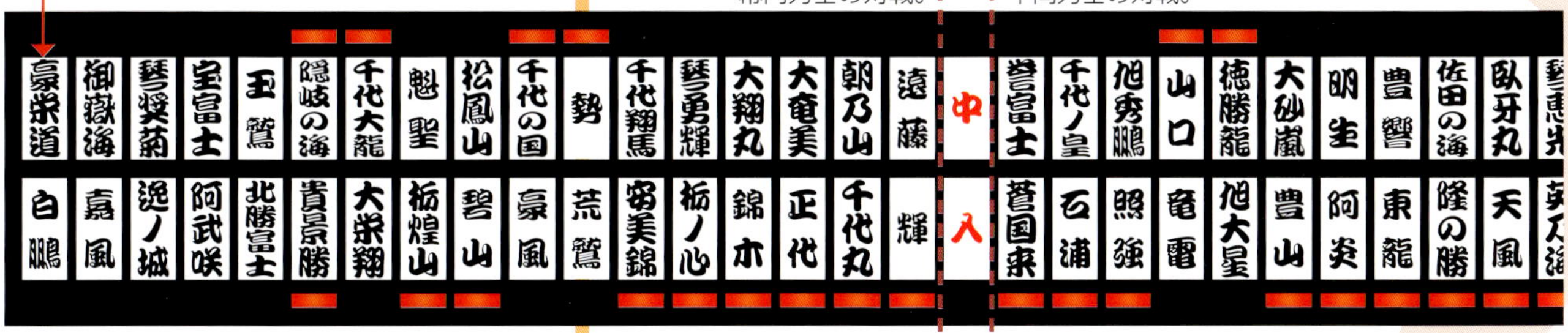

午後《ごご》3時《じ》55分《ふん》ごろ～

横綱土俵入《よこづなどひょうい》り

横綱《よこづな》が、つゆはらいと太刀持《たちも》ちをともなって、土俵《どひょう》入《い》りをする。大《おお》きな声援《せいえん》や拍手《はくしゅ》が起《お》こる。

約《やく》10分《ぷん》の休憩《きゅうけい》（中入《なかいり》という）。

午後《ごご》4時《じ》ごろ～

顔《かお》ぶれ言上《ごんじょう》

中入《なかいり》の間《あいだ》に、行司《ぎょうじ》が次《つぎ》の日《ひ》の取組《とりくみ》を知《し》らせる。

写真／日本相撲協会

弓取式《ゆみとりしき》は、結《むす》びの一番《いちばん》の勝《か》ち力士《りきし》に代《か》わって弓《ゆみ》をあたえられ、その弓《ゆみ》を回《まわ》したりふったりしながら相撲《すもう》の所作《しょさ》を行《おこな》う儀式《ぎしき》。以前《いぜん》は千秋楽《せんしゅうらく》だけに行《おこな》っていたが、昭和《しょうわ》27（1952）年《ねん》から毎日《まいにち》になった。弓《ゆみ》を落《お》としても、手《て》で拾《ひろ》わず、足《あし》で拾《ひろ》い上《あ》げる。

番付表《ばんづけひょう》

全力士《ぜんりきし》を、地位《ちい》の順《じゅん》に並《なら》べたランキングを、番付《ばんづけ》といいます。これを1枚《まい》の紙《かみ》に表《あらわ》したものが番付表《ばんづけひょう》です。

番付表《ばんづけひょう》とその見方《みかた》

番付《ばんづけ》は、番付編成会議《ばんづけへんせいかいぎ》で、本場所《ほんばしょ》ごとに決《き》められます。新《あたら》しい番付《ばんづけ》にそって、番付表《ばんづけひょう》も本場所《ほんばしょ》ごとにつくられます。番付表《ばんづけひょう》には、行司《ぎょうじ》や審判《しんぱん》委員《いいん》（親方《おやかた》）たちの名前《なまえ》ものっています。いずれも、ランキングの上位《じょうい》は大《おお》きな文字《もじ》で、下《した》になるほど小《ちい》さな文字《もじ》で書《か》かれています。

蒙御免（ごめんこうむる）

江戸時代《えどじだい》に使《つか》われた言葉《ことば》で、興行《こうぎょう》する許可《きょか》を得《え》ていることを表《あらわ》す。

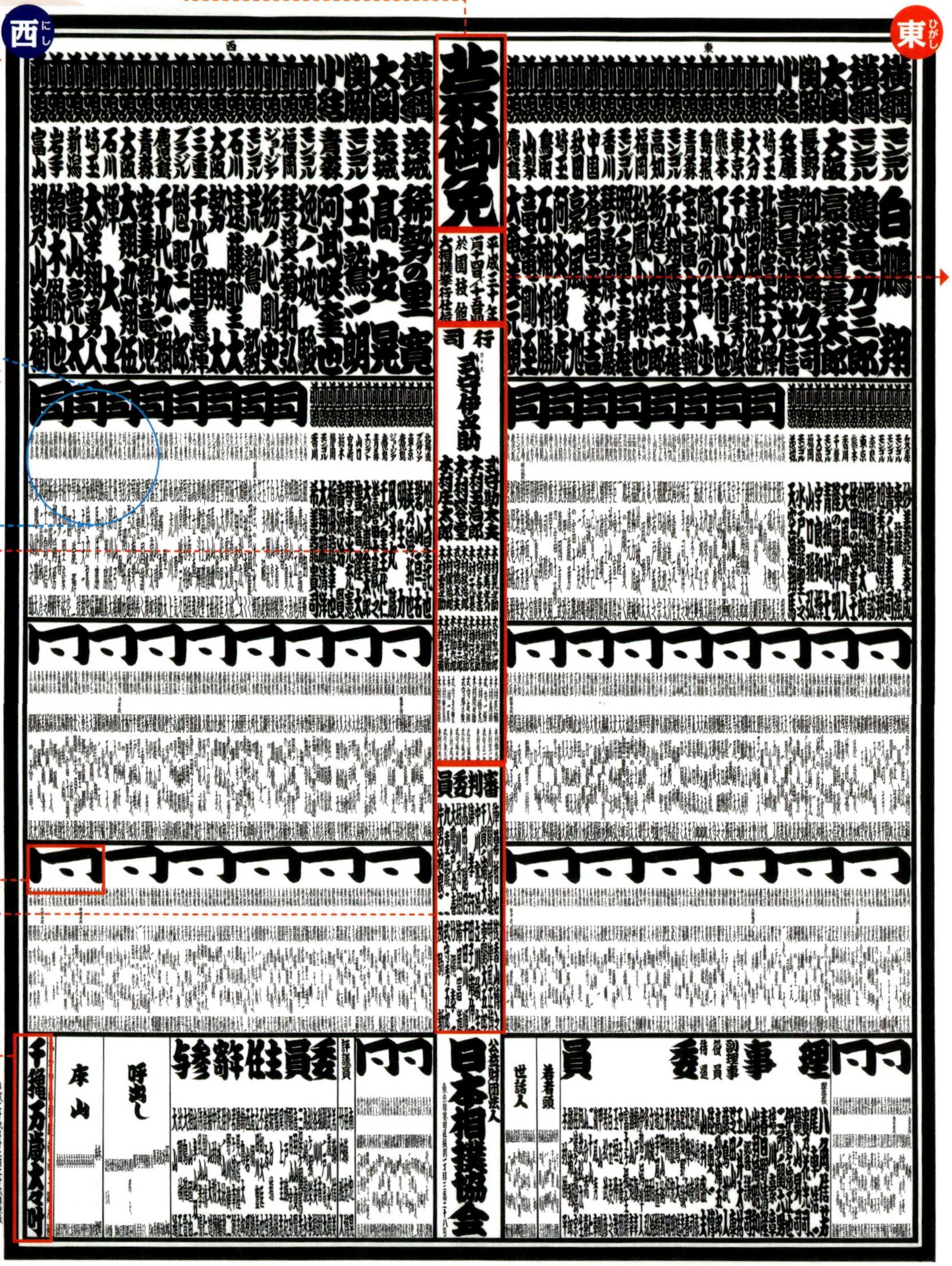

開催期間《かいさいきかん》・場所《ばしょ》

番付表《ばんづけひょう》は、本場所《ほんばしょ》ごとに約《やく》55万枚印刷《まんまいいんさつ》される。番付発表日《ばんづけはっぴょうび》になると、力士《りきし》たちが日本相撲協会《にほんすもうきょうかい》に行《い》って、自分《じぶん》の相撲部屋《すもうべや》の分《ぶん》を受《う》け取《と》る。部屋《へや》では、番付表《ばんづけひょう》に部屋《へや》の名前《なまえ》のはんこなどをおして後援者《こうえんしゃ》などに郵送《ゆうそう》する。

東西《とうざい》

番付表《ばんづけひょう》の右側《みぎがわ》に東方《ひがしかた》、左側《みぎがわ》に西方《にしかた》の力士《りきし》の名前《なまえ》が書《か》いてある。番付表《ばんづけひょう》で東西《とうざい》を分《わ》けているのは、昔《むかし》、東西《とうざい》に分《わ》かれて対抗《たいこう》戦《せん》をしていたことのなごり。

ランキングと力士《りきし》の出身地《しゅっしんち》が一目瞭然《いちもくりょうぜん》！コンパクトなスグレモノだ。

番付表《ばんづけひょう》の大《おお》きさは、縦《たて》58cm、横《よこ》44cm。（下《した》は、表《ひょう》の青《あお》い円《えん》の部分《ぶぶん》の実際《じっさい》の大《おお》きさ。）

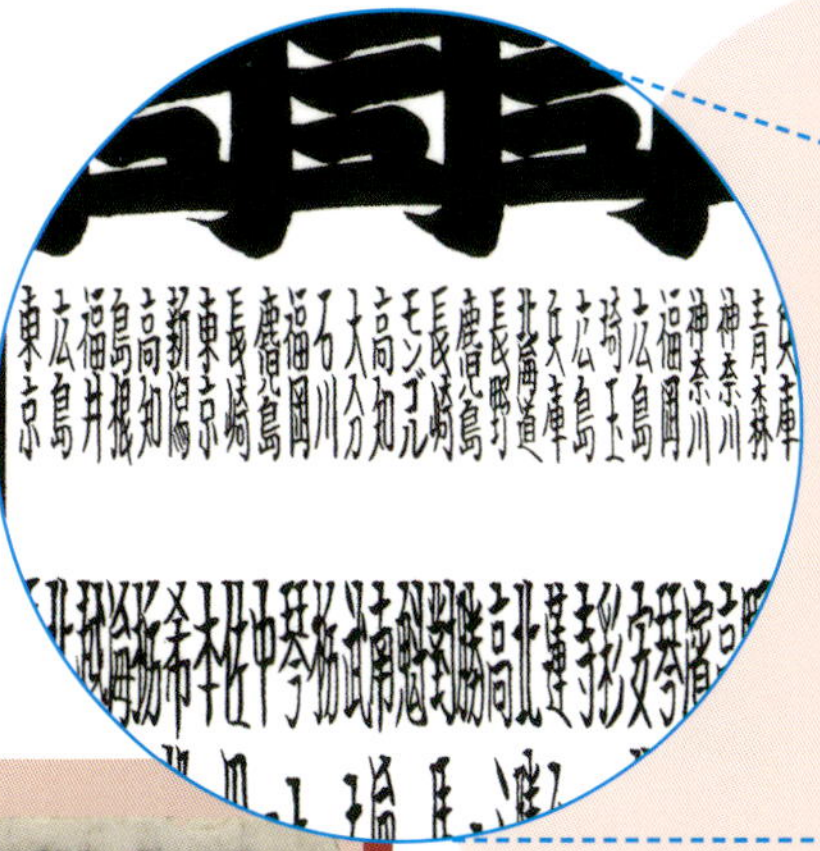

（一段目《いちだんめ》）幕内力士《まくうちりきし》（横綱《よこづな》・大関《おおぜき》・関脇《せきわけ》・小結《こむすび》・前頭《まえがしら》）

最上段《さいじょうだん》に、大《おお》きい文字《もじ》で書《か》いてある。東《ひがし》と西《にし》では、東《ひがし》の方《ほう》がランクが上《うえ》。

行司《ぎょうじ》

（二段目《にだんめ》）十両《じゅうりょう》・幕下《まくした》の力士《りきし》

十両《じゅうりょう》以下《いか》の力士《りきし》も、番付表《ばんづけひょう》では、「前頭《まえがしら》」と表記《ひょうき》される。

（三段目《さんだんめ》）三段目《さんだんめ》の力士《りきし》

「同《どう》」の字《じ》の略《りゃく》。

審判委員《しんぱんいいん》

（四段目《よだんめ》）序二段《じょにだん》の力士《りきし》

千穐万歳大々叶《せんしゅうばんざいだいだいかのう》

いつまでも大入《おおい》りが続《つづ》くように願《ねが》う言葉《ことば》。

（五段目《ごだんめ》）序ノ口《じょのくち》の力士《りきし》、理事《りじ》、委員《いいん》、呼《よび》出《だ》し、床山《とこやま》など

番付表《ばんづけひょう》を書《か》くのは行司《ぎょうじ》

番付表《ばんづけひょう》の文字《もじ》を書《か》く練習《れんしゅう》をする行司《ぎょうじ》。慎重《しんちょう》に書《か》く。

写真／荒汐部屋

次《つぎ》の場所《ばしょ》の力士《りきし》たちの地位《ちい》が決《き》まると、番付表作《ばんづけひょうづく》りが始《はじ》まります。番付表《ばんづけひょう》を書《か》くのは行司《ぎょうじ》の仕事《しごと》で、担当《たんとう》の行司《ぎょうじ》が、縦《たて》110㎝、横《よこ》80㎝ほどの紙《かみ》に筆《ふで》で書《か》いていきます。番《ばん》付表《づけひょう》の文字《もじ》は独特《どくとく》の書体《しょたい》で、「相撲文字《すもうもじ》」「根岸流《ねぎしりゅう》」と呼《よ》ばれます。

番付表《ばんづけひょう》が書《か》き上《あ》がるまでには、10日《か》から2週間《しゅうかん》かかります。書《か》き上《あ》がった番付表《ばんづけひょう》は、およそ4分《ぶん》の1の大《おお》きさに縮《ちぢ》めて、和紙《わし》に印刷《いんさつ》されます。

番付表《ばんづけひょう》が横長《よこなが》の時《とき》もあった

約《やく》300年前《ねんまえ》の江戸《えど》時代《じだい》に、力士《りきし》の名前《なまえ》を板《いた》に書《か》いていた看板《かんばん》が、番付《ばんづけ》表《ひょう》のもとになったと考《かんが》えられています。その後《ご》、東西《とうざい》の力士《りきし》の名前《なまえ》を別々《べつべつ》に書《か》いた横長《よこなが》の2枚《まい》の紙《かみ》が番付表《ばんづけひょう》として作《つく》られました（写真《しゃしん》）。

京都《きょうと》や大阪《おおさか》では、明治《めいじ》時代《じだい》になるまでこのような横長《よこなが》の番付表《ばんづけひょう》が使《つか》われていました。18世紀後半《せいきこうはん》、江戸《えど》（現在《げんざい》の東京《とうきょう》）で、今《いま》のような縦長《たてなが》の番付表《ばんづけひょう》が登場《とうじょう》しました。

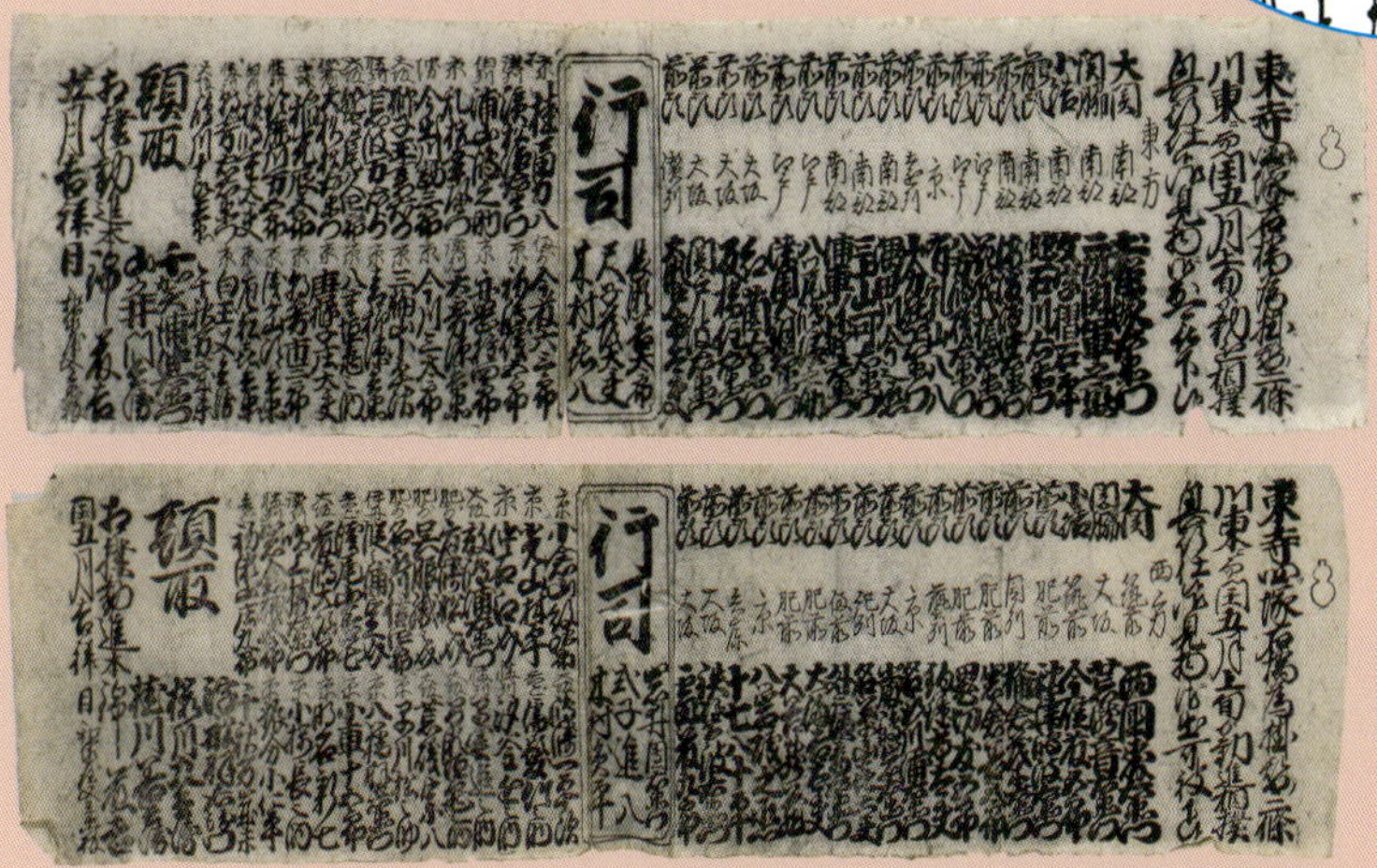

横長《よこなが》の番付表《ばんづけひょう》。上《うえ》は東方《ひがしかた》の力士《りきし》、下《した》は西方《にしかた》の力士《りきし》の名前《なまえ》が書《か》いてある。

写真／日本相撲協会

番付表《ばんづけひょう》では、序ノ口《じょのくち》や序二段《じょにだん》など、地位《ちい》が下《した》の力士《りきし》の名前《なまえ》は、たいへん小《ちい》さく書《か》かれ、虫《むし》めがねがないと読《よ》めないほどなので、下位力士《かいりきし》のことを「虫《むし》めがね」と呼《よ》ぶことがある。

勝負《しょうぶ》の主役《しゅやく》

力士《りきし》

長《なが》い伝統《でんとう》のある世界《せかい》に身《み》を置《お》いて、日々《ひび》鍛錬《たんれん》を積《つ》んでいます。優《すぐ》れたアスリートでもあります。

まげ、まわし、しこ名《な》。土俵上《どひょうじょう》でたたかう。

力士《りきし》は、もともとは、力《ちから》の強《つよ》い男《おとこ》の人《ひと》をさす言葉《ことば》でしたが、次第《しだい》に相撲《すもう》を取《と》る人《ひと》をいうようになりました。今《いま》では主《おも》に大相撲《おおずもう》の本場所《ほんばしょ》などでたたかう人《ひと》をいい、相撲取《すもうと》り、お相撲《すもう》さんとも呼《よ》ばれます。英語《えいご》では、sumo wrestler《スモウレスラー》といいます。

日々《ひび》きたえながら体《からだ》を作《つく》っているので、大《おお》きな体《からだ》には、脂肪《しぼう》だけでなく、筋肉《きんにく》もついています。

大相撲《おおずもう》は、ボクシングや柔道《じゅうどう》などとちがい、体重《たいじゅう》によるクラス分《わ》けはありません。たとえ、100kgの体重差《たいじゅうさ》があっても取組《とりくみ》をすることがあり、軽《かる》い力士《りきし》が勝《か》つこともあります。

体《からだ》の小《ちい》さい力士《りきし》が大《おお》きい力士《りきし》をたおすのも、大相撲《おおずもう》のおもしろさのひとつだ。

●力士《りきし》の体型《たいけい》 「あんこ型《がた》」と「ソップ型《がた》」

力士《りきし》の体型《たいけい》には、独特《どくとく》の呼《よ》び方《かた》があります。ひとつは、でっぷり太《ふと》って腹《はら》が出《で》ている体型《たいけい》。魚《さかな》のあんこうに似《に》ていることから、「あんこ型《がた》」といわれます。もうひとつは、やせ型《がた》で筋肉質《きんにくしつ》の「ソップ型《がた》」。だしをとる鶏《とり》ガラ（骨《ほね》）をソップといい、そのイメージがあることからこう呼《よ》ばれています。どちらも「鍋《なべ》」の食材《しょくざい》に由来《ゆらい》しています。

あんこ型《がた》

ソップ型《がた》

力士《りきし》の体重《たいじゅう》としては、100kgは軽《かる》い方《ほう》で、200kgをこえる力士《りきし》もいる。幕内力士《まくうちりきし》の平均体重《へいきんたいじゅう》は、平成《へいせい》29年九月場所《ねんくがつばしょ》で164.3kg。だんだん重《おも》くなってきている。

力士《りきし》の階級《かいきゅう》

大相撲《おおずもう》では、下《した》から順《じゅん》に、序ノ口《じょのくち》、序二段《じょにだん》、三段目《さんだんめ》、幕下《まくした》、十両《じゅうりょう》（十枚目《じゅうまいめ》）、幕内《まくうち》という6つの階級《かいきゅう》（段《だん》）があります。

本場所《ほんばしょ》で、よい成績《せいせき》を残《のこ》すと、地位《ちい》が上《あ》がっていきます。それにともなって、服装《ふくそう》やまげ、給料《きゅうりょう》などが変《か》わっていきます。一番大《いちばんおお》きく変《か》わるのは、幕下《まくした》から十両《じゅうりょう》に上《あ》がる時《とき》です。十両以上《じゅうりょういじょう》の力士《りきし》が関取《せきとり》と呼《よ》ばれ、一人前《いちにんまえ》とされます。

全体《ぜんたい》で、620～670人《にん》の力士《りきし》がいる。

横綱《よこづな》

力士《りきし》の中《なか》の最高位《さいこうい》。横綱《よこづな》は、下《した》の地位《ちい》に下《さ》がることはない。

三役《さんやく》

もともと、大関《おおぜき》、関脇《せきわけ》、小結《こむすび》をさすが、最近《さいきん》では大関《おおぜき》をふくめない意味合《いみあ》いで使《つか》う場合《ばあい》もある。

前頭《まえがしら》（平幕《ひらまく》）

役《やく》のない幕内《まくうち》という意味《いみ》で、平幕《ひらまく》ともいう。

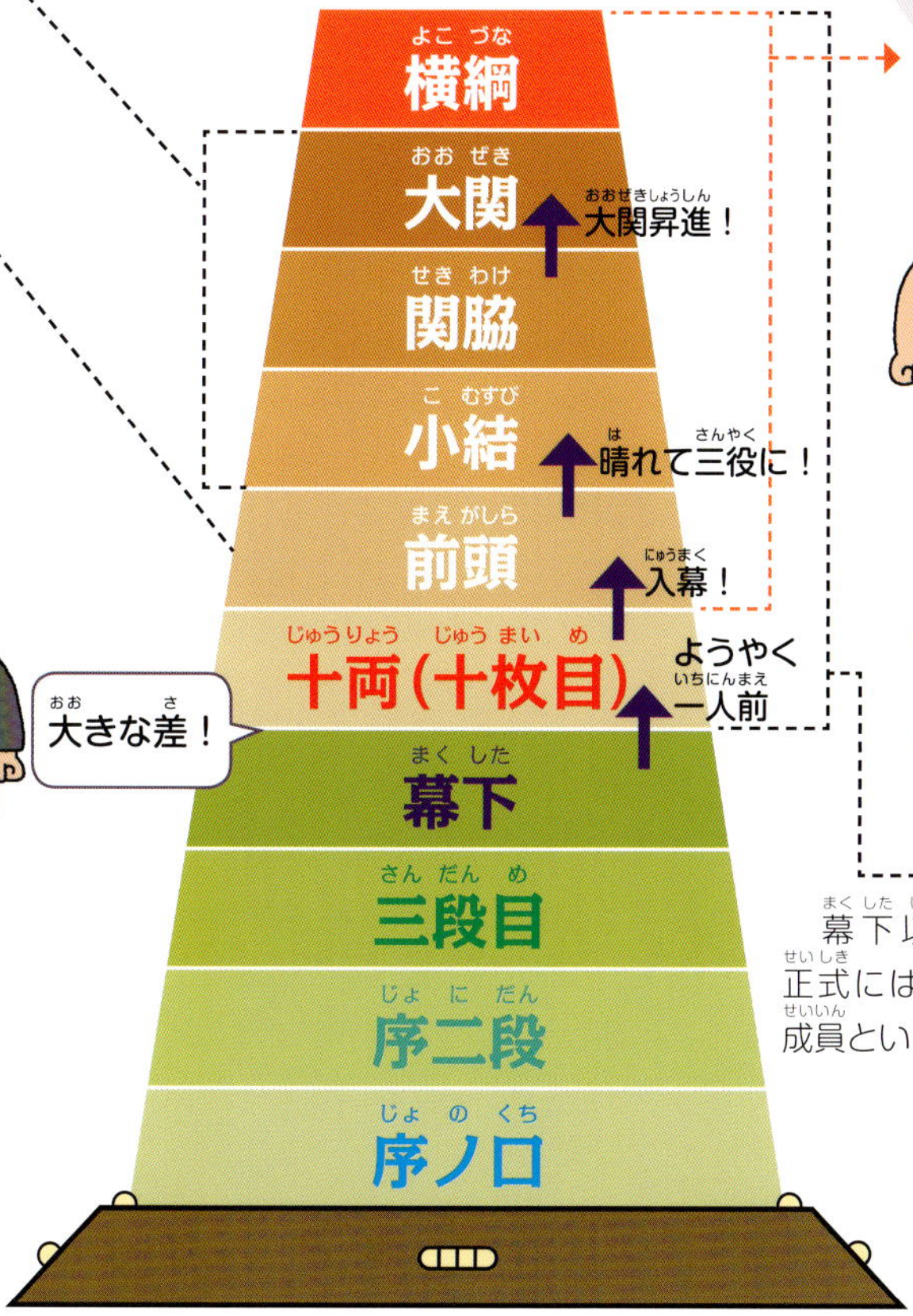

幕内《まくうち》

最《もっと》も上《うえ》の階級《かいきゅう》。上《うえ》から、横綱《よこづな》、大関《おおぜき》、関脇《せきわけ》、小結《こむすび》、前頭《まえがしら》という地位《ちい》がある。定員《ていいん》42人《にん》。自分《じぶん》のしこ名《な》を染《そ》めぬいた着物《きもの》を着《き》ることができる。

十両《じゅうりょう》

十両以上《じゅうりょういじょう》は、けいこでは白《しろ》いまわし。

正式《せいしき》には、十枚目《じゅうまいめ》という。給料《きゅうりょう》がもらえるようになり、一人前《いちにんまえ》の力士《りきし》と見《み》なされる。大《おお》いちょうというまげをゆい、化粧《けしょう》まわしをつけて土俵《どひょう》入《い》りができる。羽織袴《はおりはかま》を着《き》ることができる。付《つ》け人《びと》がつく。定員《ていいん》28人《にん》。

関取《せきとり》

幕内《まくうち》と十両《じゅうりょう》の力士《りきし》を関取《せきとり》という。「○○関《ぜき》」のように、しこ名《な》の後《あと》に「関《ぜき》」をつけて呼《よ》ばれるようになる。

幕下以下《まくしたいか》は、正式《せいしき》には力士養《りきしよう》成員《せいいん》という立場《たちば》。

幕下《まくした》

幕下以下《まくしたいか》は、けいこでは黒《くろ》いまわし。

博多帯《はかたおび》という帯《おび》をしめることができる。また、外套《がいとう》やマフラーをつけ、番傘《ばんがさ》をさすことができる。定員《ていいん》120人《にん》。

三段目《さんだんめ》

黒足袋《くろたび》とエナメルの雪駄《せった》（はき物《もの》）が許《ゆる》されている。公式《こうしき》の場《ば》では、羽織《はおり》を着《き》ることができる。定員《ていいん》200人《にん》。

序ノ口《じょのくち》・序二段《じょにだん》

序ノ口《じょのくち》は、最《もっと》も下《した》の階級《かいきゅう》で、力士《りきし》が初《はじ》めて番付表《ばんづけひょう》に名前《なまえ》がのる地位《ちい》。次《つぎ》の序二段《じょにだん》は、6つの階級《かいきゅう》の中《なか》で最《もっと》も人数《にんずう》が多《おお》い。どちらも定員《ていいん》の制限《せいげん》はない。ゆかた姿《すがた》で、はだしに下駄《げた》をはく。

本場所《ほんばしょ》でよい成績《せいせき》を上《あ》げるほど地位《ちい》が上《あ》がるが、何勝《なんしょう》したから何枚上《なんまいあ》がると決《き》まっているわけではない。上位《じょうい》の力士《りきし》の多《おお》くがよい成績《せいせき》を出《だ》していると、それほど上《あ》がれないこともあり、また、その逆《ぎゃく》もある。

力士《りきし》の一日《いちにち》

力士《りきし》たちは、ふだん、所属《しょぞく》している相撲部屋《すもうべや》で、同《おな》じ部屋《へや》の力士《りきし》と生活《せいかつ》をともにしています。強《つよ》くなるために、毎日《まいにち》、厳《きび》しいけいこをしています。

けいこと食事《しょくじ》が中心《ちゅうしん》

本場所《ほんばしょ》や巡業《じゅんぎょう》がない時期《じき》は、力士《りきし》たちは、それぞれの相撲部屋《すもうべや》でけいこにはげみます。また、よく食《た》べてよくねて体重《たいじゅう》を増《ふ》やすのも、大事《だいじ》なけいこの一部《いちぶ》だとされます。力士《りきし》たちの食事《しょくじ》は、1日《にち》2回《かい》が標準《ひょうじゅん》です。

けいこ場《ば》で、股割《またわ》りをする力士《りきし》。　写真／日本相撲協会

午前《ごぜん》5～6時《じ》ごろ　起床《きしょう》

番付《ばんづけ》が下《した》の力士《りきし》から起《お》きる。朝食《ちょうしょく》はとらず、歯《は》みがきなどをすませたら、まわしをつけてけいこ場《ば》に向《む》かう。

午前《ごぜん》6時《じ》　けいこを始《はじ》める

しこ、股割《またわ》り、すり足《あし》、てっぽうなどの基本《きほん》のけいこを始《はじ》める。関取《せきとり》（十両以上《じゅうりょういじょう》）がけいこを始《はじ》めるのは8時《じ》ごろ。

午前《ごぜん》9時《じ》ごろ～　土俵《どひょう》でのけいこ

三番《さんばん》げいこ、申《もう》し合《あ》い、ぶつかりげいこなど、土俵《どひょう》で行《おこな》うけいこが始《はじ》まる。これらのけいこは、10時過《じす》ぎから11時《じ》ごろまで続《つづ》く。終《お》わるとふろに入《はい》って体《からだ》をきれいにする。

午前《ごぜん》11時《じ》～午後《ごご》1時《じ》　ちゃんこ（昼食《ちゅうしょく》）

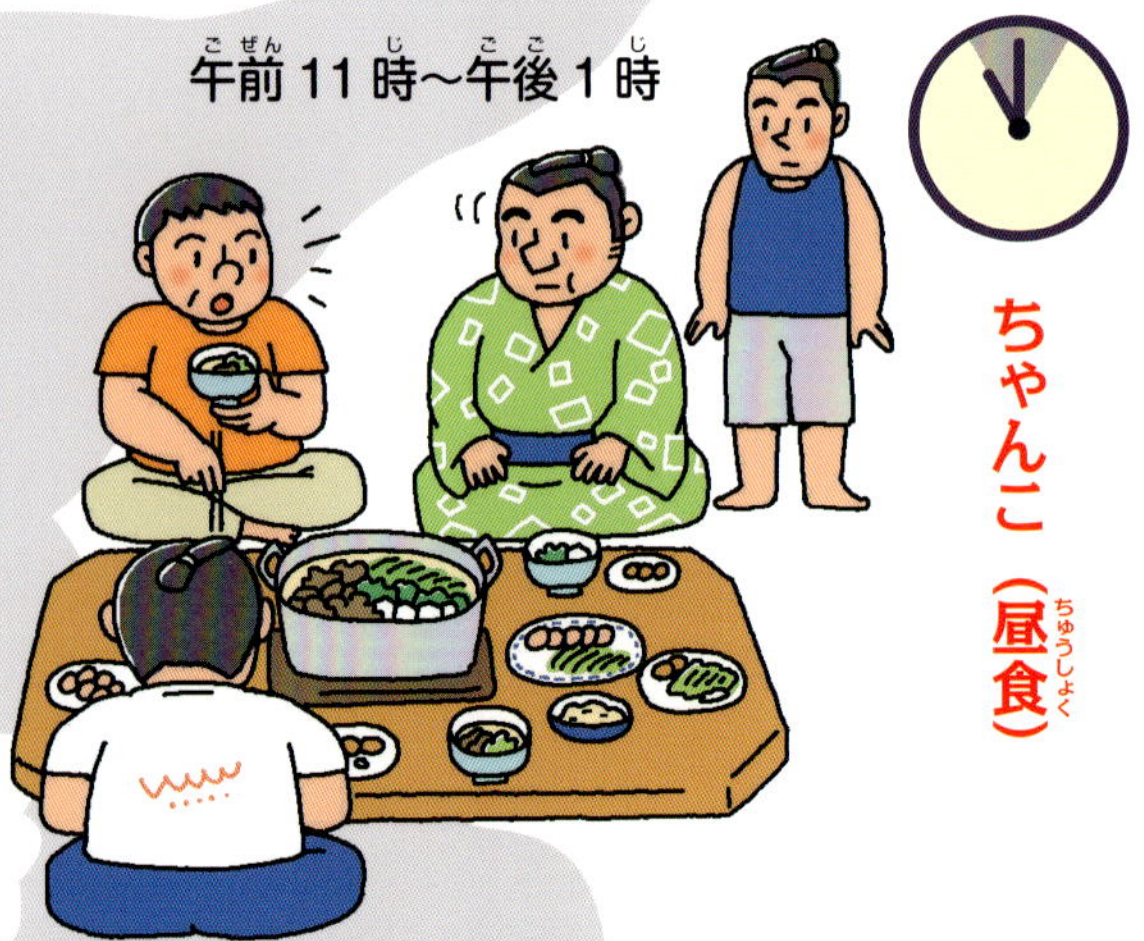

幕下以下《まくしたいか》の力士《りきし》が準備《じゅんび》して、親方《おやかた》や関取《せきとり》から食事《しょくじ》を始《はじ》める。幕下以下《まくしたいか》の力士《りきし》は、その間《あいだ》、関取《せきとり》たちの後《うし》ろに立《た》って給仕《きゅうじ》をし、関取《せきとり》たちの後《あと》で食事《しょくじ》をする。

相撲部屋《すもうべや》では、幕下以下《まくしたいか》の力士《りきし》は大部屋《おおべや》で過《す》ごす。食事《しょくじ》もねるのも、いっしょだ。各部屋《かくへや》の事情《じじょう》によって多少《たしょう》のちがいはあるが、基本的《きほんてき》には、個室《こしつ》があたえられるのは、十両以上《じゅうりょういじょう》になってから。

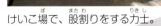

力士《りきし》の食事《しょくじ》は「ちゃんこ」

相撲《すもう》の世界《せかい》では、食事《しょくじ》のことを「ちゃんこ」と呼《よ》びます。相撲部屋《すもうべや》の食事《しょくじ》の多《おお》くは鍋物《なべもの》です。調理《ちょうり》が簡単《かんたん》で、いろいろな味《あじ》つけができ、栄養《えいよう》も豊富《ほうふ》というのがその理由《りゆう》のようです。部屋《へや》ごとに自慢《じまん》の味《あじ》があります。

それらを「ちゃんこ鍋《なべ》」と呼《よ》ぶことがありますが、鍋物《なべもの》に限《かぎ》らず、ハンバーグでもスパゲティでも、力士《りきし》が作《つく》って部屋《へや》で食《た》べるものは、何《なん》でも「ちゃんこ」といいます。

食事《しょくじ》をする力士《りきし》たち。

写真／荒汐部屋

午後《ごご》2～4時《じ》ごろ

昼寝《ひるね》

食事《しょくじ》のかたづけが終《お》わったら、2時《じ》間《かん》ほど昼寝《ひるね》をする。

午後《ごご》4～6時《じ》ごろ

そうじなど

けいこ場《ば》などのそうじをする。関《せき》取《とり》は、自由時間《じゆうじかん》。

ちゃんこの準備《じゅんび》

夕方《ゆうがた》のちゃんこ（食事《しょくじ》）当番《とうばん》の力士《りきし》は、“ちゃんこ番《ばん》”と呼《よ》ばれ、その準備《じゅんび》をする。

午後《ごご》6～7時《じ》ごろ

ちゃんこ（夕食《ゆうしょく》）

2回目《かいめ》の食事《しょくじ》。鍋物《なべもの》が多《おお》いが、そうでないこともある。部屋《へや》によっては、自由《じゆう》に外食《がいしょく》してよい日《ひ》を設《もう》けているところもある。

午後《ごご》7時《じ》ごろ～

自由時間《じゆうじかん》

遊《あそ》びに行《い》ったり、ジムで体《からだ》をきたえたりと、それぞれに自由《じゆう》に過《す》ごす。

午後《ごご》10時《じ》ごろ

就寝《しゅうしん》

早朝《そうちょう》からのけいこに備《そな》えて、ねる。

相撲部屋《すもうべや》でのちゃんこ（食事《しょくじ》）の準備《じゅんび》は、幕下以下《まくしたいか》の力士《りきし》に任《まか》される。年上《としうえ》の力士《りきし》が責任者《せきにんしゃ》となり、若《わか》い力士《りきし》たちが数人《すうにん》ずつ当番《とうばん》を交代《こうたい》して準備《じゅんび》するのが一般的《いっぱんてき》。力士《りきし》の中《なか》には、引退後《いんたいご》、ちゃんこ料理屋《りょうりや》を開《ひら》く人《ひと》もいる。

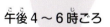

42人《にん》の猛者《もさ》たち

幕《まく》内《うち》

600名《めい》以上《いじょう》いる力士《りきし》のうち、上位《じょうい》42名《めい》によるトップリーグ。経験《けいけん》、技《わざ》、気迫《きはく》の充実《じゅうじつ》した取組《とりくみ》が続《つづ》きます。

幕内力士同士《まくうちりきしどうし》の取組《とりくみ》。

写真／日本相撲協会

横綱《よこづな》から前頭《まえがしら》まで

横綱《よこづな》、大関《おおぜき》、関脇《せきわけ》、小結《こむすび》、前頭《まえがしら》の力士《りきし》を幕内力士《まくうちりきし》と呼《よ》びます。幕内力士《まくうちりきし》は、全部《ぜんぶ》で42人《にん》までと決《き》まっていて、本場所《ほんばしょ》で幕内優勝《まくうちゆうしょう》を争《あらそ》います。

横綱《よこづな》に次《つ》ぐ高《たか》い地位《ちい》が大関《おおぜき》です。関脇《せきわけ》か小結《こむすび》の力士《りきし》が、2〜3場所続《ばしょつづ》けて成績《せいせき》がよいと大関《おおぜき》になれます。しかし、大関《おおぜき》が2場所続《ばしょつづ》けて負《ま》けこすと、関脇《せきわけ》に下《さ》がります。1場所負《ばしょま》けこして、大関《おおぜき》の地位《ちい》が危《あぶ》ない状態《じょうたい》を「カド番《ばん》」といいます。

横綱《よこづな》は不在《ふざい》のこともありますが、大関《おおぜき》・関脇《せきわけ》・小結《こむすび》は、東《ひがし》と西《にし》に必《かなら》ず1人以上《いじょう》いることが決《き》まりです。前頭《まえがしら》の人数《にんずう》は、上位力士《じょういりきし》の人数《にんずう》によって変《か》わり、幕内《まくうち》が合計《ごうけい》42名《めい》になるように調整《ちょうせい》されます。ひとつ前《まえ》の本場所《ほんばしょ》の成績《せいせき》によって、力士《りきし》の地位《ちい》や東西《とうざい》は決《き》まります。

幕内力士《まくうちりきし》の構成《こうせい》（平成《へいせい》30年一月場所《ねんいちがつばしょ》の例《れい》）

東	地位	西
白　鵬	横綱	稀勢の里
鶴　竜	横綱	
豪栄道	大関	高　安
御嶽海	関脇	玉　鷲
貴景勝	小結	阿武咲
北勝富士	前頭筆頭	逸ノ城
嘉　風	前頭二枚目	琴奨菊
千代大龍	前頭三枚目	栃ノ心
正　代	前頭四枚目	荒　鷲
隠岐の海	前頭五枚目	遠　藤
宝富士	前頭六枚目	勢
千代翔馬	前頭七枚目	千代の国
栃煌山	前頭八枚目	魁　聖
松鳳山	前頭九枚目	千代丸
照ノ富士	前頭十枚目	安美錦
琴勇輝	前頭十一枚目	大翔丸
蒼国来	前頭十二枚目	輝
豪　風	前頭十三枚目	大栄翔
阿　炎	前頭十四枚目	豊　山
石　浦	前頭十五枚目	錦　木
竜　電	前頭十六枚目	朝乃山
大奄美	前頭十七枚目	

江戸時代《えどじだい》に、将軍《しょうぐん》が相撲《すもう》を見《み》る時《とき》、幕《まく》をはってしきりを作《つく》り、上位《じょうい》の力士《りきし》だけがその中《なか》でひかえることを許《ゆる》された。そこで、上位《じょうい》の力士《りきし》を幕内力士《まくうちりきし》と呼《よ》ぶようになったといわれている。「まくうち」「まくのうち」のどちらの読《よ》みもまちがいではない。

土俵入《どひょうい》りをする幕内《まくうち》の力士《りきし》。化粧《けしょう》まわしという特別《とくべつ》なまわしをつけている。　写真／日本相撲協会

幕内力士《まくうちりきし》の土俵入《どひょうい》り

幕内土俵入《まくうちどひょうい》りでは、横綱以外《よこづないがい》の幕内力士《まくうちりきし》が、取組《とりくみ》の前《まえ》に、東方《ひがしかた》と西方《にしかた》に分《わ》かれ、それぞれそろって土俵入《どひょうい》りをします。土俵入《どひょうい》りには、観客《かんきゃく》に力士《りきし》を紹介《しょうかい》する意《い》味《み》と、地《ち》の邪気《じゃき》をはらい、土俵《どひょう》を清《きよ》める意味《いみ》があります。力士《りきし》たちの所作《しょさ》にも意味《いみ》があります。

土俵《どひょう》に上《あ》がり、勝負俵《しょうぶだわら》と徳俵《とくだわら》の外側《そとがわ》を回《まわ》り、観《かん》客《きゃく》の方《ほう》を向《む》いて並《なら》ぶ。

全員《ぜんいん》土俵《どひょう》に上《あ》がったら、内側《うちがわ》を向《む》き、かしわ手《で》を打《う》つ。

右手《みぎて》を上《あ》げた後《あと》、化粧《けしょう》まわしのはしを持《も》って、少《すこ》し上《あ》げる。これは、四股《しこ》をふむ動作《どうさ》を略《りゃく》したもの。

両手《りょうて》を上《あ》げる（武器《ぶき》を持《も》っていないことを示《しめ》す）。終《お》わったら、順《じゅん》に土俵《どひょう》を降《お》りる。

ねらえ、金星《きんぼし》！平幕力士《ひらまくりきし》の活躍《かつやく》

下位《かい》の力士《りきし》が横綱《よこづな》・大関《おおぜき》に勝《か》ったり、まして優勝《ゆうしょう》したりするのは簡単《かんたん》なことではありません。前頭《まえがしら》（平幕《ひらまく》）の力士《りきし》が横綱《よこづな》に勝《か》つことはめずらしく、勝《か》った時《とき》は「金星《きんぼし》をあげた」として、たいへん名誉《めいよ》なこととされます。

さらに、前頭《まえがしら》の力士《りきし》が優勝《ゆうしょう》することを、平幕優勝《ひらまくゆうしょう》といいますが、これは、5、6年《ねん》に一度《いちど》あるかないかという、めずらしいことです。

本場所《ほんばしょ》の取組《とりくみ》は基本的《きほんてき》には、地位《ちい》の近《ちか》い力士同士《りきしどうし》が当《あ》たるように組《く》まれるため、前《まえ》頭《がしら》の下位《かい》の力士《りきし》は、横綱《よこづな》や大関《おおぜき》と対戦《たいせん》することはめったにありません。しかし、勝《か》ち星《ぼし》を多《おお》くあげていると、終盤戦《しゅうばんせん》で上位力士《じょういりきし》と当《あ》たることもあります。力士《りきし》にとって、結《むす》びの一番《いちばん》で横綱《よこづな》と当《あ》たるのは、ひとつの目標《もくひょう》であり、強《つよ》くなるチャンスです。また、観客《かんきゃく》も、たとえ負《ま》けても下位《かい》の力士《りきし》が上位《じょうい》の力士《りきし》に対《たい》して元気《げんき》な相撲《すもう》を取《と》ることを楽《たの》しみにしています。

関脇以下《せきわけいか》で活躍《かつやく》した力士《りきし》には、殊勲賞《しゅくんしょう》、敢闘賞《かんとうしょう》、技能賞《ぎのうしょう》がおくられる。これらの賞《しょう》をあわせて三賞《さんしょう》という。三賞《さんしょう》は、ひとりで２つ以上受《いじょうう》けることや、同《おな》じ賞《しょう》が２人におくられることもある。同時《どうじ》に三賞全部《さんしょうぜんぶ》を受賞《じゅしょう》した例《れい》もある。

力士《りきし》の最高位《さいこうい》

横《よこ》綱《づな》

力士《りきし》の最高《さいこう》の地位《ちい》である横綱《よこづな》。強《つよ》さはもちろん、品格《ひんかく》も、特《とく》に優《すぐ》れていると認《みと》められた力士《りきし》がなります。

写真／日本相撲協会

綱《つな》をしめることを許《ゆる》された強《つよ》くて気高《けだか》い特別《とくべつ》な存在《そんざい》

大関《おおぜき》の地位《ちい》にある力士《りきし》が、2場所連続優勝《ばしょれんぞくゆうしょう》かそれに近《ちか》い成績《せいせき》を上《あ》げるのが、横綱《よこづな》になる目安《めやす》です。ただし、他《ほか》の階級《かいきゅう》への昇進《しょうしん》とちがい、成績《せいせき》だけでは決《き》められません。

日本相撲協会《にほんすもうきょうかい》から新横綱《しんよこづな》に授《さず》けられる横綱推挙状《よこづなすいきょじょう》には、「品格力量抜群《ひんかくりきりょうばつぐん》に付《つ》き横綱《よこづな》に推挙《すいきょ》す（品格力量《ひんかくりきりょう》ともに抜群《ばつぐん》であるので横綱《よこづな》に推挙《すいきょ》する）」と書《か》かれています。品格《ひんかく》とは、相撲《すもう》の作法《さほう》や美意識《びいしき》を大切《たいせつ》にし、それを後進《こうしん》に伝《つた》えていく考《かんが》えを備《そな》えた人間性《にんげんせい》ということです。

多《おお》くの力士《りきし》の中《なか》で横綱《よこづな》になれるのは、およそ200人《にん》に一人《ひとり》といわれます。18世紀半《せいきなか》ばから今日《こんにち》までのおよそ250年間《ねんかん》に、わずか72人《にん》ほどしかなっていません。

一度《いちど》横綱《よこづな》になると、地位《ちい》が下《さ》がることはありませんが、成績《せいせき》などが、横綱《よこづな》にふさわしくなくなれば、引退《いんたい》するしかないという厳《きび》しい地位《ちい》です。

横綱《よこづな》は、力士《りきし》たちがみなめざす、〝頂点《ちょうてん》〟なのだ！

横綱《よこづな》になれる成績《せいせき》をおさめた力士《りきし》が出《で》ると、日本相撲協会《にほんすもうきょうかい》が、横綱審議委員会《よこづなしんぎいいんかい》（協会以外《きょうかいいがい》の委員《いいん》による委員会《いいんかい》）にうかがいを立《た》てる。横綱審議委員会《よこづなしんぎいいんかい》が賛成《さんせい》し、協会《きょうかい》の理事会《りじかい》が認《みと》めて正式《せいしき》に新横綱《しんよこづな》の誕生《たんじょう》となり、横綱推挙状《よこづなすいきょじょう》が授与《じゅよ》される。

横綱《よこづな》の土俵入《どひょうい》り

本場所《ほんばしょ》では、横綱《よこづな》は、毎日《まいにち》化粧《けしょう》まわしの上《うえ》に綱《つな》をしめて土俵入《どひょうい》りをします。かしわ手《で》を打《う》ち、四股《しこ》をふんだ後《あと》、せり上《あ》がりといって、じょじょに体《からだ》を起《お》こす所作《しょさ》をします。

横綱土俵入《よこづなどひょうい》りには、雲竜型《うんりゅうがた》と不知火型《しらぬいがた》の2つの型《かた》があり、それぞれに決《き》まった綱《つな》の形《かたち》があります。

↑横綱《よこづな》の土俵入《どひょうい》りは、2人の力士《りきし》を、太刀持《たちも》ちとつゆはらいとしてしたがえて行《おこな》われる。番付《ばんづけ》が上《うえ》の力士《りきし》が太刀持《たちも》ちを務《つと》める。

雲竜型《うんりゅうがた》

せり上《あ》がりの時《とき》、左手《ひだりて》をわき腹《ばら》につける。綱《つな》は、輪《わ》がひとつ。

不知火型《しらぬいがた》

←せり上《あ》がりの時《とき》、両手《りょうて》を大《おお》きく広《ひろ》げる。綱《つな》は、輪《わ》が2つ。

江戸時代《えどじだい》に生《う》まれた〝横綱《よこづな》〟

江戸時代《えどじだい》の18世紀半《せいきなか》ばまでは、力士《りきし》の最《もっと》も高《たか》い地位《ちい》は大関《おおぜき》でした。18世紀後半《せいきこうはん》に、強《つよ》い力士《りきし》が化粧《けしょう》まわしの上《うえ》に黒《くろ》と白《しろ》の綱《つな》を巻《ま》くことが流行《りゅうこう》しました。後《のち》に、谷風《たにかぜ》と小野川《おのがわ》という人気力士《にんきりきし》が、特別《とくべつ》に白《しろ》い綱《つな》をしめ、神社《じんじゃ》などにある注連縄《しめなわ》のように、紙垂《しで》（いなずまの形《かたち》にした紙《かみ》。邪気《じゃき》をはらう意味《いみ》がある）をつけて土俵入《どひょうい》りをしました。綱《つな》は横綱《よこづな》と呼《よ》ばれ、その後《ご》も、強豪大関《きょうごうおおぜき》が横綱《よこづな》をしめて土俵入《どひょうい》りをするようになりました。それができるのは、特《とく》に許《ゆる》された大関《おおぜき》だけだったので、次第《しだい》に横綱《よこづな》が、大関《おおぜき》より上《うえ》の地位《ちい》と見《み》られるようになったのです。

「横綱《よこづな》」の文字《もじ》が番付表《ばんづけひょう》にのったのは、明治《めいじ》23（1890）年《ねん》で、横綱《よこづな》が正式《せいしき》な地位《ちい》になったのは、明治《めいじ》42（1909）年《ねん》のことです。

江戸時代《えどじだい》の人気力士《にんきりきし》、谷風《たにかぜ》。横綱《よこづな》をしめることを許《ゆる》された強豪大関《きょうごうおおぜき》のひとりだった。

横綱土俵入《よこづなどひょうい》りの型《かた》の名前《なまえ》になっている「雲竜《うんりゅう》」と「不知火《しらぬい》」は、ともに江戸時代末期《えどじだいまっき》の横綱《よこづな》の名前《なまえ》。なお、横綱《よこづな》がしめる〝横綱《よこづな》〟は、銅線《どうせん》をしんにした麻《あさ》のなわに白布《しろぬの》を巻《ま》き、これを3本《ぼん》つくってより合《あ》わせ、中央《ちゅうおう》が太《ふと》くなるようにしてつくる。

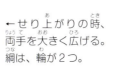

しこ名《な》

多《おお》くの力士《りきし》は、本名《ほんみょう》とは別《べつ》につけた、力士《りきし》としての名《な》、「しこ名《な》」で相撲《すもう》を取《と》ります。

常陸山《ひたちやま》
鏡里《かがみさと》
朝潮《あさしお》
大鵬《たいほう》
輪島《わじま》
旭國《あさひくに》

栃錦《とちにしき》
柏戸《かしわど》
千代の富士《ちよのふじ》
琴櫻《ことざくら》
羽黒山《はぐろやま》
若乃花《わかのはな》

武蔵丸《むさしまる》
西ノ海《にしのうみ》
曙《あけぼの》
玉の海《たまのうみ》
魁皇《かいおう》
益荒雄《ますらお》

栃東《とちあずま》
藤ノ川《ふじのかわ》
北勝力《ほくとうりき》
鬼雷砲《きらいほう》
明武谷《みょうぶだに》
双葉山《ふたばやま》

しこ名《な》って何《なに》？

「○○山《やま》△太郎《たろう》」、「◆◆海《うみ》●助《すけ》」のように、本名《ほんみょう》とは別《べつ》につけた相撲《すもう》を取《と》る時《とき》に使《つか》う名前《なまえ》を、「しこ名《な》」といいます。漢字《かんじ》で書《か》くと「醜名《しこな》」です。「醜《しこ》」は、「みにく（い）」と読《よ》みますが、この場合《ばあい》は、「強《つよ》くたくましい」という意味《いみ》が強《つよ》い使《つか》い方《かた》です。「大《たい》した名前《なまえ》ではありません」と、へりくだる意味《いみ》もあります。また、力士《りきし》が四股《しこ》をふむことから「四《し》股名《こな》」と書《か》くこともあります。

番付表《ばんづけひょう》に初《はじ》めて名前《なまえ》がのる時《とき》や、階級《かいきゅう》が上《あ》がった時《とき》などにしこ名《な》をつけることが多《おお》いですが、ずっと本名《ほんみょう》を名乗《なの》る力士《りきし》もいます。

けがをしたり、成績《せいせき》がよくなかったりした時《とき》に、気分《きぶん》を変《か》えようと、しこ名《な》を変《か》える力士《りきし》もいます。「貴《たか》ノ花《のはな》」→「貴乃花《たかのはな》」のように、読《よ》み方《かた》は変《か》えずに1字《じ》だけ変《か》えることもあります。

しこ名《な》は、師匠《ししょう》である自分《じぶん》の部屋《へや》の親方《おやかた》につけてもらうことが多《おお》い。そのほかに、力士《りきし》が自分《じぶん》で考《かんが》えて親方《おやかた》に希望《きぼう》を言《い》ったり、親《おや》や学生時代《がくせいじだい》に指導《しどう》を受《う》けた先生《せんせい》などにつけてもらったりすることもある。

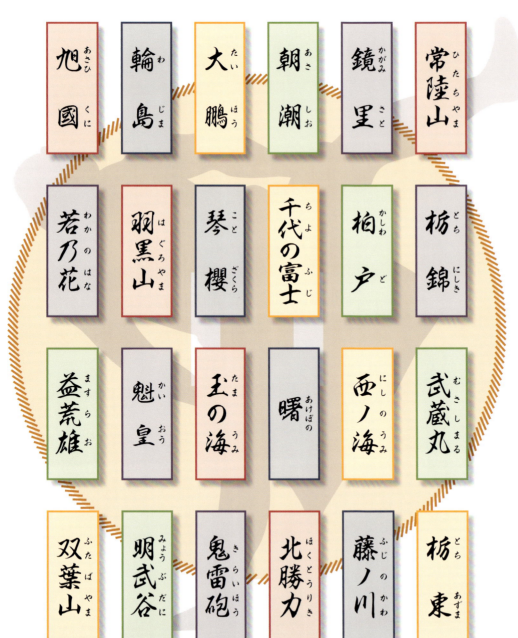

しこ名《な》のいろいろ

しこ名《な》のつけ方《かた》にもいろいろあります。

出身地《しゅっしんち》の地名《ちめい》や名勝《めいしょう》の名《な》を入《い》れたもの

ふるさとの地名《ちめい》や名勝《めいしょう》の名《な》を入《い》れたしこ名《な》は多《おお》く見《み》られます。「隠岐《おき》の海《うみ》（島根県《しまねけん》の隠岐《おき》諸島《しょとう》から）」、「霧島《きりしま》（鹿児島県《かごしまけん》の山《やま》）」など。地元《じもと》からの声援《せいえん》が聞《き》こえてきそうです。

強《つよ》そうな動物《どうぶつ》の名《な》を入《い》れたもの

「龍《りゅう》」「虎《とら》」「麒麟《きりん》（伝説《でんせつ》の動物《どうぶつ》）」「鳳《おおとり》（伝説《でんせつ》の鳥《とり》）」などが使《つか》われます。「龍虎《りゅうこ》」、「大麒麟《だいきりん》」、「鳳《ほう》凰《おう》」など。

相撲部屋《すもうべや》に代々《だいだい》伝《つた》わる名前《なまえ》

高砂部屋《たかさごべや》の「小錦八十吉《こにしきやそきち》」、「高見山《たかみやま》」、二子山部屋《ふたごやまべや》の「若乃《わかの》花《はな》」のように、相撲部屋《すもうべや》に代々《だいだい》伝《つた》わるしこ名《な》もあります。この場合《ばあい》、「初代小錦八十吉《しょだいこにしきやそきち》」、「二代小錦八十吉《にだいこにしきやそきち》」…のように、区別《くべつ》して呼《よ》びます。

日本《にっぽん》の美《うつく》しい自然《しぜん》に由来《ゆらい》するもの

「桜《さくら》」「富士《ふじ》」などは多《おお》くあります。「富士桜《ふじざくら》」、「豊桜《とよざくら》」など。

相撲部屋《すもうべや》ごとに決《き》まった名前《なまえ》

佐渡ケ嶽部屋《さどがたけべや》の「琴《こと》」、九重部屋《ここのえべや》の「千代《ちよ》」など、ほとんどの力士《りきし》に部屋《へや》ゆかりの言葉《ことば》をつける名《な》があります。しこ名《な》「琴奨菊《ことしょうぎく》」「千代大海《ちよたいかい》」など。しこ名《な》から、所属部屋《しょぞくべや》がわかる名《な》です。

遠《とお》い故郷《こきょう》にちなんだ外国出身力士《がいこくしゅっしんりきし》の名《な》

エストニア出身《しゅっしん》の「把《ば》瑠都《ると》」は、エストニアが面《めん》しているバルト海《かい》から、アルゼンチン出身《しゅっしん》の「星《ほし》安出寿《あんです》」は、アンデス山《さん》脈《みゃく》からつけた名《な》です。ロシア出身《しゅっしん》の「阿夢露《あむうる》」は、故郷《こきょう》にある川《かわ》のアムールに、所属《しょぞく》する阿武松部屋《おうのまつべや》の「阿《あ》」、夢《ゆめ》を持《も》つ意味《いみ》で「夢《む》」、ロシアの漢字表記《かんじひょうき》から「露《ろ》」をあてた名《な》です。

変《か》わったしこ名《な》、大集合《だいしゅうごう》

とんちのような変《か》わったしこ名《な》もあります。

い 一（かながしら はじめ） 昭和時代《しょうわじだい》
「い」は「いろは…」の「い」で、かなの初《はじ》め（頭《かしら》）だから。

九 九ノ助（いちじく きゅうのすけ） 明治時代《めいじじだい》
「九《く》」が一字《いちじ》で、「いちじ・く」。

青鬼 勝（あおおに まさる） 昭和時代《しょうわじだい》

赤鬼 豊（あかおに ゆたか） 昭和時代《しょうわじだい》～平成《へいせい》
同《おな》じ部屋《へや》にいた2人の力士《りきし》。

猪シ 鍋吉（いのしし なべきち） 明治時代《めいじじだい》
「いのしし鍋《なべ》」から

黒猫 白吉（くろねこ しろきち） 明治時代《めいじじだい》

月ノ輪 熊之介（つきのわ くまのすけ） 平成《へいせい》

牛若丸 悟嘉（うしわかまる さとよし） 昭和時代《しょうわじだい》
源義経《みなもとのよしつね》の子《こ》どものころの名前《なまえ》から。

三毛猫 泣太郎（みけねこ なきたろう） 明治時代《めいじじだい》

自転車 早吉（じてんしゃ はやきち） 明治時代《めいじじだい》

文明 開化（ぶんめい かいか） 明治時代《めいじじだい》

大丈夫 吾三郎（だいじょうぶ ごさぶろう） 明治時代《めいじじだい》

凸凹 太吉（でこぼこ たきち） 明治時代《めいじじだい》

宇瑠虎 太郎（うるとら たろう） 平成《へいせい》

馬鹿の 勇介（ばかの ゆうすけ） 明治時代《めいじじだい》

李 大源（り でうぉん） 平成《へいせい》
「り」一文字《ひともじ》で、最《もっと》も短《みじか》いしこ名《な》。

幕内上位《まくうちじょうい》の力士《りきし》が本名《ほんみょう》のまま相撲《すもう》を取《と》ることは少《すく》ないが、第《だい》72代《だい》までの横綱《よこづな》の中《なか》で、第《だい》54代横綱《だいよこづな》の輪島大士《わじまひろし》は、本名《ほんみょう》の姓《せい》を名乗《なの》ったただひとりの横綱《よこづな》だ（日本国籍《にほんこくせき》を取得《しゅとく》してしこ名《な》を本名《ほんみょう》にした曙《あけぼの》と武蔵丸《むさしまる》の例《れい》は除《のぞ》く）。

まわし

まわしは、1枚《まい》の長《なが》い布《ぬの》を細長《ほそなが》く折《お》ったものです。「褌《みつ》」ともいいます。

勝負《しょうぶ》を分《わ》ける!? 唯一《ゆいいつ》の必須《ひっす》アイテム

取組《とりくみ》やけいこの時《とき》に、力士《りきし》が身《み》に着《つ》けるのは、まわしだけです。取組《とりくみ》ではつかんで投《な》げなどを打《う》つこともあり、勝負《しょうぶ》の大《おお》きなポイントともなるものです。

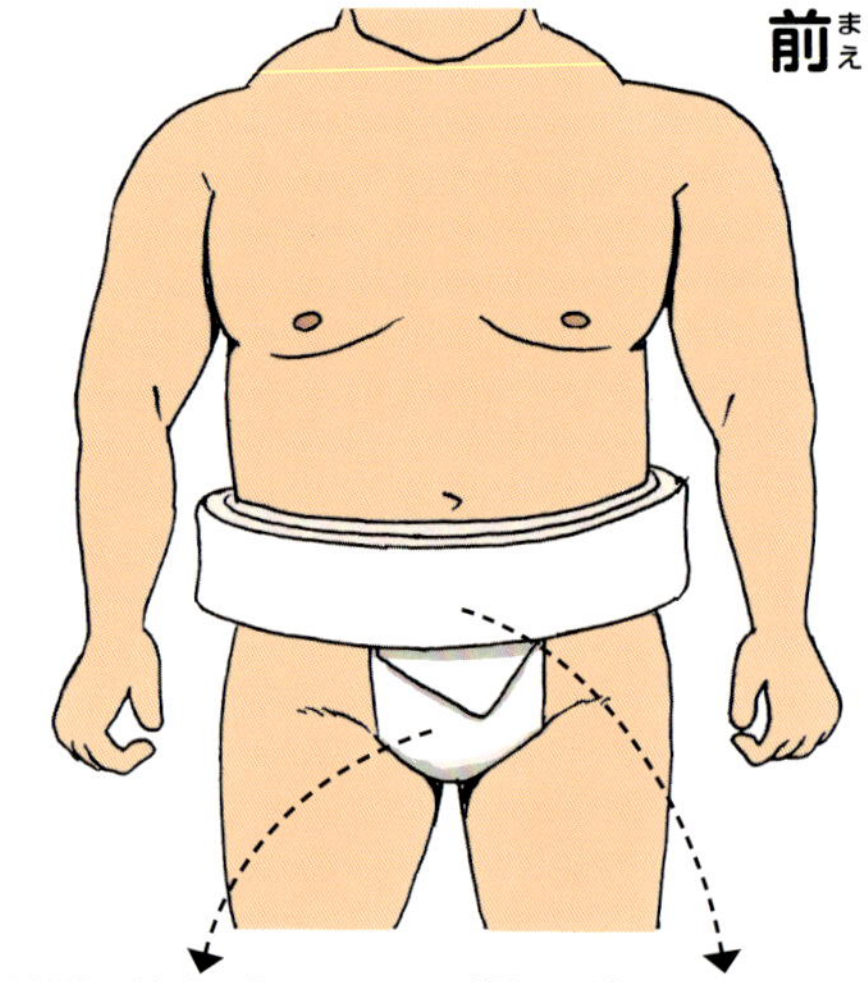

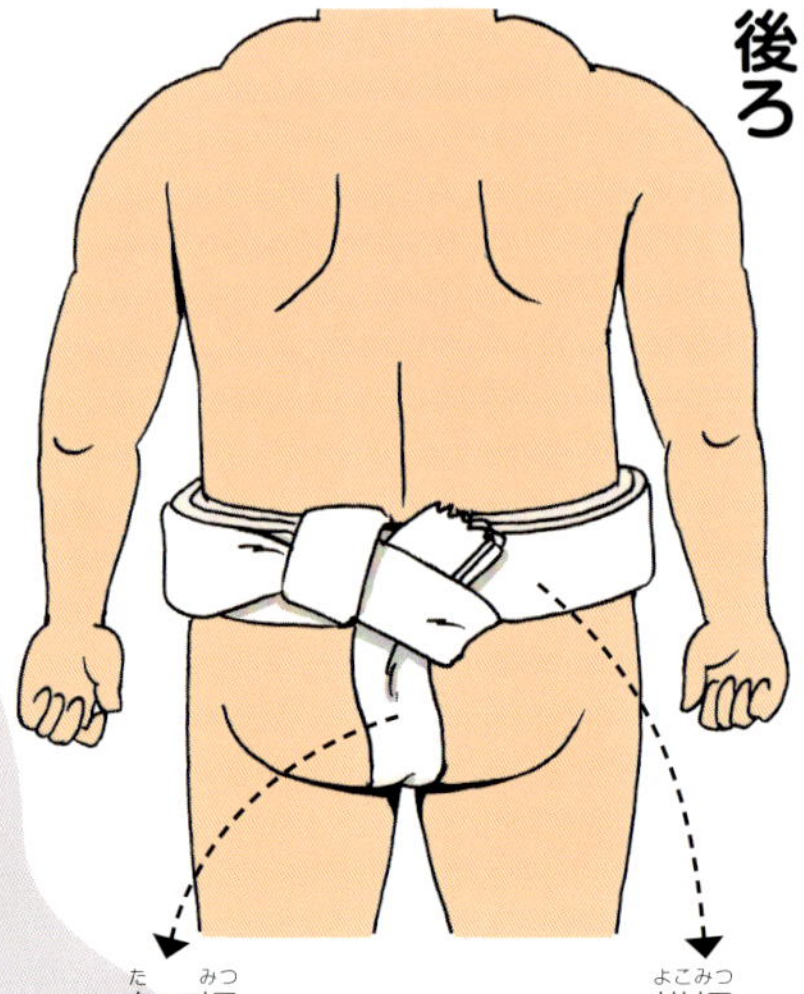

まわしのしめ方《かた》

長《なが》さ9ｍ、はば80㎝の長《なが》い布《ぬの》を縦《たて》に細《ほそ》く折《お》り、ほかの人《ひと》に手伝《てつだ》ってもらいながらしめます。

1

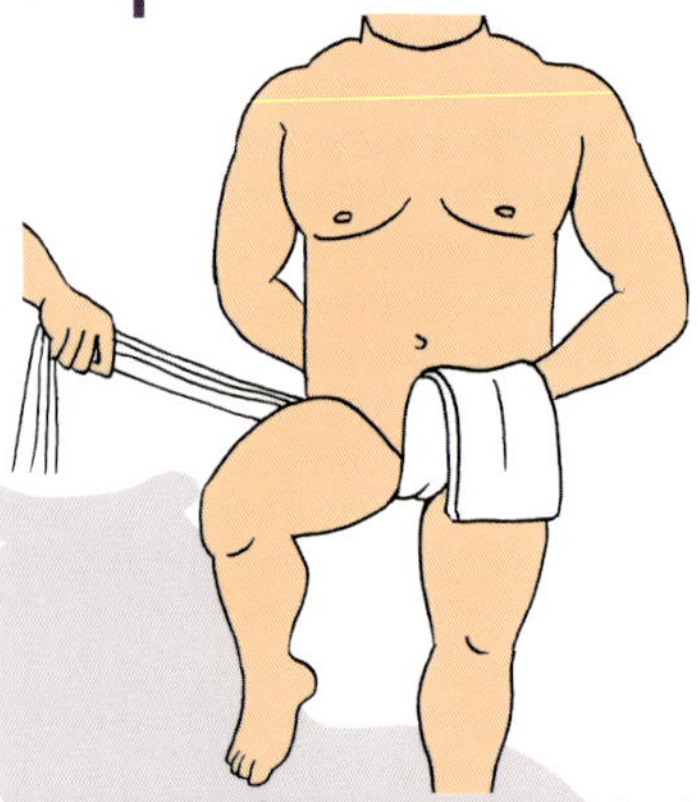

立《た》て褌《みつ》になるところを縦《たて》に八《や》つ折《お》りにする。前袋《まえぶくろ》になるところは広《ひろ》げ、先《さき》の方《ほう》をまたいで、足《あし》の間《あいだ》にはさむ。

6

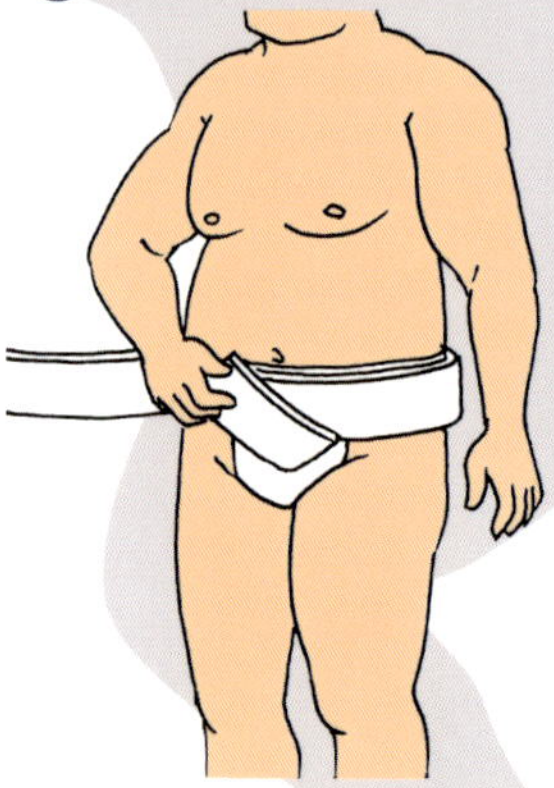

前垂《まえだ》れを四《よ》つ折《お》りにし、自分《じぶん》から見《み》て右側《みぎがわ》に折《お》り、三角《さんかく》をつくる。

まわしの種類《しゅるい》

まわしには、種類《しゅるい》が3つあります。

1つ目《め》は「けいこまわし」。けいこの時《とき》に着《つ》けるまわしで、素材《そざい》は綿《めん》、色《いろ》は、幕下以下《まくしたいか》が黒《くろ》、十両以上《じゅうりょういじょう》が白《しろ》と決《き》まっています。幕下以下《まくしたいか》の力士《りきし》が身《み》に着《つ》けるのは、この「けいこまわし」だけです。

2つ目《め》は「しめこみ」。本場所《ほんばしょ》で十両以上《じゅうりょういじょう》の力士《りきし》がしめているまわしです。博多織《はかたおり》のしゅすという布《ぬの》で作《つく》られています。色《いろ》は、黒《くろ》か紺《こん》、紫系《むらさきけい》にするという決《き》まりがありますが、実際《じっさい》には、さまざまな色《いろ》のまわしが見《み》られます。

3つ目《め》は「化粧《けしょう》まわし」。十両以上《じゅうりょういじょう》の力士《りきし》が土俵入《どひょうい》りする時《とき》に着《つ》けるまわしです。はなやかなししゅうなどがほどこされ、すそには朱色《しゅいろ》や金色《きんいろ》の房《ふさ》（馬簾《ばれん》）がつけられています。

重《おも》さは約《やく》10kg ！

一見《いっけん》、形状《けいじょう》がちがって見《み》える化粧《けしょう》まわしは、実《じつ》は、広《ひろ》げた形《かたち》は、ほかのまわしと同《おな》じで、1枚《まい》の布《ぬの》だ。長《なが》い布《ぬの》の先端《せんたん》の部分《ぶぶん》を折《お》りたたまないで前《まえ》に垂《た》らし、そこに装飾《そうしょく》をほどこしている。

2

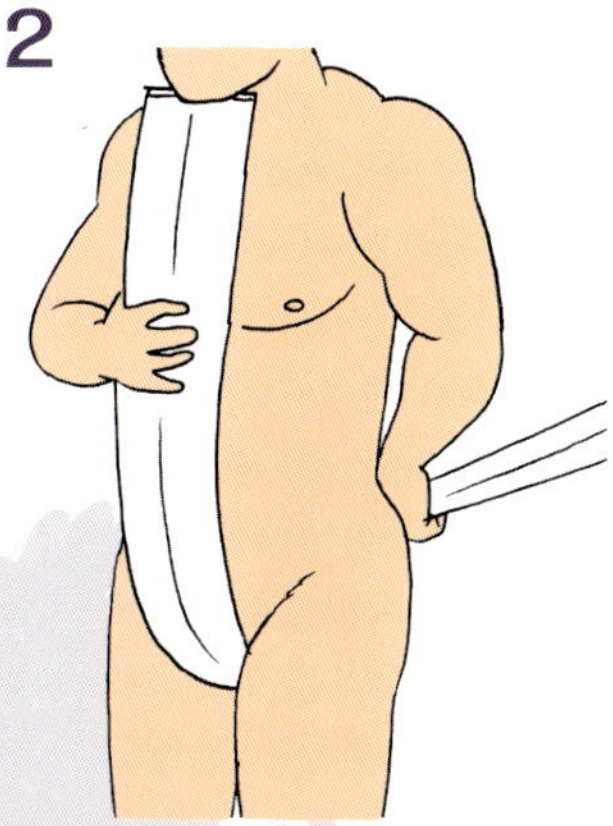

まわしの先《さき》をあごでおさえ、立《た》て褌《みつ》を、右手《みぎて》に持《も》ちかえる。

3

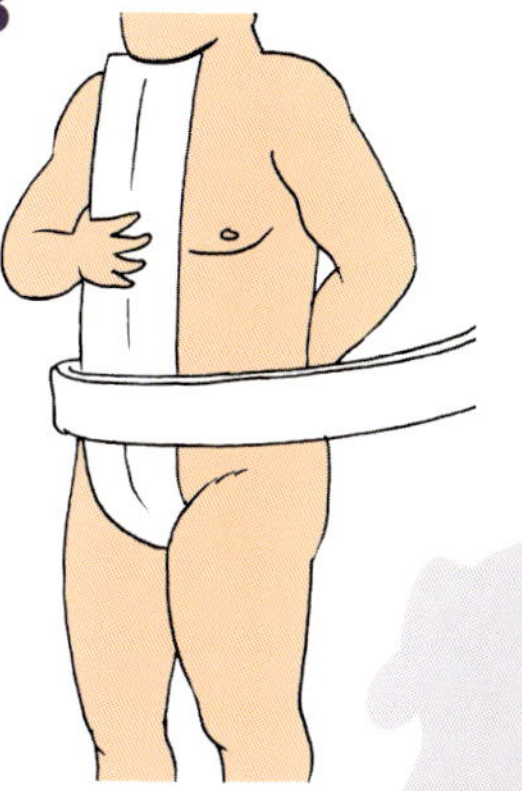

長《なが》い方《ほう》を人《ひと》に持《も》ってもらい、自分《じぶん》で体《からだ》を回《まわ》して、腰《こし》に2周巻《しゅうま》き、ぴったり重《かさ》ねる。

4

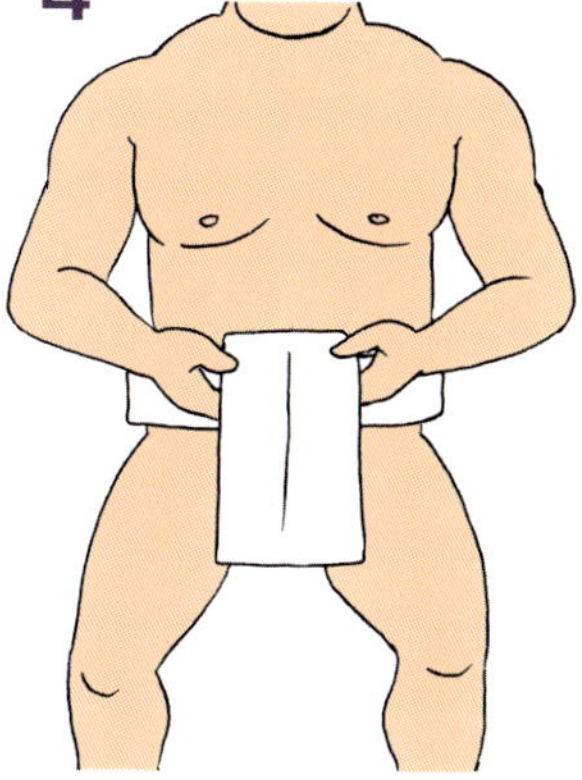

あごでおさえていた部分《ぶぶん》をおろす（前垂《まえだ》れ）。

5

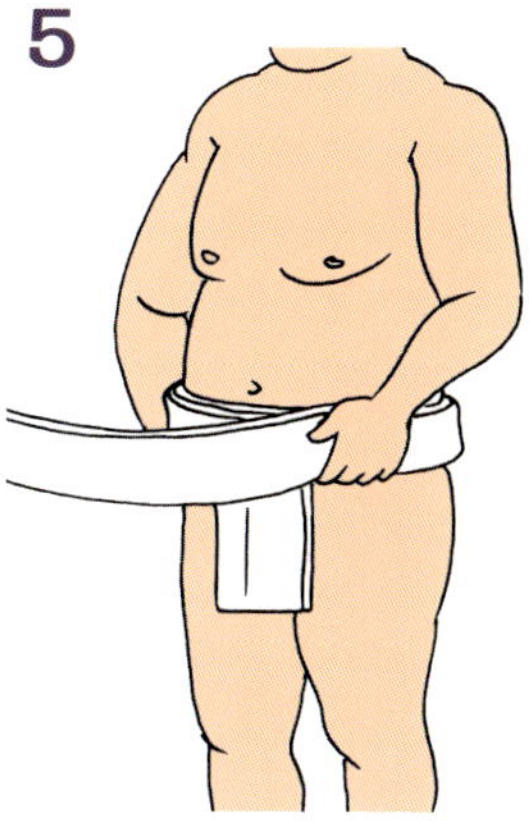

その上《うえ》からまわしをしめて、1周《しゅう》させる。

7

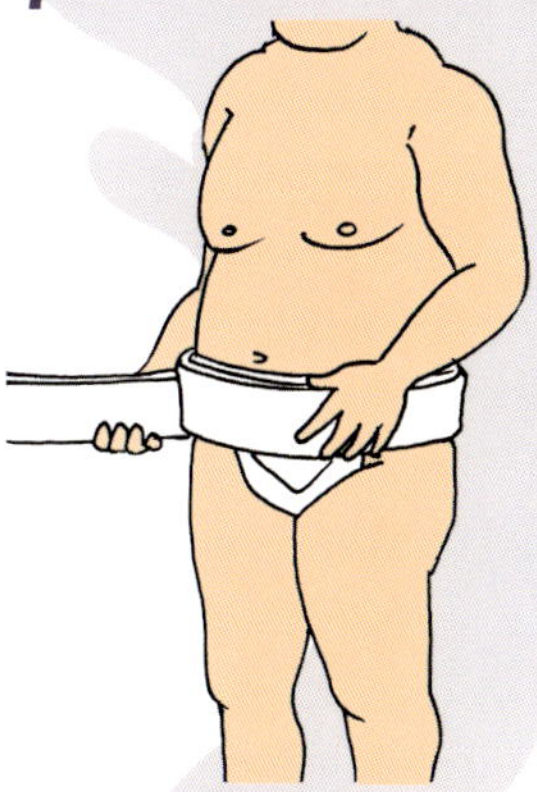

もう1周巻《しゅうま》いて、よくしめる。上《うえ》からよくたたく。

8

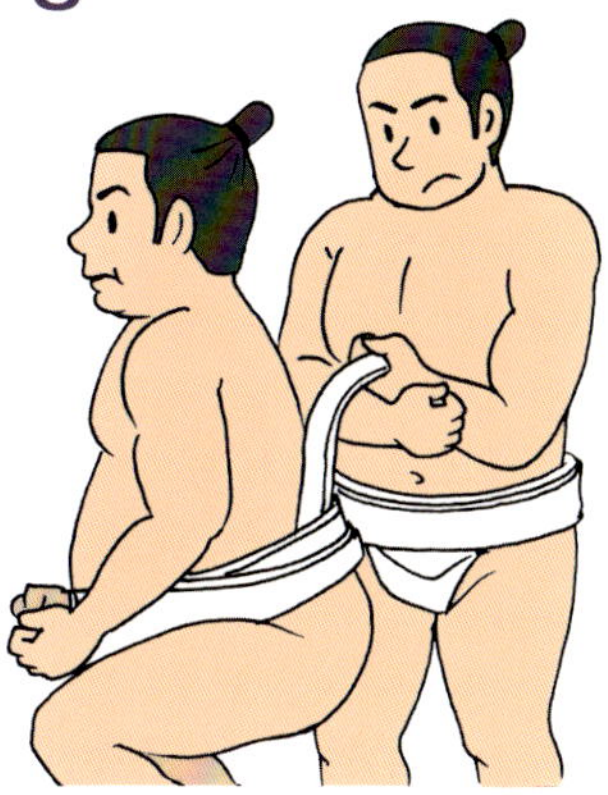

先《さき》を八《や》つ折《お》りにして、立《た》て褌《みつ》の下《した》を通《とお》し、横《よこ》まわしの下《した》から引《ひ》き出《だ》す。

9

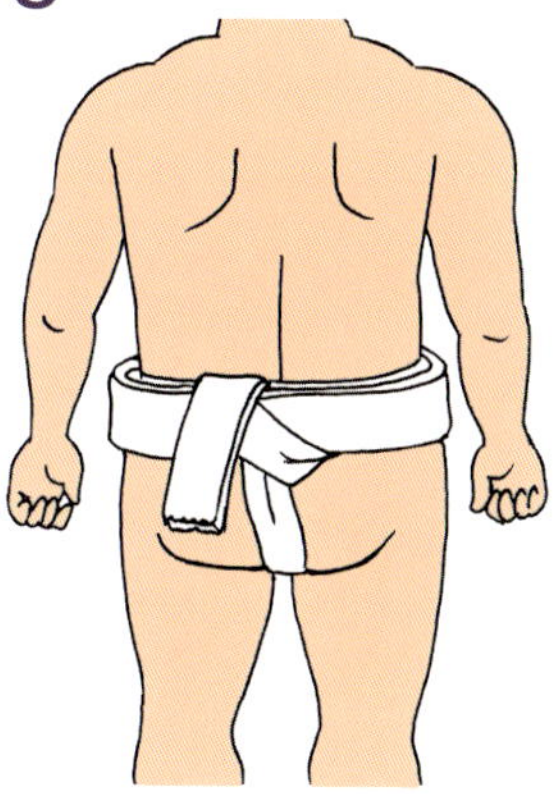

先《さき》を左《ひだり》ななめ下《した》におろす。

10

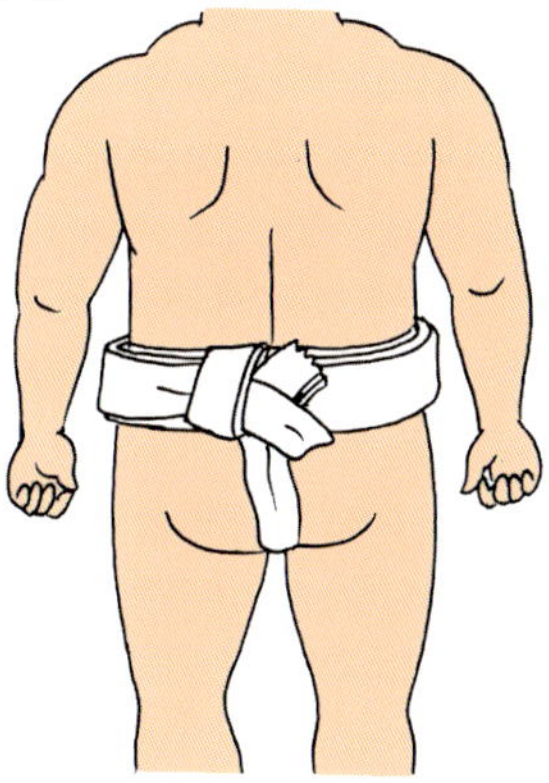

右上《みぎうえ》に通《とお》して強《つよ》くしめ、結《むす》ぶ。

洗濯《せんたく》しないって本当《ほんとう》？

まわしを水洗《みずあら》いすると、生地《きじ》が弱《よわ》くなるため、基本的《きほんてき》に洗濯《せんたく》はしません。使《つか》った後《あと》は、どろなどを落《お》として日《ひ》に当《あ》てておきます。消毒用《しょうどくよう》アルコールできれいにすることもあります。

まわしにはさむ〝さがり〟とは？

江戸時代《えどじだい》に、まわしがごうかになり、幕内力士《まくうちりきし》は今《いま》の化粧《けしょう》まわしのようなまわしで相撲《すもう》を取《と》っていました。しかし、それだと前垂《まえだ》れが取組《とりくみ》のじゃまなので、今《いま》のような「さがり」に変《か》わったとされています。十両以上《じゅうりょういじょう》の力士《りきし》は、垂《た》れた細長《ほそなが》い部分《ぶぶん》を、「ふのり」という糊《のり》で固《かた》めて、まっすぐな棒状《ぼうじょう》にしています。縁起《えんぎ》のよいように、本数《ほんすう》は奇数《きすう》にします。本場所《ほんばしょ》の前《まえ》に、力士自身《りきしじしん》が固《かた》めます。

本数《ほんすう》は、13、15、17本《ほん》など。

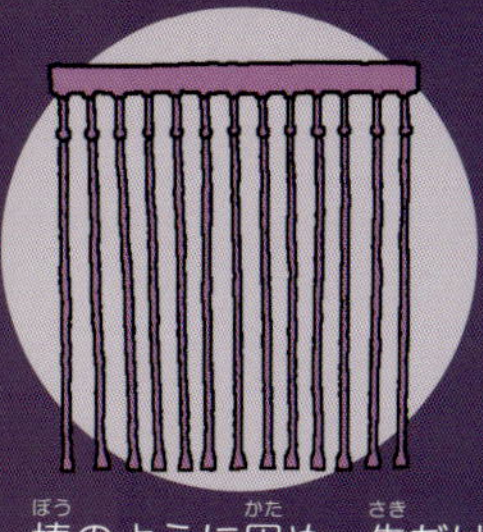

棒《ぼう》のように固《かた》め、先《さき》だけ平《たい》らにしてある。

幕下以下《まくしたいか》の力士《りきし》のさがりは、関取《せきとり》のものとちがって、ふのりで固《かた》めないので、だらりと垂《た》れ下《さ》がっている。さがりが、まわしからすぐはずれるようになっているのは、取組中《とりくみちゅう》に指《ゆび》にからまったりしてけがをするのを防《ふせ》ぐため。

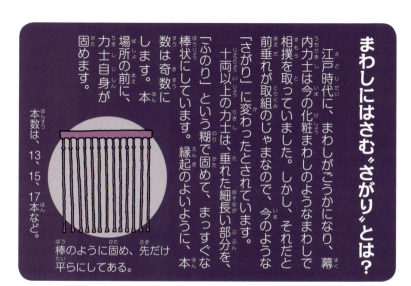

大相撲《おおずもう》を支《ささ》える人《ひと》①

取組《とりくみ》の進行役《しんこうやく》

行《ぎょう》司《じ》

美《うつく》しい装束《しょうぞく》に身《み》を包《つつ》み、土俵《どひょう》には命《いのち》がけで上《あ》がります。

行司《ぎょうじ》の役割《やくわり》

土俵上《どひょうじょう》で勝負《しょうぶ》をさばくほかにも、さまざまな仕事《しごと》をしています。

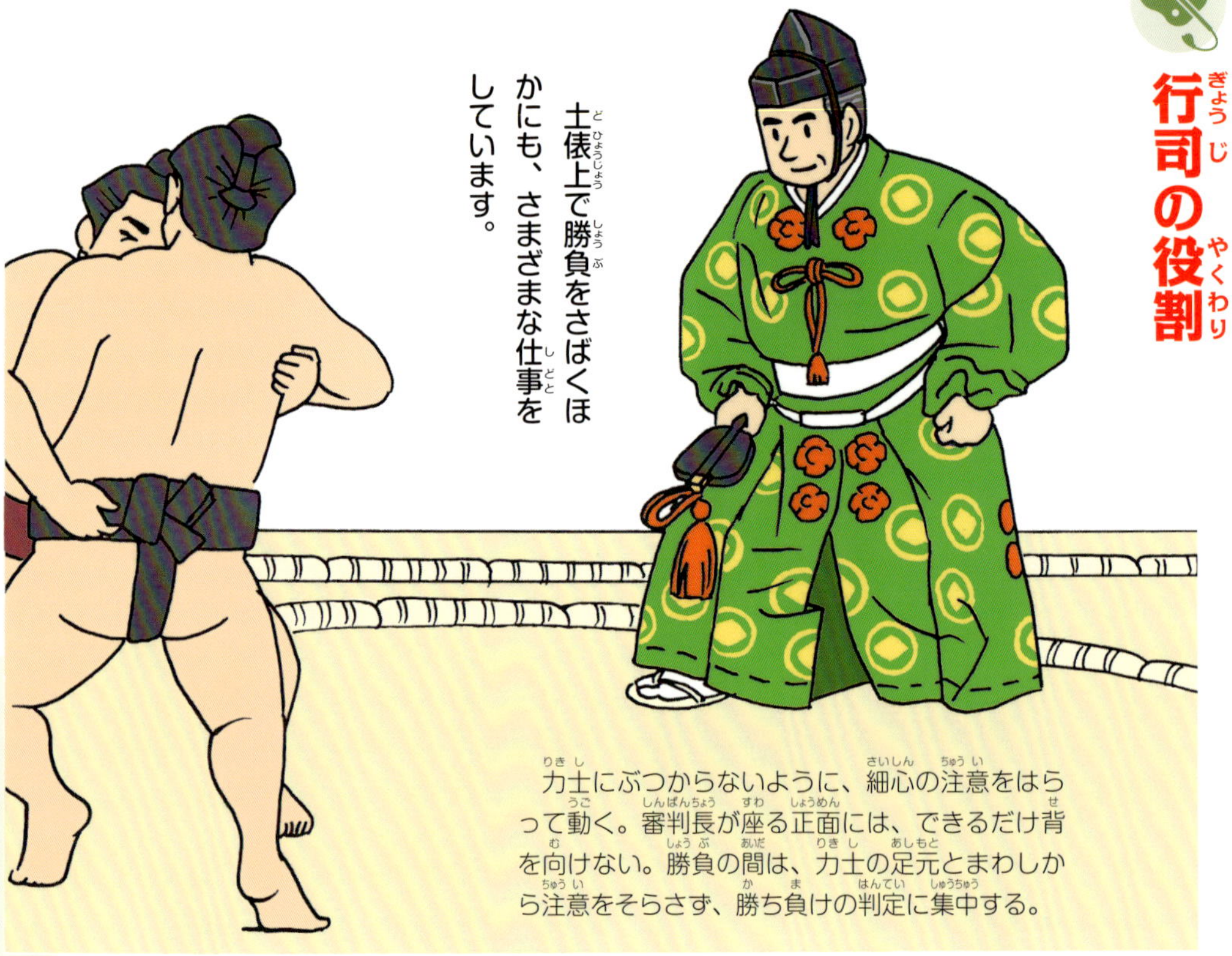

力士《りきし》にぶつからないように、細心《さいしん》の注意《ちゅうい》をはらって動《うご》く。審判長《しんぱんちょう》が座《すわ》る正面《しょうめん》には、できるだけ背《せ》を向《む》けない。勝負《しょうぶ》の間《あいだ》は、力士《りきし》の足元《あしもと》とまわしから注意《ちゅうい》をそらさず、勝《か》ち負《ま》けの判定《はんてい》に集中《しゅうちゅう》する。

取組《とりくみ》を進《すす》め、勝負《しょうぶ》の判定《はんてい》をする

力士《りきし》が、仕切《しき》りから取組《とりくみ》を始《はじ》めるまで、声《こえ》をかけ、立《た》ち合《あ》わせる。取組《とりくみ》が始《はじ》まると、かけ声《ごえ》をかけながら、勝負《しょうぶ》のゆくえを見定《みさだ》め、勝《か》った方《ほう》に軍配《ぐんばい》を上《あ》げる。審判《しんぱん》の権限《けんげん》はない。

儀式《ぎしき》や翌日《よくじつ》の取組《とりくみ》の発表《はっぴょう》

土俵祭《どひょうまつり》（→７ページ）などの儀式《ぎしき》や土俵《どひょう》入《い》りの先導《せんどう》を行《おこな》う。また、中入《なかいり》には翌日《よくじつ》の取組《とりくみ》を発表《はっぴょう》する（→ 11 ページ）。

番付表《ばんづけひょう》などを書《か》く

相撲文字《すもうもじ》を習《なら》って、番付表《ばんづけひょう》を書《か》く（→ 13 ページ）。番付表《ばんづけひょう》以《い》外《がい》にも、相撲文字《すもうもじ》を使《つか》って、場《じょう》内《ない》の注意書《ちゅういが》きなどを書《か》く。また、協会《きょうかい》の番付編成会議《ばんづけへんせいかいぎ》などでは書《しょ》記《き》を務《つと》める。

場内《じょうない》アナウンスをする

会場内《かいじょうない》のアナウンスをする。力士《りきし》の出身地《しゅっしんち》や所属部屋《しょぞくべや》などを暗記《あんき》し、取組前《とりくみまえ》に力士《りきし》を紹介《しょうかい》する。また、決《き》まり手《て》などのアナウンスもする。

部屋《へや》のさまざまな用事《ようじ》をする

後援者《こうえんしゃ》へのあいさつ状《じょう》を出《だ》すなど自分《じぶん》が所属《しょぞく》している相撲部《すもうべ》屋《や》で必要《ひつよう》な仕事《しごと》をし、親方《おやかた》やおかみさんの手助《てだす》けをしている。

土俵《どひょう》の外《そと》での仕事《しごと》もいそがしいのだ。

江戸時代《えどじだい》の行司《ぎょうじ》は、そのころの武士《ぶし》の衣装《いしょう》の「かみしも」姿《すがた》をしていた。明治時代《めいじじだい》になると、まげを切《き》ったために、かみしもは似合《にあ》わなくなり、明治《めいじ》 43（1910）年《ねん》から、平安《へいあん》～鎌倉時代《かまくらじだい》に武士《ぶし》が着《き》ていた直垂《ひたたれ》に変《か》わった。

行司《ぎょうじ》はどんな人《ひと》？

土俵上《どひょうじょう》では、直垂《ひたたれ》という装束《しょうぞく》をつけています。相撲部屋《すもうべや》に所属《しょぞく》し、全体《ぜんたい》で45名《めい》までと決《き》められています。力士《りきし》のしこ名《な》のように、「木村《きむら》○○」か「式守《しきもり》○○」という名前《なまえ》を持《も》っています。また、力士《りきし》の階級《かいきゅう》に対応《たいおう》する8つの階級《かいきゅう》があり、同《おな》じか自分《じぶん》より低《ひく》い階級《かいきゅう》の力士《りきし》の取組《とりくみ》をさばきます。

立行司《たてぎょうじ》

最高位《さいこうい》の行司《ぎょうじ》。力士《りきし》でいうと横綱《よこづな》に当《あ》たります。木村庄之助《きむらしょうのすけ》が最高《さいこう》の行司《ぎょうじ》の名前《なまえ》で、次《つぎ》が式守伊之助《しきもりいのすけ》です。木村庄之助《きむらしょうのすけ》は、結《むす》びの一番《いちばん》だけをさばきます。

烏帽子《えぼし》
頭《あたま》につける。

軍配《ぐんばい》
東《ひがし》から登場《とうじょう》した力士《りきし》が勝《か》ったら東《ひがし》に、西《にし》から登場《とうじょう》した力士《りきし》が勝《か》ったら西《にし》に上《あ》げる。左利《ひだりき》きでも、必《かなら》ず右手《みぎて》で持《も》つ。

短刀《たんとう》
軍配《ぐんばい》を上《あ》げまちがえた時《とき》は切腹《せっぷく》するという覚悟《かくご》を示《しめ》す。立行司《たてぎょうじ》だけが持《も》つ。

直垂《ひたたれ》
昔《むかし》の武士《ぶし》の衣装《いしょう》。

白足袋《しろたび》・草履《ぞうり》
白足袋《しろたび》に草履《ぞうり》をはく。

印籠《いんろう》
右《みぎ》の腰《こし》につける。

房《ふさ》
軍配《ぐんばい》についている。最高位《さいこうい》の木村庄之助《きむらしょうのすけ》の房《ふさ》は紫《むらさき》で、地面《じめん》まで垂《た》れている。

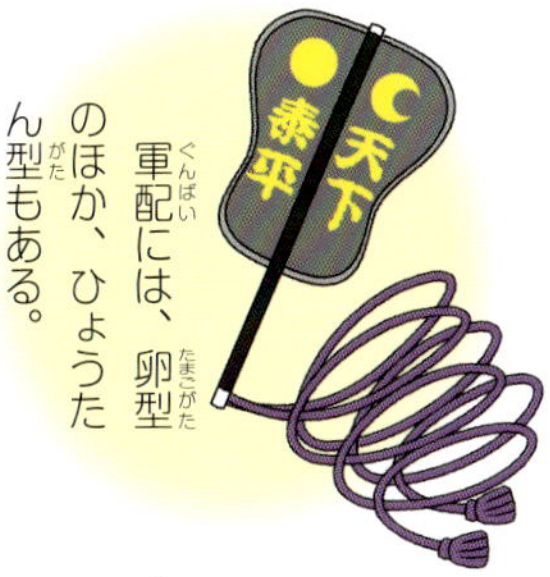

軍配《ぐんばい》には、卵型《たまごがた》のほか、ひょうたん型《がた》もある。

序ノ口格《じょのくちかく》・序二段格《じょにだんかく》・三段目格《さんだんめかく》・幕下格《まくしたかく》

軍配《ぐんばい》の房《ふさ》の色《いろ》は、黒《くろ》か青《あお》（緑《みどり》）。足袋《たび》ははけず、はだしで、装束《しょうぞく》のすそをまくり上《あ》げます。

三役格《さんやくかく》

軍配《ぐんばい》の房《ふさ》は赤《あか》。白足袋《しろたび》と草履《ぞうり》が許《ゆる》され、腰《こし》に印籠《いんろう》をつけています。

十両格《じゅうりょうかく》・幕内格《まくうちかく》

軍配《ぐんばい》の房《ふさ》は、十両格《じゅうりょうかく》が青《あお》（緑《みどり》）と白《しろ》、幕内格《まくうちかく》が赤《あか》と白《しろ》。足袋《たび》を許《ゆる》されています。

行司《ぎょうじ》のかけ声《ごえ》、大研究《だいけんきゅう》！

土俵上《どひょうじょう》の行司《ぎょうじ》は、さまざまなかけ声《ごえ》をかけています。

―〈仕切《しき》り～立合《たちあ》い〉―

「かまえて」「見《み》おうて」
「時間《じかん》です」「待《ま》ったなし」
「手《て》をついて」
「腰《こし》を下《お》ろして」
「待《ま》った」
＊立合《たちあ》いが成立《せいりつ》していない時《とき》。

―〈取組開始《とりくみかいし》!!〉―

「はっけよい」
＊動《うご》きが止《と》まった時《とき》に、「発気揚々《はっきようよう》（気《き》を盛《さか》んに出《だ》す）」と、うながす。

「残《のこ》った…」
＊動《うご》いている時《とき》に「まだ勝負《しょうぶ》がついていない」と伝《つた》える意味《いみ》がある。

「まわし、待《ま》った」
＊まわしがゆるんだ時《とき》、声《こえ》をかけて止《と》める。まわしをしめ直《なお》して再開《さいかい》する。

―〈勝《か》ち名乗《なの》り〉―

「○○の山《やま》～」
＊勝《か》った力士《りきし》の方《ほう》を向《む》き、しこ名《な》を呼《よ》ぶ。

―〈結《むす》びの一番《いちばん》〉―

「この相撲一番《すもういちばん》にて、本日《ほんじつ》の打《う》ち止《ど》め～」
＊結《むす》びの触《ふ》れ。千秋楽《せんしゅうらく》や天覧相撲《てんらんずもう》など言《い》い方《かた》がかわる場合《ばあい》もある。

呼出《よびだ》しに呼《よ》び上《あ》げられ、両力士《りょうりきし》が土俵《どひょう》に上《あ》がったら、行司《ぎょうじ》が改《あらた》めて観客《かんきゃく》に対《たい》して、だれとだれの取組《とりくみ》なのかなどを紹介《しょうかい》する。紹介《しょうかい》は、奇数日《きすうび》は東方《ひがしかた》、偶数日《ぐうすうび》は西方《にしかた》から行《おこな》う。三役以上《さんやくいじょう》の力士《りきし》の取組《とりくみ》では、しこ名《な》を二声《ふたごえ》ずつ言《い》う。

大相撲《おおずもう》を支《ささ》える人《ひと》② 力士《りきし》のまげ担当《たんとう》

床山《とこやま》

床山《とこやま》は、力士《りきし》にとって大切《たいせつ》な"まげ"をあつかう重要《じゅうよう》な役割《やくわり》を担《にな》っています。

力士《りきし》たちのまげをゆう専門職《せんもんしょく》

床山《とこやま》は、それぞれの相撲部屋《すもうべや》に所属《しょぞく》し、力士《りきし》たちのまげと頭髪全体《とうはつぜんたい》をゆうのが仕事《しごと》です。本場所《ほんばしょ》の間《あいだ》は、支度部屋《したくべや》にひかえて、取組《とりくみ》前《まえ》や取組後《とりくみご》の力士《りきし》たちのまげをゆいます。表《おもて》には出《で》ませんが、なくてはならない存在《そんざい》です。「床安《とこやす》」、「床寿《とこじゅ》」のように「床《とこ》」のつく名《な》を名乗《なの》ります。

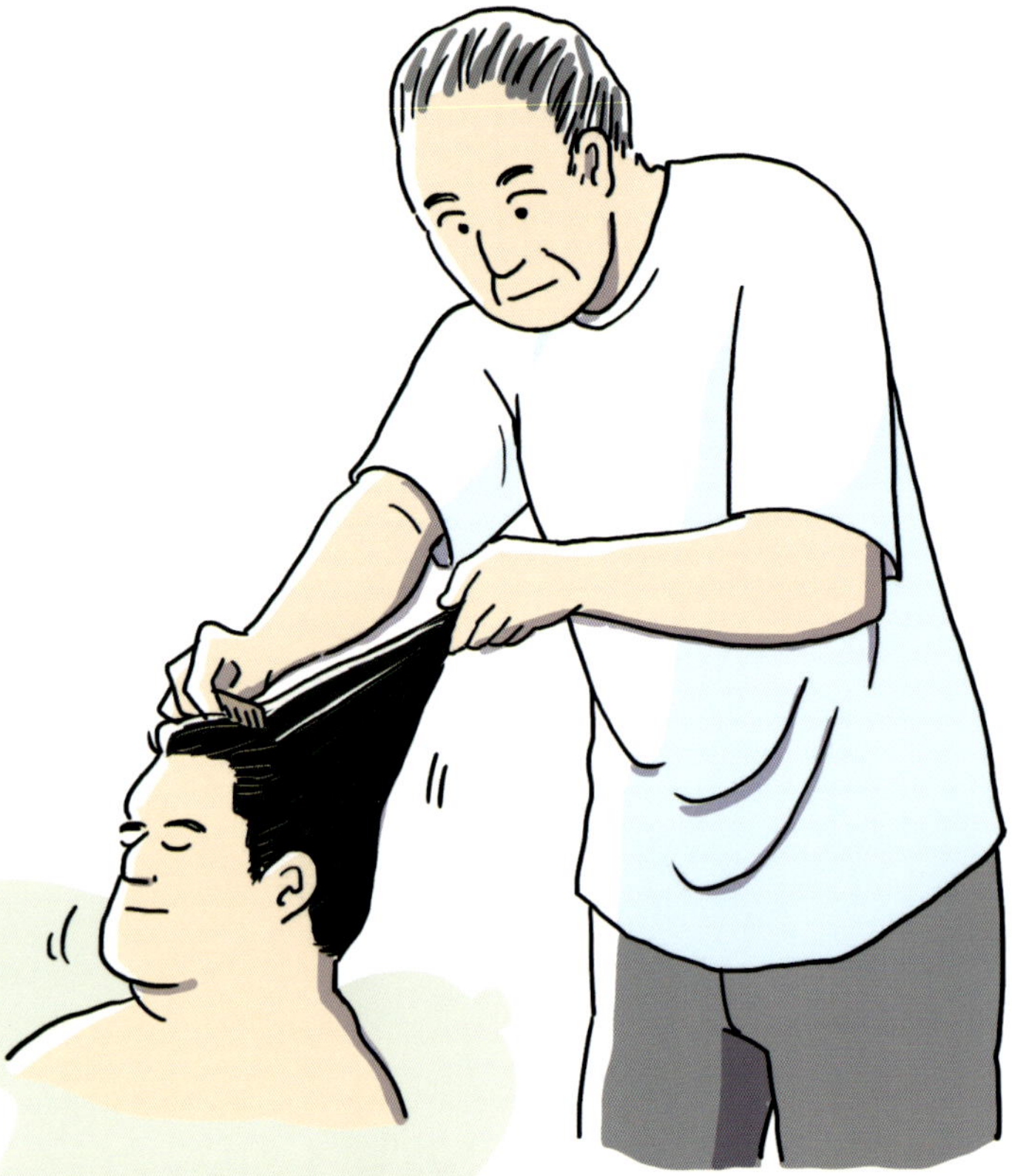

大《おお》いちょう

まげの先《さき》(または後《うし》ろのふくらみ)が、いちょうの葉《は》の形《かたち》に似《に》ていることからこの名《な》に。関取《せきとり》(十両以上《じゅうりょういじょう》の力士《りきし》)の正式《せいしき》な場《ば》での髪型《かみがた》。

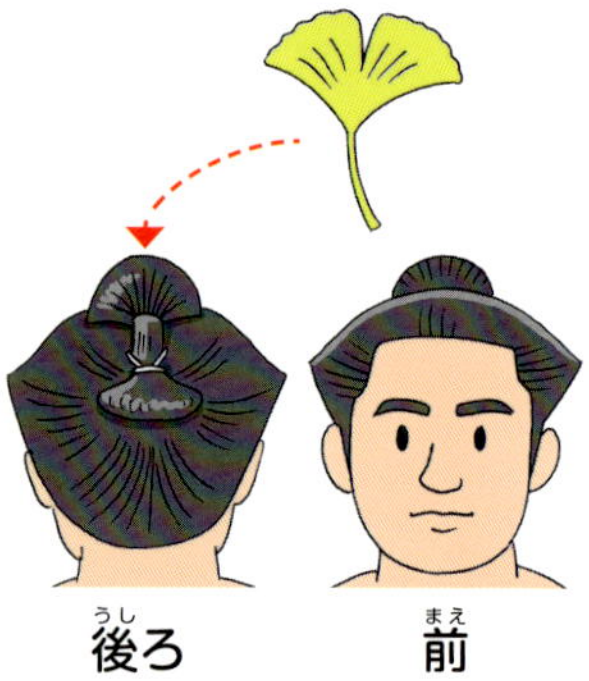

ちょんまげ

幕下以下《まくしたいか》の力士《りきし》の髪型《かみがた》。関取《せきとり》も、ふだんはちょんまげです。床山《とこやま》の修業《しゅぎょう》は、ちょんまげをゆうことから始《はじ》まります。

床山《とこやま》の道具《どうぐ》

専用《せんよう》の道具《どうぐ》を、道具箱《どうぐばこ》に入《い》れて持《も》ち運《はこ》びます。

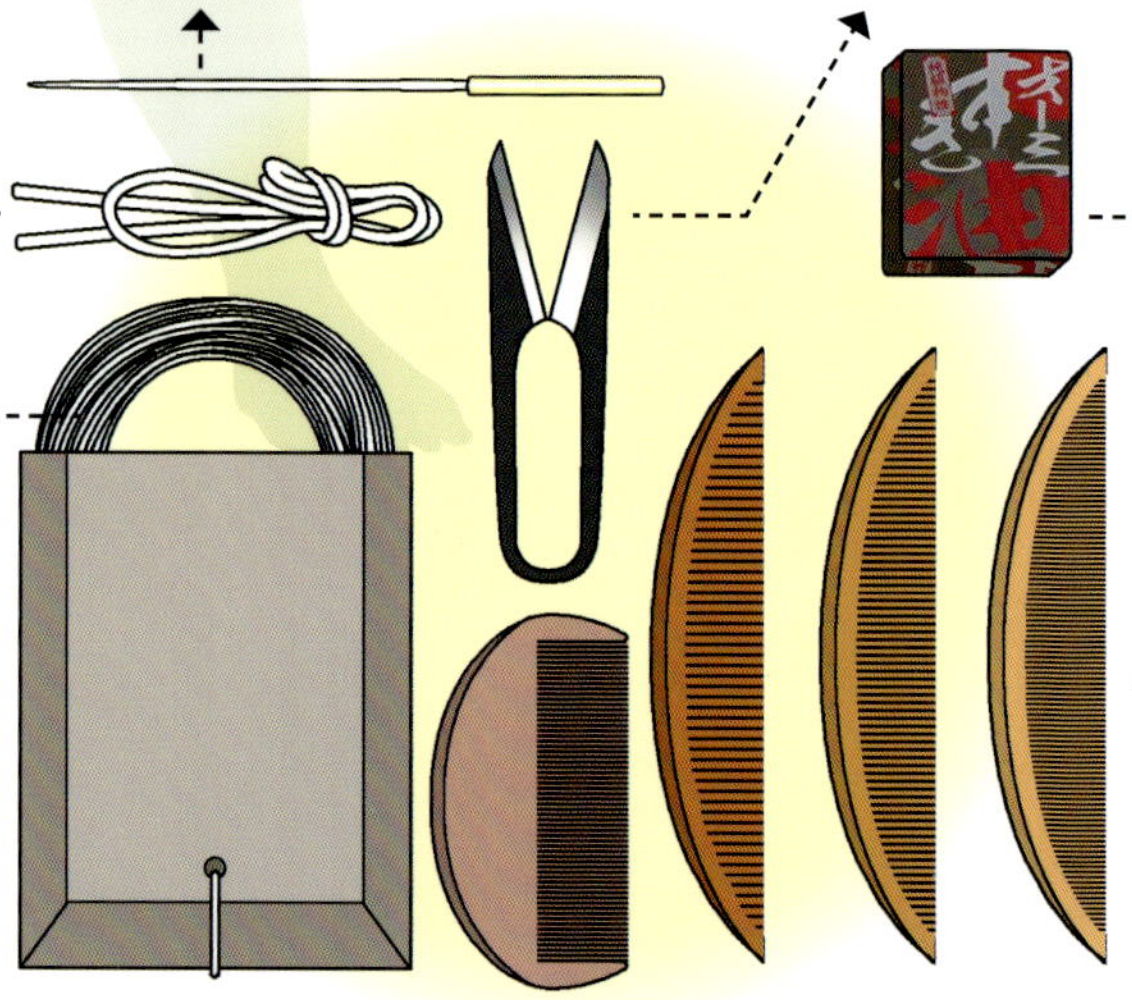

びんつけ油《あぶら》
髪《かみ》を固《かた》め、つやを出《だ》す。独特《どくとく》のにおいがある。

くし
4種類《しゅるい》のくしを使《つか》い分《わ》ける。

にぎりばさみ
毛先《けさき》をそろえる。

まげ棒《ぼう》
大《おお》いちょうの広《ひろ》がりをつくる。

先《さき》しばり
まげを整《ととの》えるために、仮《かり》にしばるひも。

元結《もとゆい》(「もっとい」と言《い》うことが多《おお》い。)
髪《かみ》をしばるための和紙《わし》のひも。

床山《とこやま》は、義務教育《ぎむきょういく》を終《お》えた19歳以下《さいいか》の男性《だんせい》を日本相撲協会《にほんすもうきょうかい》が採用《さいよう》して相撲部屋《すもうべや》に配属《はいぞく》する。勤続年数《きんぞくねんすう》などから、特等《とくとう》、1等《とう》、2等《とう》～5等《とう》の6等級《とうきゅう》に分《わ》かれている。平成《へいせい》20(2008)年一月場所《ねんいちがつばしょ》から、床山《とこやま》も番付表《ばんづけひょう》にのるようになった。

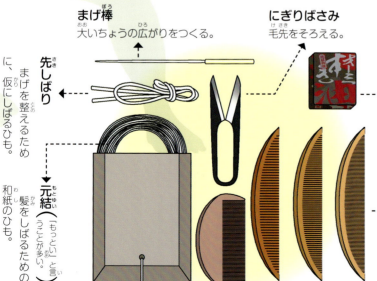

大《おお》いちょうのゆい方《かた》

床山《とこやま》は、力士《りきし》の髪質《かみしつ》や頭《あたま》の形《かたち》をよく知《し》り、鏡《かがみ》も使《つか》わずにバランスのとれた美《うつく》しいまげをゆわなければなりません。長《なが》い髪《かみ》をまとめるには、うでの力《ちから》も必要《ひつよう》です。元結《もとゆい》を歯《は》でかんで引《ひ》っ張《ば》るので、歯《は》やあごも使《つか》います。

1

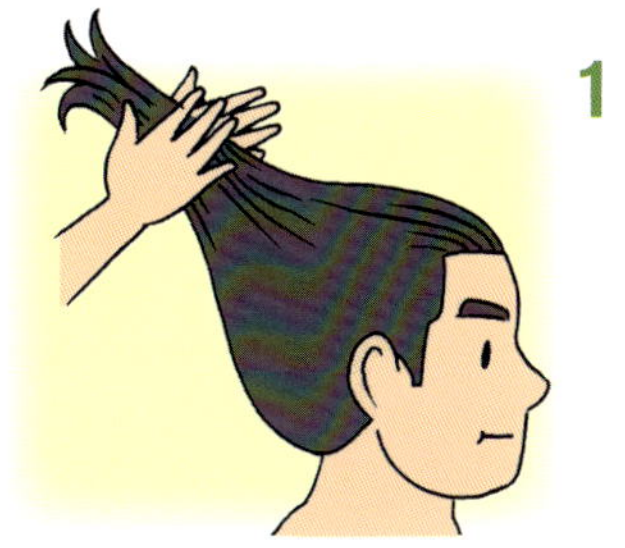

まず、髪《かみ》をほぐす。ぬらしたタオルでしめらせ、くしですいてほつれがないようにする。

2

びんつけ油《あぶら》を手《て》に取《と》ってのばし、髪《かみ》につける。

3

再《ふたた》びすいたら、髪《かみ》を束《たば》ねて、まげをゆうポイントになる部分《ぶぶん》を決《き》める。

4

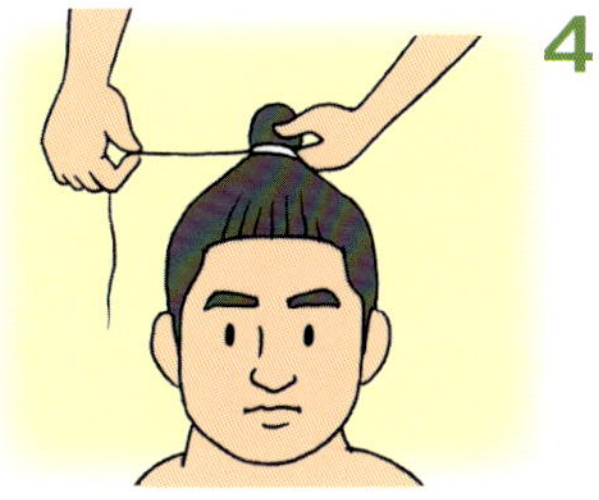

元結《もとゆい》をかける。

5

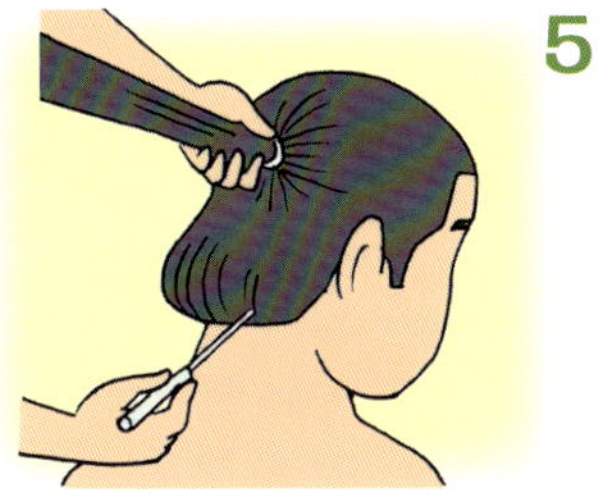

元結《もとゆい》を下《さ》げて、ややゆるめる。まげ棒《ぼう》を使《つか》ってびん（わきの部分《ぶぶん》）を張《は》り出《だ》させる。

6

元結《もとゆい》でしばった少《すこ》し先《さき》を先《さき》しばりでしばる。まげを折《お》り、元結《ゆい》でしばり、先《さき》しばりをはずす。

大《おお》いちょうをゆえるようになるまでに、最低《さいてい》5年《ねん》はかかるのだ。

7

まげ棒《ぼう》と手《て》を使《つか》って、大《おお》いちょうが均等《きんとう》に広《ひろ》がり、なめらかに丸《まる》くなるようにする。

8

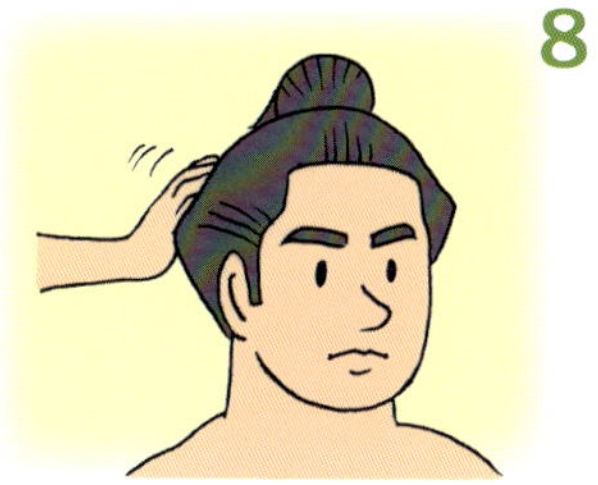

手《て》で全体《ぜんたい》を整《ととの》える。

力士《りきし》と髪《かみ》の話《はなし》

髪《かみ》の毛《け》の量《りょう》が多《おお》い力士《りきし》が大《おお》いちょうをゆう時《とき》、まげが頭《あたま》の上《うえ》で安定《あんてい》しにくいため、あらかじめ頭頂部分《とうちょうぶぶん》をかみそりでそっておくことがあります。これを中《なか》ぞりといいます。

早《はや》く十両《じゅうりょう》に上《あ》がった力士《りきし》は、髪《かみ》がのびるのが間《ま》に合《あ》わず、大《おお》いちょうをゆわないで出場《しゅつじょう》することがあります。

一方《いっぽう》、髪《かみ》の毛《け》がうすくなってまげがゆえなくなったら引退《いんたい》しなければならないと言《い》われることがありますが、そのようなきまりはありません。

負《ま》けが続《つづ》くと、まげの先《さき》を少《すこ》し切《き》って、気持《きも》ちを切《き》りかえる力士《りきし》もいます。また、まげには、力士《りきし》の頭部《とうぶ》を守《まも》る役《やく》目《め》もあると言《い》われています。

床山《とこやま》は、髪《かみ》をあつかいながら、力士《りきし》たちの毎日《まいにち》を支《ささ》える仕事《しごと》をしているのです。

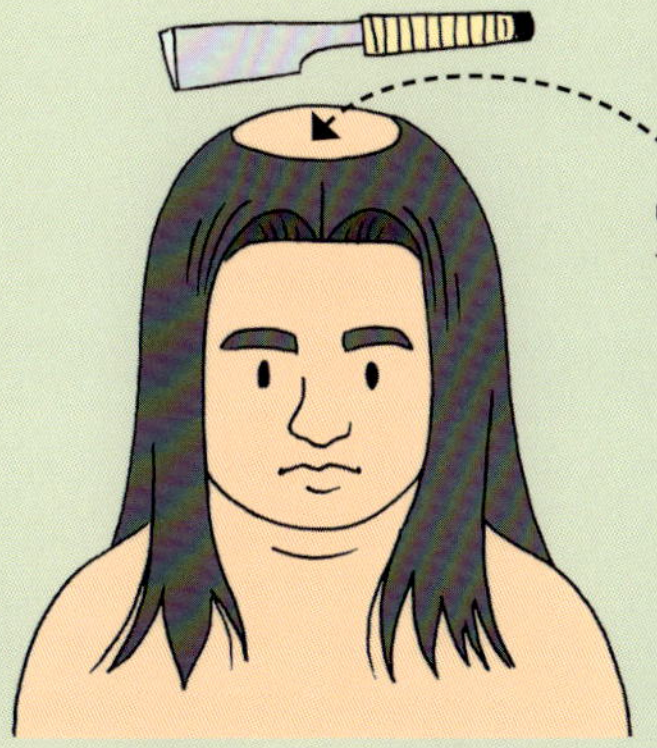

大《おお》いちょうをゆえるのは、十両以上《じゅうりょういじょう》の力士《りきし》だが、幕下《まくした》の力士《りきし》でも、十両以上《じゅうりょういじょう》と対戦《たいせん》する時《とき》は大《おお》いちょうをゆう。また、弓《ゆみ》取式《とりしき》やしょっきり（巡業《じゅんぎょう》などで、禁《きん》じ手《て》などを紹介《しょうかい》する出《だ》し物《もの》）に出《で》る力士《りきし》も大《おお》いちょうで土俵《どひょう》に上《あ》がる。

大相撲《おおずもう》を支《ささ》える人《ひと》③

たよれる裏方《うらかた》

呼《よ》出《だ》し

独特《どくとく》の調子《ちょうし》で、力士《りきし》の名《な》を呼《よ》び上《あ》げます。土俵《どひょう》と勝負《しょうぶ》を裏《うら》からしっかり支《ささ》えています。

土俵《どひょう》やその周《まわ》りを管理《かんり》する

呼出《よびだ》しは、力士《りきし》が気持《きも》ちよく相撲《すもう》を取《と》れるように土俵《どひょう》や土俵《どひょう》の周《まわ》りを整備《せいび》し、また、取組《とりくみ》がスムースに進《すす》むよう、裏方《うらかた》として働《はたら》いています。土俵《どひょう》を作《つく》るという、体力《たいりょく》を使《つか》う大変《たいへん》な仕事《しごと》もあります。

力士《りきし》や行司《ぎょうじ》と同《おな》じく、階級《かいきゅう》があり、立呼出《たてよびだ》し、副立呼出《ふくたてよびだ》し、三役呼出《さんやくよびだ》しなど、9階級《かいきゅう》に分《わ》かれています。定員《ていいん》は45名《めい》です。

力士《りきし》や行司《ぎょうじ》とちがい、姓《せい》は名乗《なの》らず、「太郎《たろう》」、「寛吉《かんきち》」のように呼《よ》ばれます。

動《うご》きやすいように、裁着袴《たつつけばかま》を着《つ》け、足袋《たび》をはいている。階級《かいきゅう》による衣装《いしょう》のちがいはない。

力士《りきし》の名前《なまえ》を呼《よ》び上《あ》げる美声《びせい》で、土俵《どひょう》に緊張《きんちょう》感《かん》が生《う》まれるぞ。

呼出《よびだ》しの道具《どうぐ》と土俵《どひょう》まわりの小道具《こどうぐ》

柝《き》（拍子木《ひょうしぎ》）
打《う》って音《おと》を出《だ》す。

ほうき
土俵《どひょう》をはく。

タオル
土俵上《どひょうじょう》の力士《りきし》が自分《じぶん》で用意《ようい》したものを使《つか》う。

水《みず》おけとひしゃく
力水《ちからみず》に用《もち》いる。

紙《かみ》
力水《ちからみず》をふいたりする。力紙《ちからがみ》ともいう。

座布団《ざぶとん》
ひかえ力士《りきし》が座《すわ》る。場所布団《ばしょぶとん》ともいう。

塩《しお》かご
力士《りきし》がまく塩《しお》を入《い》れる。

呼出《よびだ》しは、力士《りきし》の名前《なまえ》を呼《よ》び上《あ》げる時《とき》、白《しろ》いおうぎを顔《かお》の前《まえ》にかざす。これには、清《きよ》い土俵《どひょう》をつばでよごさないことや、力士《りきし》に息《いき》をはきかけないという意味合《いみあ》いがある。

呼出《よびだ》しの仕事《しごと》

力士《りきし》の呼《よ》び上《あ》げ、土俵作《どひょうづく》り、太鼓打《たいこう》ちの三《みっ》つが、呼出《よびだ》しの大《おお》きな仕事《しごと》です。若《わか》い呼出《よびだ》したちは、結《むす》びの一番《いちばん》で呼《よ》び上《あ》げができる日《ひ》を目標《もくひょう》に、日々《ひび》努力《どりょく》しています。

土俵作《どひょうづく》り

本場所《ほんばしょ》の前《まえ》に、土俵《どひょう》を作《つく》る（↓6ページ）。伝統的《でんとうてき》な道具《どうぐ》を使《つか》い、人《ひと》の手《て》だけで作《つく》る。

太鼓《たいこ》を打《う》つ

本場所《ほんばしょ》前《まえ》のふれ太鼓《だいこ》や、本場所《ほんばしょ》中《ちゅう》の寄《よ》せ太鼓《だいこ》や、はね太鼓《だいこ》を打《う》つ（↓10・11ページ）。

力士《りきし》の呼《よ》び上《あ》げ

取組《とりくみ》の前《まえ》に、土俵《どひょう》に上《あ》がって東西《とうざい》の力士《りきし》の名前《なまえ》を呼《よ》び上《あ》げる。よく通《とお》る声《こえ》が、場内《じょうない》にひびきわたる。

土俵《どひょう》を整備《せいび》する

土俵《どひょう》がかわいたら、水《みず》をまいてしめらせる。また、ほうきではき清《きよ》める。

けん賞幕《しょうまく》を持《も》って回《まわ》る

取組《とりくみ》にけん賞《しょう》がかかっていることを示《しめ》す幕《まく》を持《も》って、土俵《どひょう》を1周《しゅう》する。

柝《き》（拍子木《ひょうしぎ》）を打《う》つ

幕内力士《まくうちりきし》の土俵入《どひょうい》りなどの時《とき》に、柝《き》を打《う》って音《おと》を出《だ》し、進行《しんこう》の合図《あいず》をする。

塩《しお》やタオルなどを用意《ようい》

土俵下《どひょうした》にいて、仕切《しき》り中《ちゅう》の力士《りきし》がまく塩《しお》などを補充《ほじゅう》したり、体《からだ》をふくのに使《つか》うタオルを手《て》わたしたりする。また、ひかえの力士《りきし》が座《すわ》る座布団《ざぶとん》を取《と》りかえる。

制限時間《せいげんじかん》いっぱいを告《つ》げる

時計係《とけいがかり》の審判《しんぱん》から、仕切《しき》りの制限《せいげん》時間《じかん》いっぱいの合図《あいず》を受《う》けて、立《た》ち上《あ》がり、力士《りきし》に知《し》らせる。

世話人《せわにん》と若者頭《わかいものがしら》

大相撲《おおずもう》の世界《せかい》には、このほかに、世《せ》話人《わにん》、若者頭《わかいものがしら》と呼《よ》ばれる人《ひと》がいます。

世話人《せわにん》は、用具《ようぐ》の保管《ほかん》や管理《かんり》、運搬《うんぱん》のほか、出入《でい》り口《ぐち》での観客《かんきゃく》の整理《せいり》、駐《ちゅう》車場《しゃじょう》の整理《せいり》、支度部屋《したくべや》の管理《かんり》などをします。

若者頭《わかいものがしら》は、幕下以下《まくしたいか》の力士《りきし》の指導《しどう》、土俵《どひょう》の進行補助《しんこうほじょ》などをします。力士《りきし》がけがをした時《とき》は、車《くるま》いすを用意《ようい》します。

どちらも、幕内《まくうち》や十両《じゅうりょう》、幕下《まくした》で引退《いんたい》した元力士《もとりきし》です。日本相撲協会《にほんすもうきょうかい》に採用《さいよう》されています。

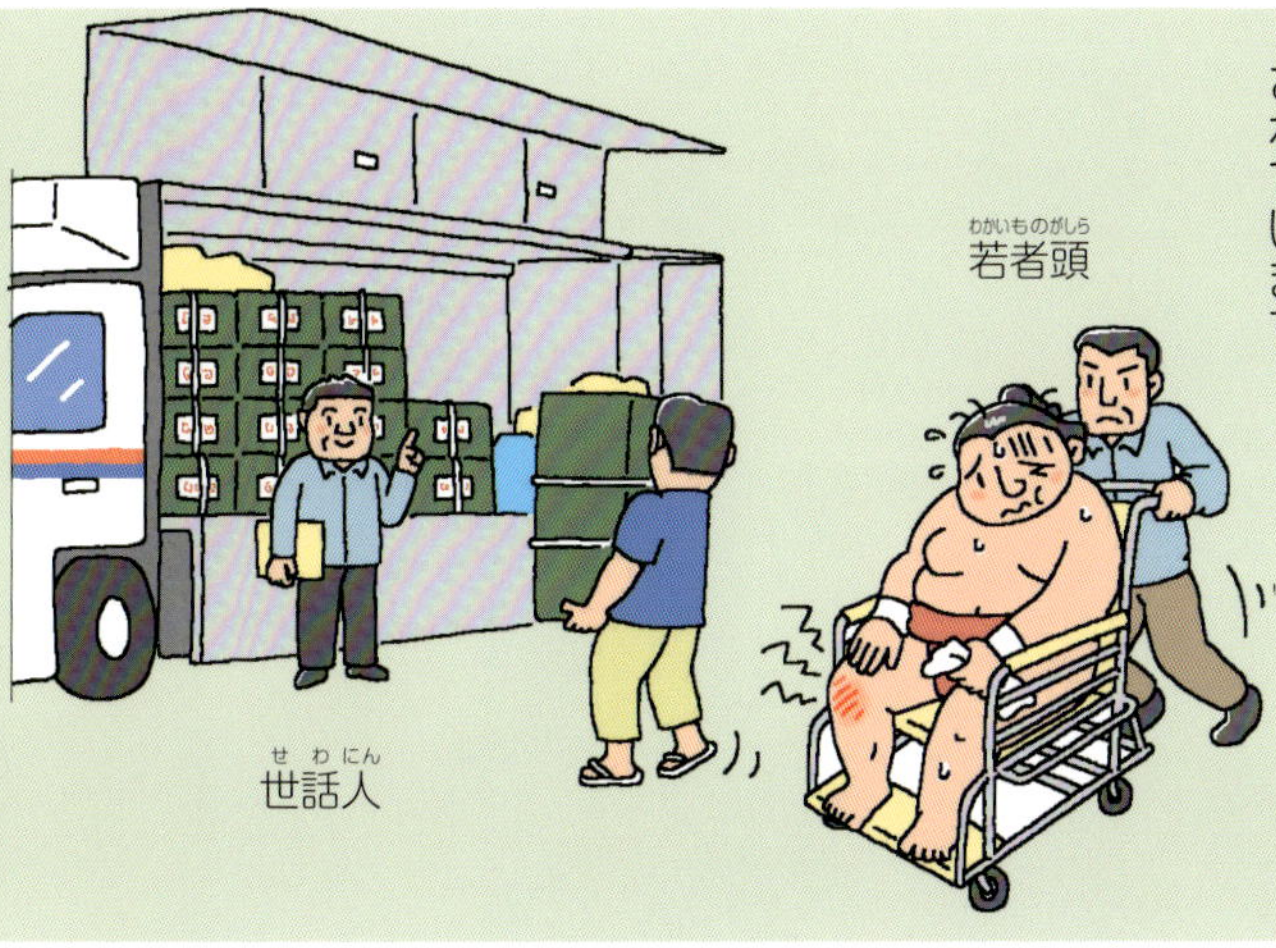

取組中《とりくみちゅう》、土俵下《どひょうした》の水《みず》おけのある所《ところ》に力士《りきし》が落《お》ちてきそうな場合《ばあい》、呼出《よびだ》しは、力士《りきし》がけがをしないように、水《みず》おけと自分《じぶん》のいすをさっとよける。土俵下《どひょうした》で呼出《よびだ》しが座《すわ》るいすは、ぶつかっても危《あぶ》なくないように、発泡《はっぽう》スチロールでできている。

土俵作法《どひょうさほう》

土俵《どひょう》に上《あ》がった力士《りきし》は、伝統《でんとう》の所作《しょさ》（動作《どうさ》）を重《かさ》ねながら、戦《たたか》いへの気持《きも》ちを盛《も》り上《あ》げます。

土俵上《どひょうじょう》の所作《しょさ》には意味《いみ》がある

呼出《よびだ》しに呼《よ》ばれて土俵《どひょう》に上《あ》がってから、取組《とりくみ》が終《お》わって下《さ》がるまで、伝統《でんとう》の土俵作法《どひょうさほう》があります。その所作《しょさ》には、意味《いみ》があります。

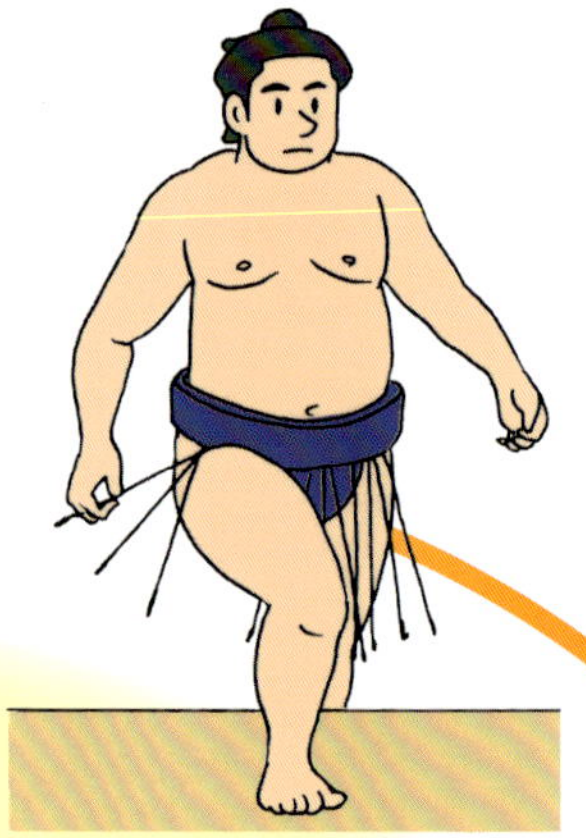

土俵《どひょう》に上《あ》がる

呼出《よびだ》しが、東西《とうざい》それぞれの力士《りきし》のしこ名《な》を呼《よ》び上《あ》げると、呼《よ》ばれた力士《りきし》が土俵《どひょう》に上《あ》がります。

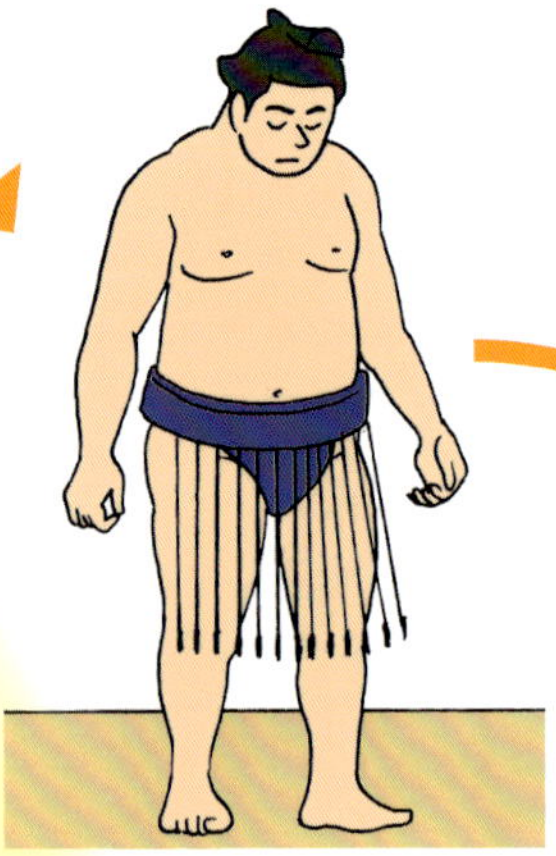

礼《れい》をする

おたがいに、目《め》と目《め》を合《あ》わせ、軽《かる》く礼《れい》をします。対戦相手《たいせんあいて》がいなければ相撲《すもう》は成《な》り立《た》たないので、相手《あいて》に敬意《けいい》をはらうことは、相撲《すもう》の大事《だいじ》な心《こころ》得《え》です。

四股《しこ》をふむ

赤房《あかふさ》または、白房《しろふさ》の下《した》で、四股《しこ》をふみます。四股《しこ》には、地中《ちちゅう》にいる邪悪《じゃあく》なものをふみつける意味《いみ》があります。

力水《ちからみず》をつける

ひしゃくから、口《くち》に水《みず》をつけて、身《み》を清《きよ》めます。これを、力水《ちからみず》といいます。原則《げんそく》として、前《まえ》の取組《とりくみ》の勝《か》ち力士《りきし》か、次《つぎ》の取組《とりくみ》のひかえ力士《りきし》がひしゃくをわたします。

塩《しお》をまく

塩《しお》をまきます。塩《しお》で土俵《どひょう》を清《きよ》め、けがをしないよう願《ねが》う意《い》味《み》があります。

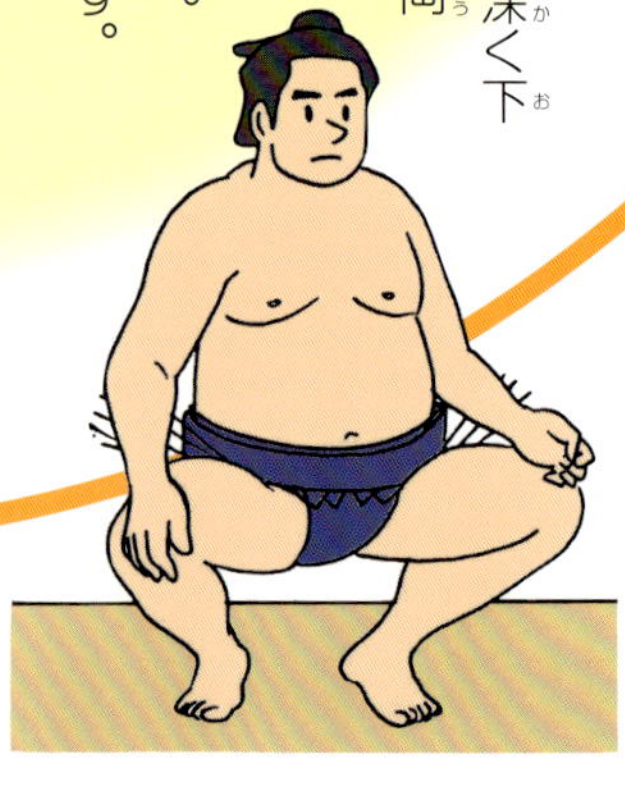

蹲踞《そんきょ》

つま先立《さきだ》ちで、こしを深《ふか》く下《お》ろし、ひざを開《ひら》きます。両《りょう》手《て》は、ひざの上《うえ》に軽《かる》く置《お》いて開《ひら》きます。この姿《し》勢《せい》を、「蹲踞《そんきょ》」といいます。相手《あいて》や土俵《どひょう》を敬《うやま》う姿勢《しせい》です。

塩《しお》の量《りょう》やまき方《かた》には、力士《りきし》の個性《こせい》が見《み》られる。

取組前《とりくみまえ》の仕切《しき》りの時《とき》に、力水《ちからみず》をつけたり塩《しお》をまいたりできるのは、基本的《きほんてき》に十両以上《じゅうりょういじょう》の力士《りきし》だけ。本場所《ほんばしょ》では、1日約《にちやく》45kgもの塩《しお》がまかれる。1場所《ばしょ》では、650kgをこえる塩《しお》がまかれることになる。

塵手水《ちりちょうず》

軽《かる》くもみ手《て》をして、かしわ手《で》を打《う》ちます。その後《ご》、両手《りょうて》を広《ひろ》げ、手《て》の平《ひら》を上《うえ》に向《む》けた後《あと》、下向《したむ》きに返《かえ》します。これを「塵手水《ちりちょうず》」といいます。

もみ手《て》は、草《くさ》についた夜《よ》つゆで手《て》を清《きよ》める動作《どうさ》を示《しめ》し、かしわ手《で》は、相撲《すもう》の神《かみ》に「ここに来《き》た」と知《し》らせる意味《いみ》があります。手《て》の平《ひら》を下《した》に返《かえ》すのは、ちりを落《お》とし、武器《ぶき》を持《も》っていないことを知《し》らせています。

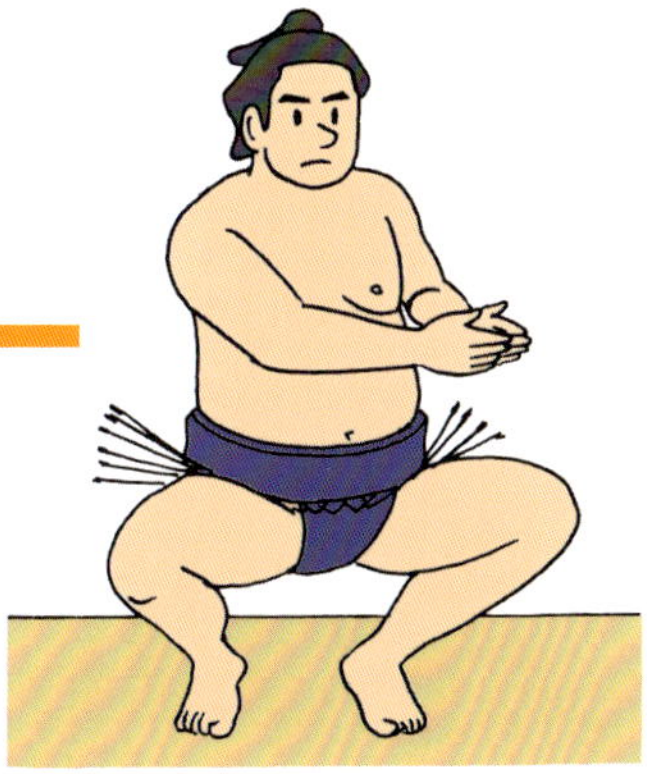

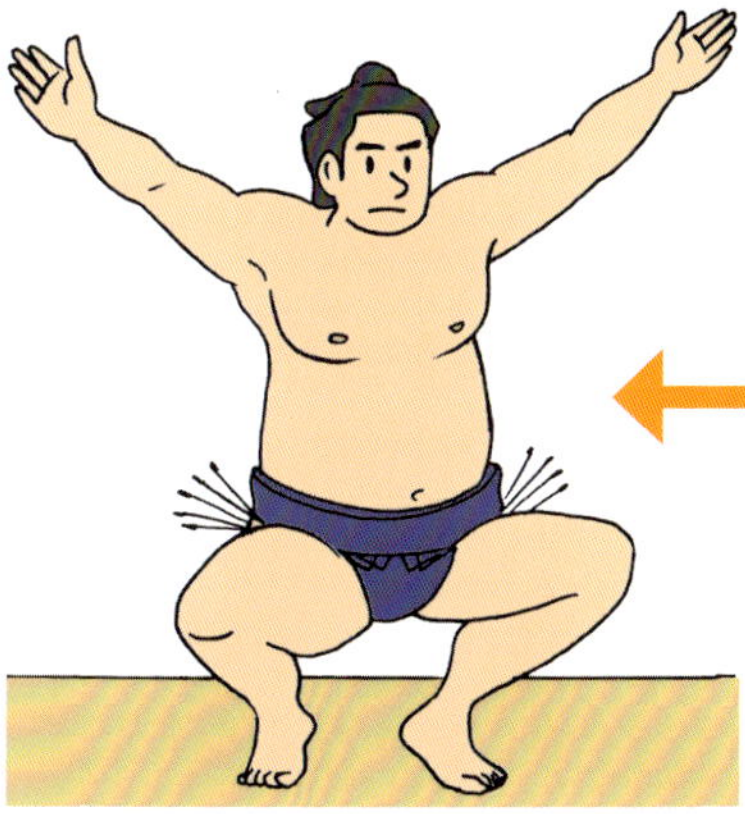

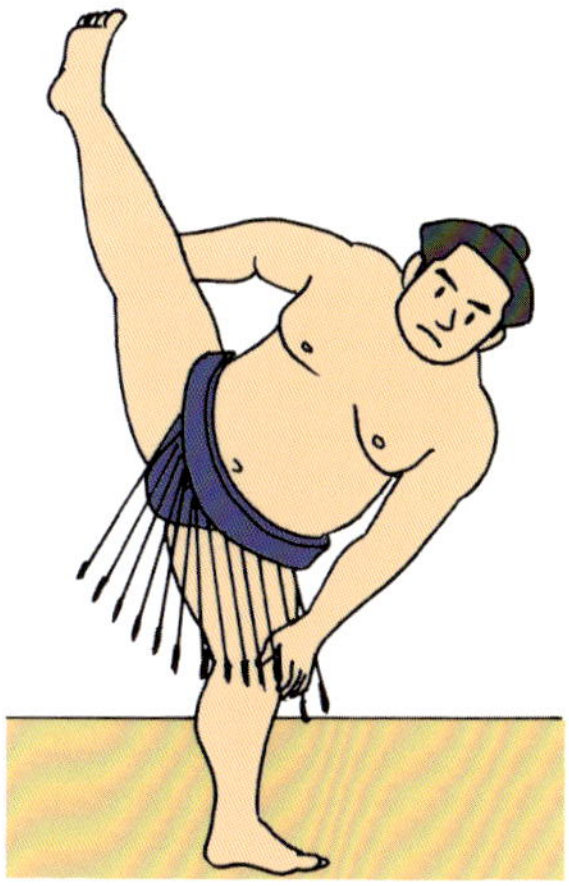

再《ふたた》び四股《しこ》をふむ

仕切《しき》り線《せん》の手前《てまえ》まで出《で》て、右《みぎ》、左《ひだり》と四股《しこ》をふみます。

仕切《しき》りをする

こしを下《お》ろし、仕切《しき》り線《せん》より手前《てまえ》に手《て》をつき、おたがいの目《め》を見《み》ます。塩《しお》まきと仕切《しき》りを何度《なんど》かくり返《かえ》し、制限時《せいげんじ》間《かん》が来《く》るまでに、立合《たちあ》いをします。

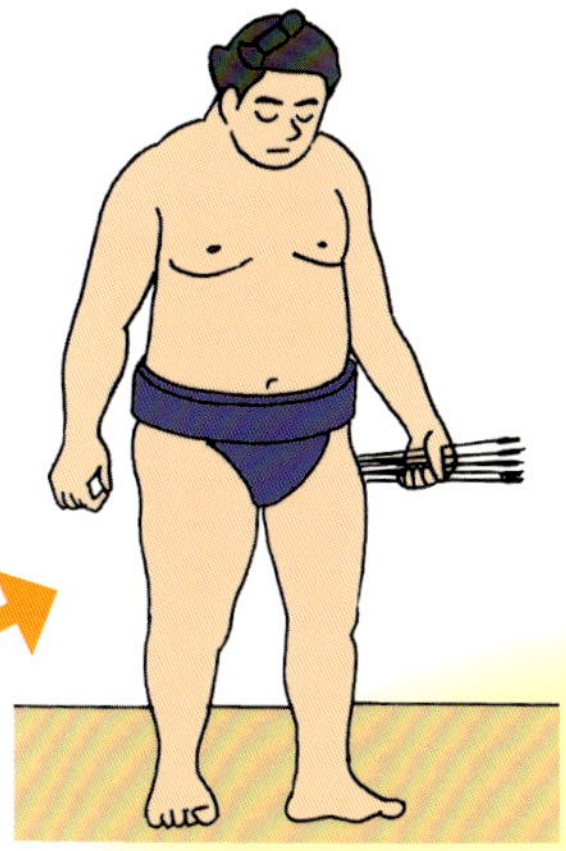

たがいに礼《れい》をする

勝負《しょうぶ》がついたら、力士《りきし》は東西《とうざい》に分《わ》かれ、おたがいに礼《れい》をします。

勝《か》ち名乗《なの》りを受《う》ける

勝《か》った力士《りきし》は、蹲踞《そんきょ》し、右手《みぎて》を下《した》にして勝《か》ち名乗《なの》りを受《う》けます。

けん賞金《しょうきん》を受《う》け手刀《てがたな》を切《き》る

けん賞金《しょうきん》がかかっている時《とき》は、行司《ぎょうじ》から受《う》け取《と》ります。この時《とき》、左《ひだり》、右《みぎ》、中《なか》の順《じゅん》に手刀《てがたな》を切《き》ります。これは、豊穣《ほうじょう》の神々《かみがみ》に感《かん》謝《しゃ》する意味《いみ》があります。

けん賞金《しょうきん》を受《う》ける時《とき》に手刀《てがたな》を切《き》る作法《さほう》は、昭和時代前半《しょうわじだいぜんはん》に活躍《かつやく》した名寄岩《なよろいわ》が始《はじ》めた。その後《ご》、昭和《しょうわ》41（1966）年《ねん》に、日本相撲協会《にほんすもうきょうかい》から、左《ひだり》、右《みぎ》、中《なか》の順《じゅん》に手刀《てがたな》を切《き》るようにとの通達《つうたつ》が出《だ》された。

勝負《しょうぶ》を決《き》める

相撲《すもう》のルール

身《み》に着《つ》けるのはまわしだけ。危険《きけん》な行為《こうい》は禁止《きんし》です。

たおすか出《だ》すか。明快《めいかい》な相撲《すもう》の勝負《しょうぶ》

相撲《すもう》には、長《なが》い間《あいだ》はっきりと書《か》かれた規則《きそく》はなく、取《と》る人《ひと》も見《み》る人《ひと》も、〝相撲《すもう》らしいかどうか〟を規準《きじゅん》にして、勝《しょう》負《ぶ》や反則《はんそく》を判断《はんだん》していました。大《おお》きくいえば、たおすか出《だ》すか。次《つぎ》の2つの場合《ばあい》に、勝負《しょうぶ》がつきます。

1

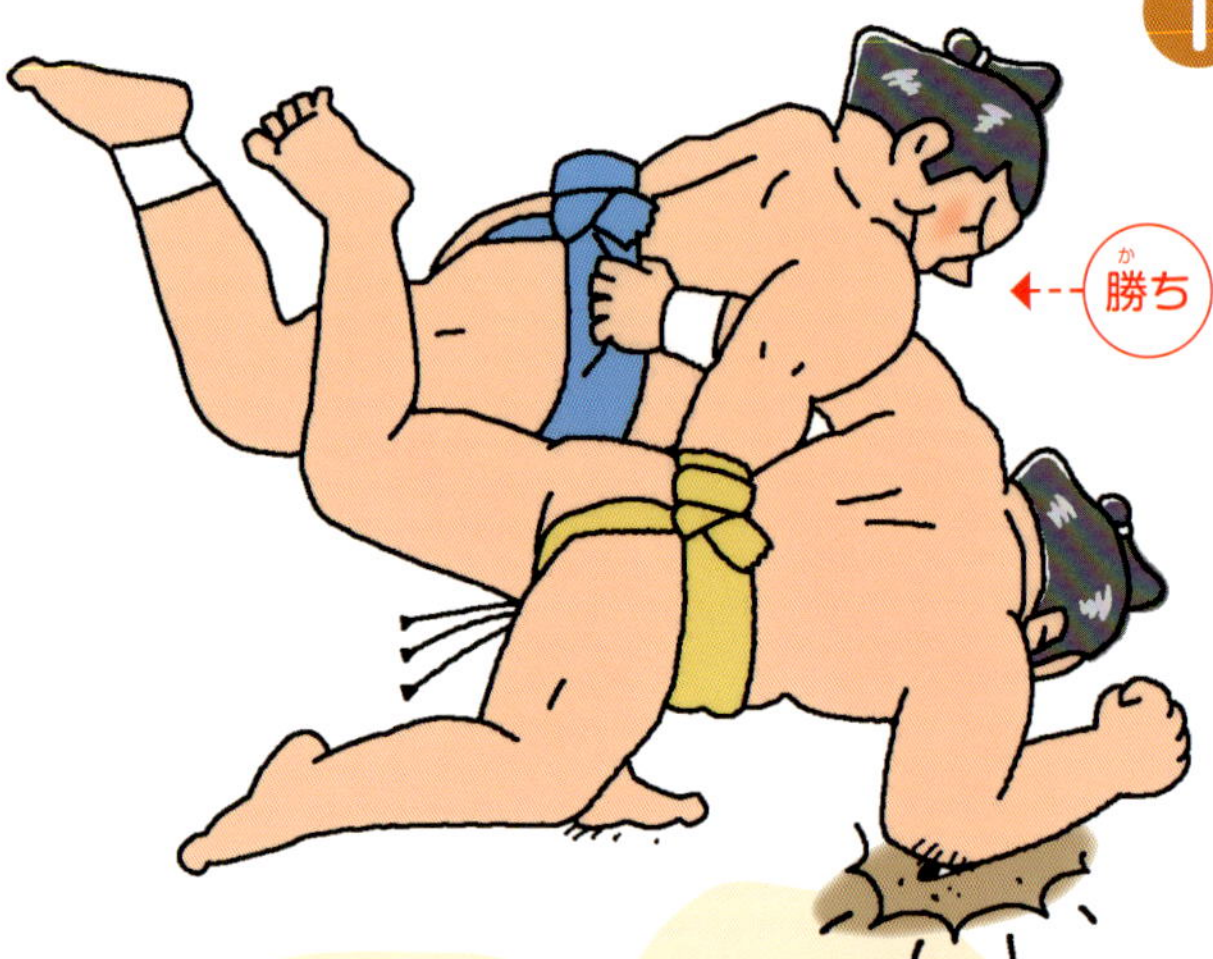

俵《たわら》（勝負俵《しょうぶだわら》と徳俵《とくだわら》）の内側《うちがわ》で、足《あし》の裏以外《うらいがい》の体《からだ》の一部《いちぶ》が土《つち》に着《つ》いたら、その力士《りきし》は負《ま》け。２人とも着《つ》いた場合《ばあい》は、先《さき》に着《つ》いた方《ほう》が負《ま》けです。

●これは例外《れいがい》

送《おく》り足《あし》

相手《あいて》をかかえて俵《たわら》の外《そと》に出《だ》す場合《ばあい》は、相手《あいて》の体《からだ》がういていて、自分《じぶん》の足《あし》が先《さき》に俵《たわら》の外《そと》についても負《ま》けにはなりません。

かばい手《て》

相手《あいて》といっしょにたおれて、自分《じぶん》が先《さき》に手《て》をついても、相手《あいて》がけがをするのを防《ふせ》ぐためなら、負《ま》けになりません。相手《あいて》が重心《じゅうしん》を失《うしな》ってもう起《お》き上《あ》がれない体勢《たいせい》（死《し》に体《たい》）だったかどうかで判断《はんだん》します。

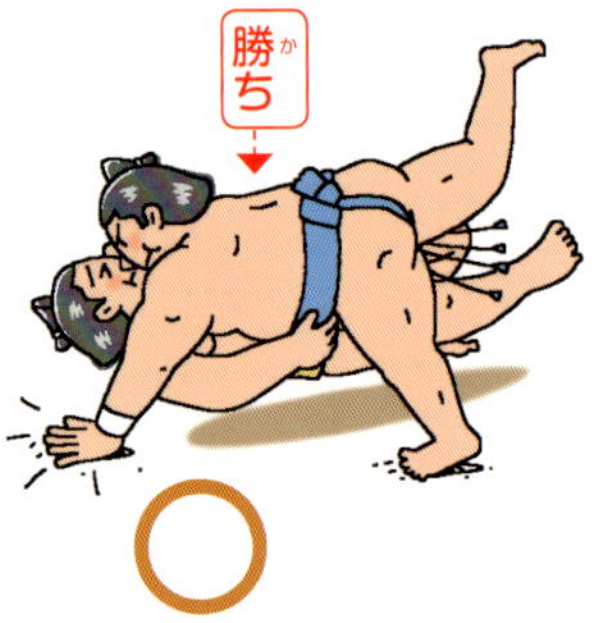

不浄負《ふじょうま》け

勝負《しょうぶ》がつく前《まえ》にまわしがはずれてしまうと負《ま》けになります。これを「不《ふ》浄負《じょうま》け」といいます。

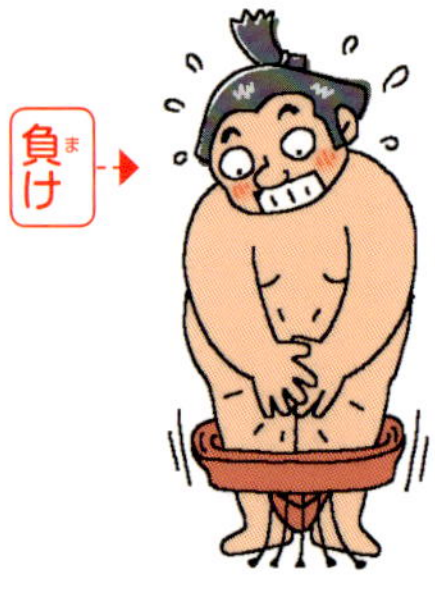

●これは反則《はんそく》（禁《きん》じ手《て》）

これらを行《おこな》うと負《ま》けになります。

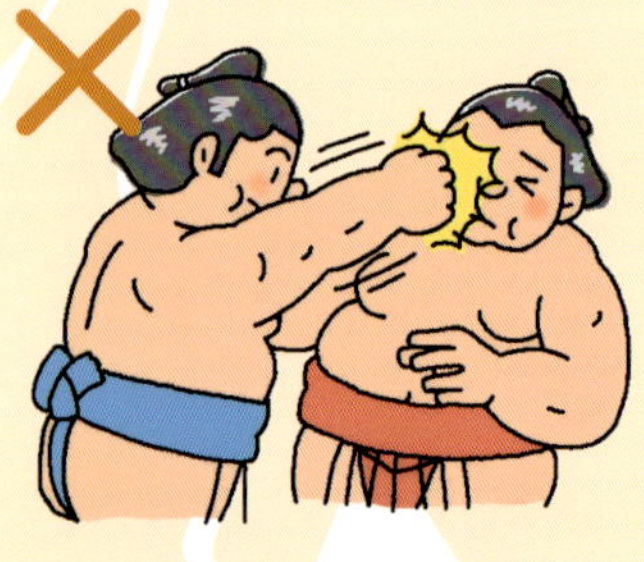

にぎりこぶしでなぐる。

まげをつかむ。

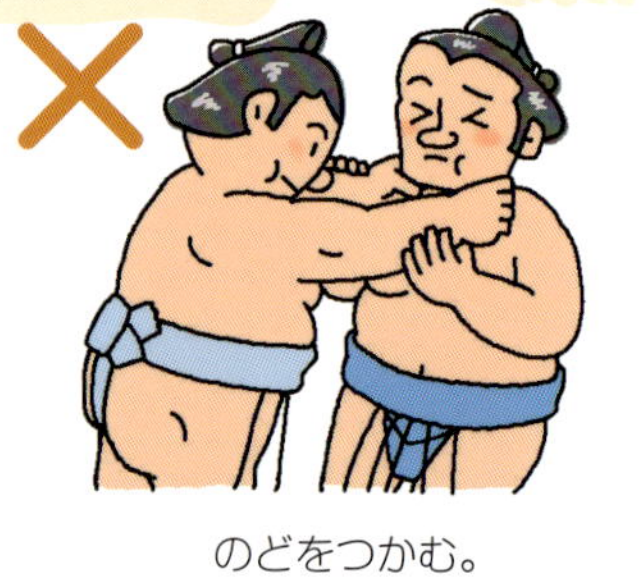

のどをつかむ。

どういう状態《じょうたい》を「死《し》に体《たい》」というか、具体的《ぐたいてき》な規定《きてい》はない。腰《こし》やひざがのび切《き》っている、つま先《さき》がういてかかとしかついていない、土俵《どひょう》に背《せ》を向《む》けて全身《ぜんしん》が空中《くうちゅう》にありもう技《わざ》をかけることができないといった場合《ばあい》に、死《し》に体《たい》とみなされる。

これはセーフ！これはアウト!!

俵《たわら》の上《うえ》は、土俵内《どひょうない》！まだ、残《のこ》れる！

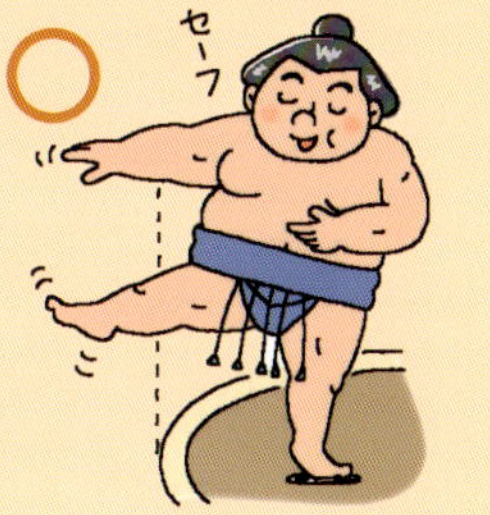

手《て》や足《あし》が、土俵《どひょう》より外《そと》に出《で》ても、宙《ちゅう》にういていれば負《ま》けではない。

まげが、相手《あいて》の体《からだ》より先《さき》に土《つち》に着《つ》いたら負《ま》け（まげは体《からだ》の一部《いちぶ》）。

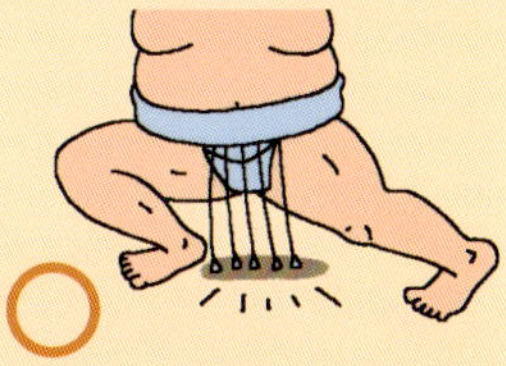

さがりが土《つち》に着《つ》くのは、負《ま》けではない。

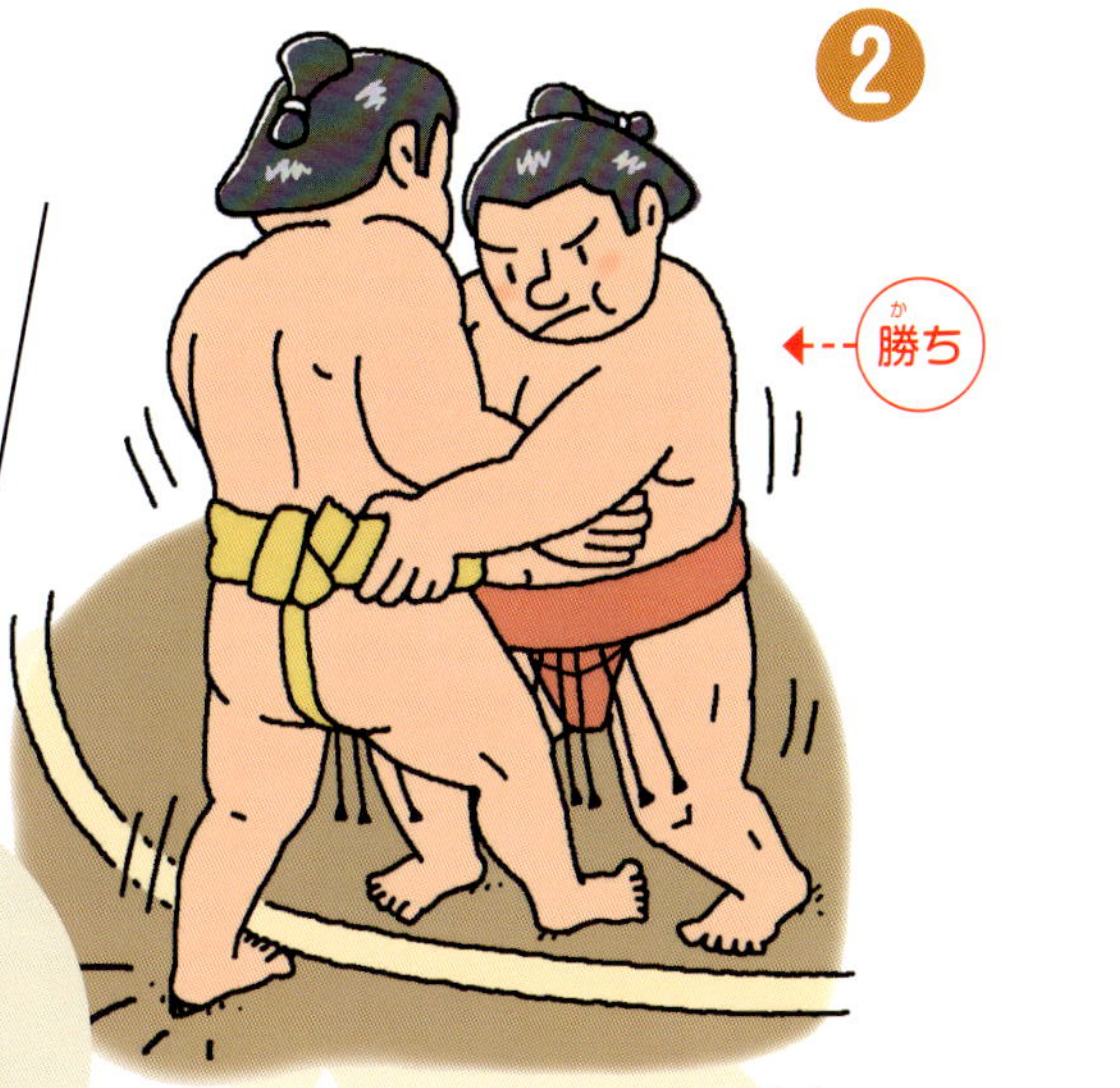

俵《たわら》の外側《そとがわ》に、体《からだ》の一部《いちぶ》が相手《あいて》より先《さき》に着《つ》いたら、その力士《りきし》は負《ま》けになります。

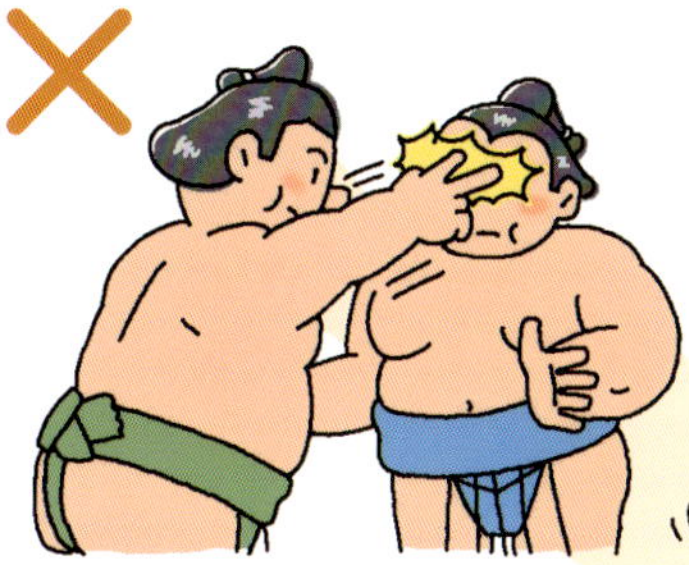

目《め》やみぞおちなどの急所《きゅうしょ》をつく。

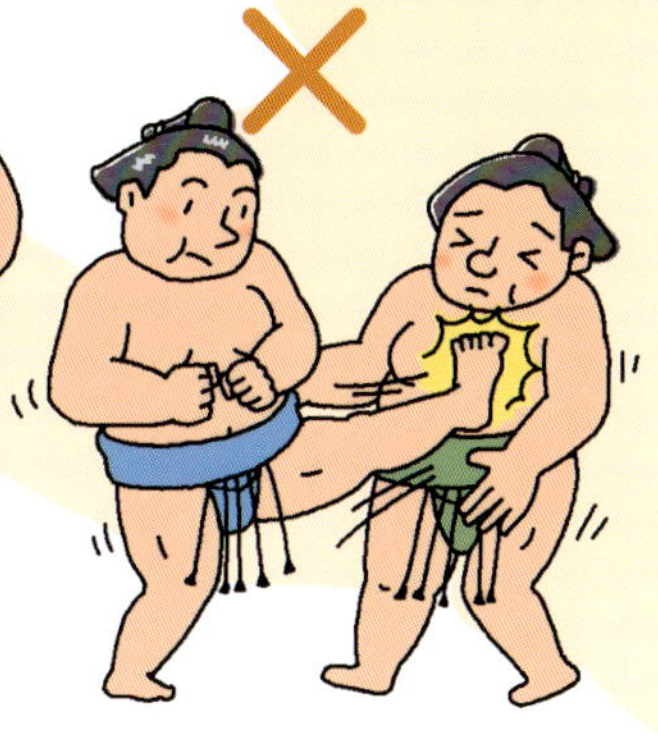

胸《むね》または腹《はら》をける。

両手《りょうて》で、相手《あいて》の両方《りょうほう》の耳《みみ》を同時《どうじ》に張《は》る。

1本《ぽん》または2本《ほん》の指《ゆび》を折《お》り返《かえ》す。

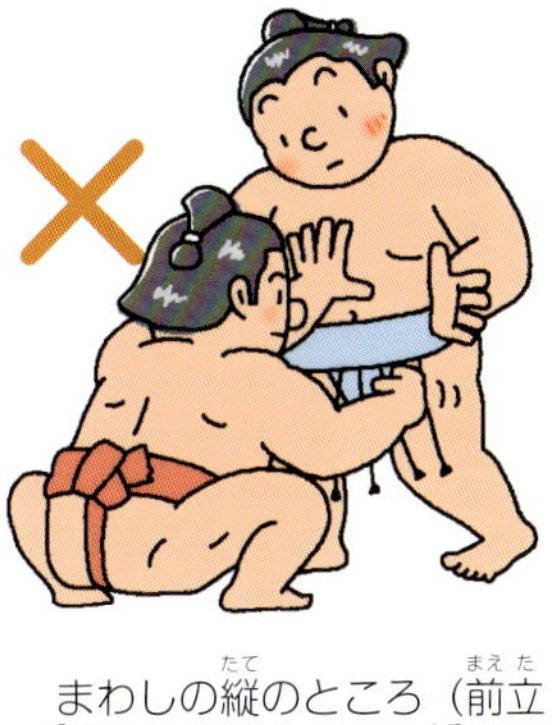

まわしの縦《たて》のところ（前立《まえた》て褌《みつ》）をつかんだり、横《よこ》から指《ゆび》を入《い》れて引《ひ》いたりする。

※ 規則《きそく》にはないが、引《ひ》っかいたりかみついたりするのもだめ

勝負《しょうぶ》についての話《はな》し合《あ》い「物言《ものい》い」

取組《とりくみ》をさばく時《とき》、行司《ぎょうじ》は、どちらかの力士《りきし》に軍配《ぐんばい》を上《あ》げなければなりません。行司《ぎょうじ》の判定《はんてい》に疑問《ぎもん》があれば、勝負審判《しょうぶしんぱん》かひかえ力士《りきし》は物言《ものい》いをつけることができます。物言《ものい》いがつくと、勝負審判《しょうぶしんぱん》が土俵上《どひょうじょう》で話《はな》し合《あ》い、勝《か》ち負《ま》けを決《き》めて発表《はっぴょう》します。

①軍配通《ぐんばいどお》り………軍配《ぐんばい》が上《あ》がった力士《りきし》の勝《か》ち

②行司《ぎょうじ》さしちがえ…軍配《ぐんばい》が上《あ》がった力士《りきし》の負《ま》け

③同体取《どうたいと》り直《なお》し……同時《どうじ》に土俵《どひょう》から出《で》たり、土《つち》に着《つ》いたりしたため、もう一番取《いちばんと》る

土俵下《どひょうした》の５人《にん》の審判委員《しんぱんいいん》のほかに、ビデオ室《しつ》にもうひとり審判委員《しんぱんいいん》がいて、物言《ものい》いがついた時《とき》は、ビデオ映像《えいぞう》も参考《さんこう》にする。行司《ぎょうじ》は、意見《いけん》を求《もと》められることはあるが、話《はな》し合《あ》いには参加《さんか》しない。

仕切《しき》りと立合《たちあ》い

おたがいの息《いき》を合《あ》わせ、よい立合《たちあ》いをして、有利《ゆうり》な展開《てんかい》をねらいます。

仕切《しき》りで息《いき》を合《あ》わせて立合《たちあ》いへ

相撲《すもう》の取組《とりくみ》には、スタートのホイッスルや「始《はじ》め!」などの合図《あいず》はなく、力士自身《りきしじしん》が相手《あいて》と息《いき》を合《あ》わせて始《はじ》めます。これは、日本《にっぽん》の伝統文化《でんとうぶんか》に則《のっと》る相撲《すもう》ならではのやり方《かた》です。「仕切《しき》り」をして、おたがいに息《いき》を合《あ》わせていきます。仕切《しき》り線《せん》の手前《てまえ》に両手《りょうて》をつき、十分《じゅうぶん》に腰《こし》を割《わ》って相手《あいて》の呼吸《こきゅう》をうかがいます。相手《あいて》も立《た》てると判断《はんだん》したら「立合《たちあ》い」をします。

仕切《しき》りの間《あいだ》には、勝負《しょうぶ》のかけ引《ひ》きも行《おこな》われています。

手《て》の位置《いち》と腰《こし》の高《たか》さに注目《ちゅうもく》

「つき」と「おし」でせめる「つきおし相撲《すもう》」(↓38ページ)が得意《とくい》な力士《りきし》は、仕切《しき》り線《せん》からはなれた位置《いち》に手《て》をつき、腰《こし》を高《たか》めにして勢《いきお》いよくつっこもうとします。相手《あいて》と組《く》み、まわしを取《と》ってせめる四《よ》つ相撲《すもう》(↓38ページ)が得意《とくい》な力士《りきし》は、腰《こし》を低《ひく》めにして仕切《しき》り線《せん》の近《ちか》くに手《て》をつき、すばやくまわしを取《と》ろうとします。

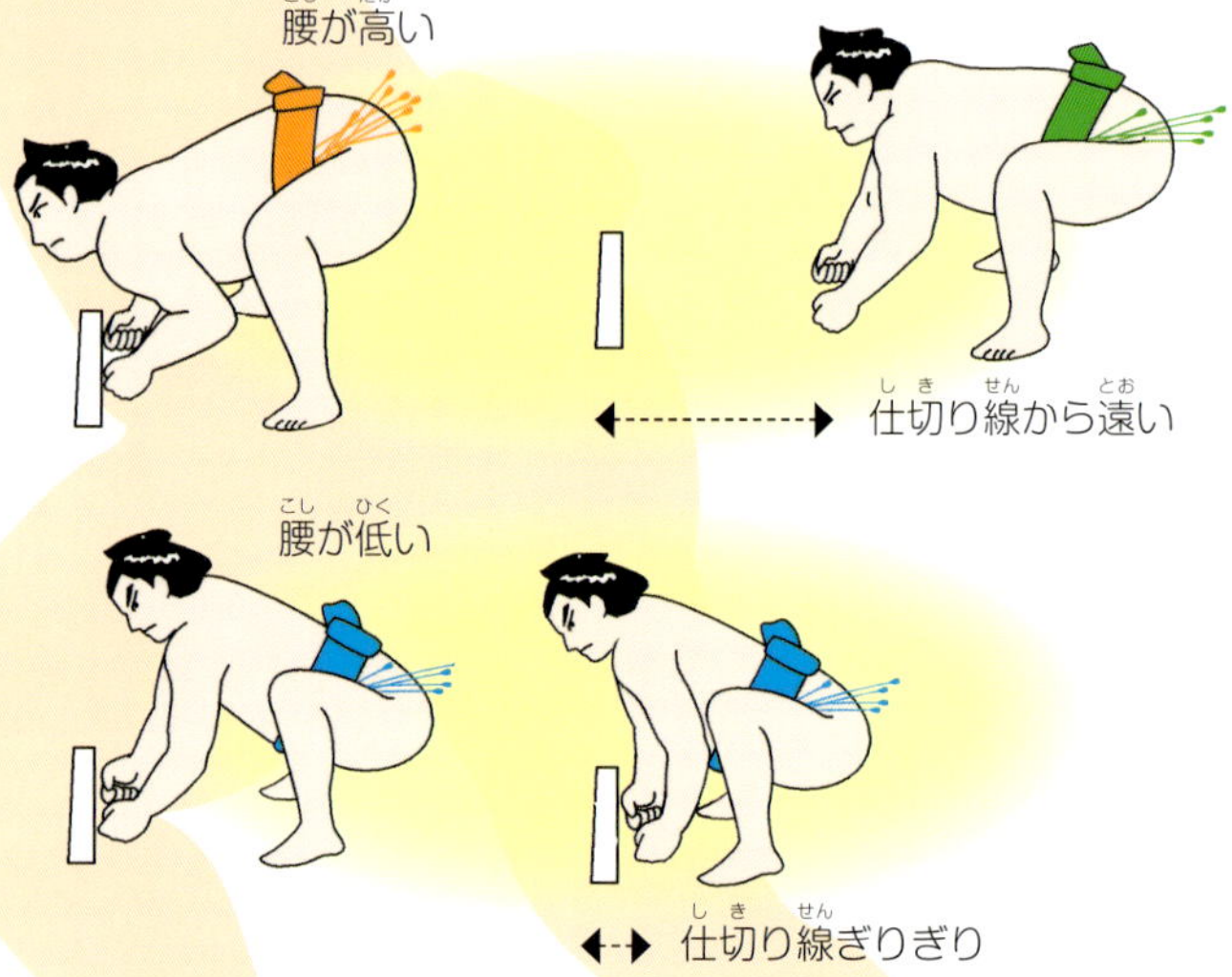

息《いき》が合《あ》わないと「待《ま》った」

仕切《しき》りで息《いき》を合《あ》わせて立合《たちあ》いをしますが、どうしても合《あ》わない場合《ばあい》もあります。その場《ば》合《あい》は、立合《たちあ》いが不成立《ふせいりつ》となり、行司《ぎょうじ》が「待《ま》った」をかけて仕切《しき》り直《なお》します。相撲《すもう》では、立合《たちあ》いをうまくいかせることが基本《きほん》とされ、「待《ま》った」はよいこととはされません。

仕切《しき》りを重《かさ》ねるうちに力士《りきし》の気合《きあい》が入《はい》り、肌《はだ》が赤《あか》くなっていくのがわかるぞ。

昔《むかし》は、仕切《しき》りに制限時間《せいげんじかん》はなく、100回《かい》も仕切《しき》りをしたことがあった。昭和《しょうわ》3(1928)年《ねん》にラジオでの大相撲放送《おおずもうほうそう》が始《はじ》まり、制限時間《せいげんじかん》が、幕内《まくうち》10分《ぷん》、十両《じゅうりょう》7分《ふん》、幕下以下《まくしたいか》5分《ふん》と決《き》められた。現在《げんざい》の制限時間《せいげんじかん》になったのは昭和《しょうわ》25(1950)年《ねん》。

立合《たちあ》いでの作戦《さくせん》

立合《たちあ》いは、相手《あいて》がどんな相撲《すもう》を取《と》るのか、自分《じぶん》がどんな相撲《すもう》を取《と》りたいのか、おたがいの気持《きも》ちと作戦《さくせん》がぶつかる瞬間《しゅんかん》です。立合《たちあ》いがどう決《き》まるかで、勝負《しょうぶ》のゆくえは大《おお》きく左右《さゆう》されます。両者《りょうしゃ》がガツンとぶつかる、激《はげ》しく真剣《しんけん》な立合《たちあ》いが、観客《かんきゃく》をわき立《た》たせるのです。

ぶちかまし

頭《あたま》を低《ひく》く下《さ》げて、相手《あいて》の胸《むね》から頭《あたま》に当《あ》たる。姿勢《しせい》が低過《ひくす》ぎると、はたかれることがある。

つっぱり

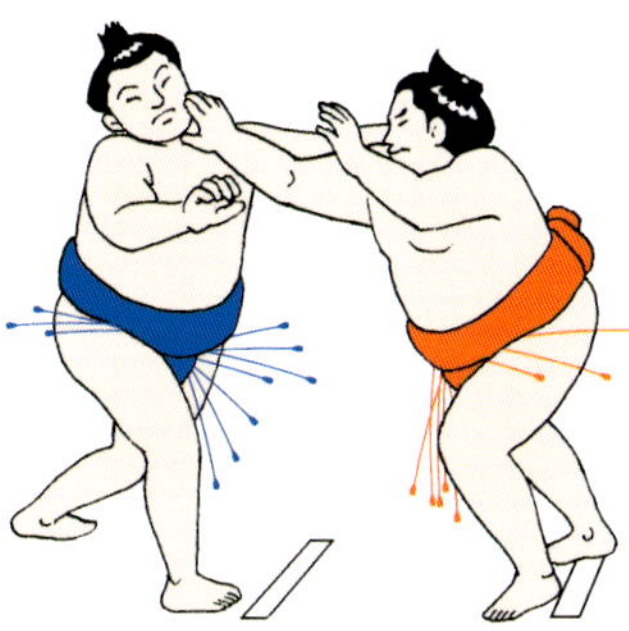

左右《さゆう》の手《て》で、交互《こうご》に相手《あいて》の胸《むね》をつき、そのままおしこむか、相手《あいて》の上体《じょうたい》を起《お》こし、下《した》に入《はい》ることをねらう。

もろ手《て》づき

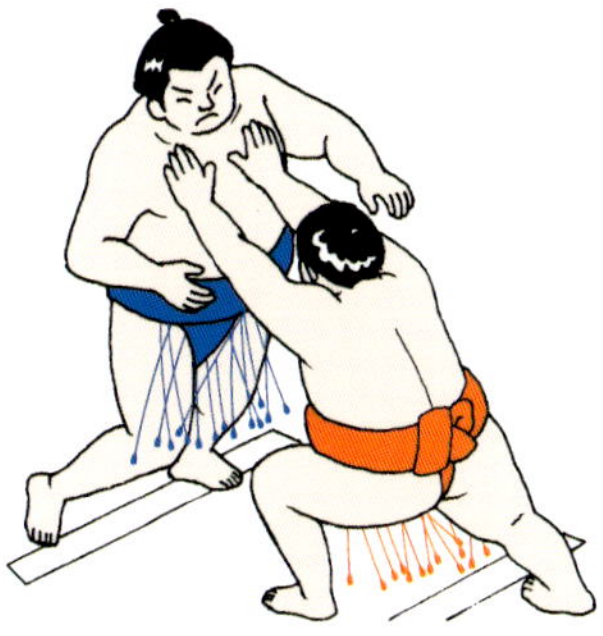

両手《りょうて》を、相手《あいて》の胸《むね》や肩《かた》に同時《どうじ》に当《あ》てる。相手《あいて》の出足《であし》を止《と》め、一気《いっき》におしこむことをねらう。

のど輪《わ》

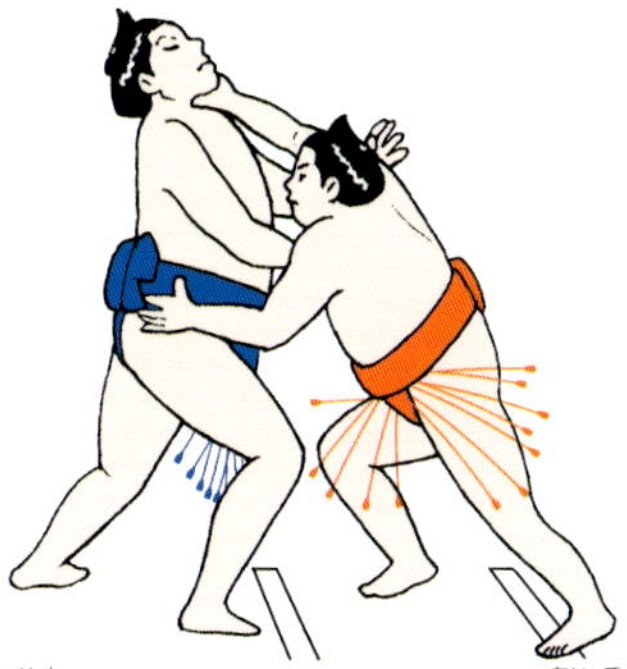

手《て》を筈《はず》（→38ページ）にして、相手《あいて》ののどに当《あ》てる。相手《あいて》をのけぞらせ、後退《こうたい》させることをねらう。

ねこだまし

相手《あいて》の目《め》の前《まえ》で、両手《りょうて》をたたく。相手《あいて》がびっくりして出足《であし》が止《と》まる間《あいだ》に有利《ゆうり》な体勢《たいせい》に持《も》ちこむことをねらう。

かわる（変化《へんか》）

まっすぐぶつからず、右《みぎ》か左《ひだり》にすばやく動《うご》く。低《ひく》い体勢《たいせい》の相手《あいて》をはたきこんだり、先《さき》に上手《うわて》を取《と》ったりすることをねらう。

かち上《あ》げ

やや半身《はんみ》になり、ひじを曲《ま》げて前腕部《ぜんわんぶ》で相手《あいて》の胸《むね》からあごのあたりをつき上《あ》げる。突進《とっしん》してくる相手《あいて》の上体《じょうたい》を起《お》こす。

張《は》り手《て》

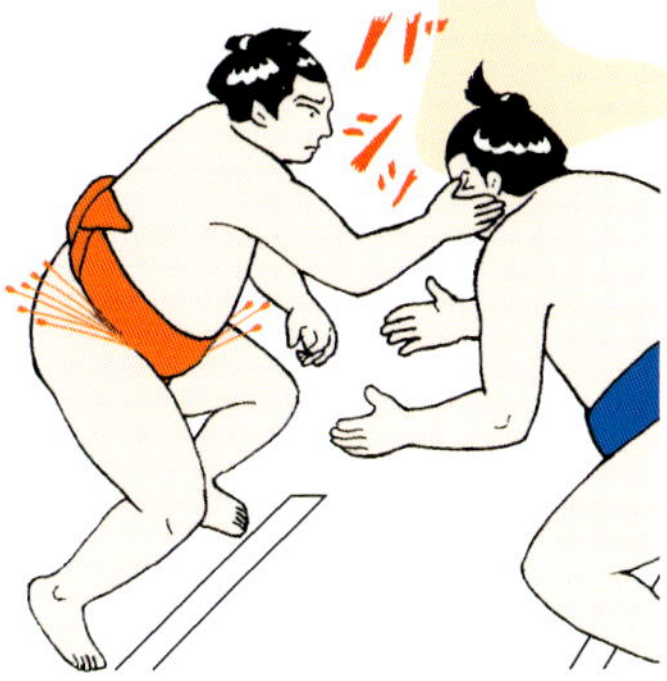

立合《たちあ》いの瞬間《しゅんかん》に、相手《あいて》の顔《かお》を平手《ひらて》で張《は》る。相手《あいて》の出足《であし》を止《と》め、そのすきにうでを差《さ》すなどをねらう。

制限時間《せいげんじかん》いっぱい、「待《ま》ったなし！」

力士《りきし》は、仕切《しき》りで息《いき》を合《あ》わせていきますが、いつまでも仕切《しき》りをしていてよいわけではなく、制限時間内《せいげんじかんない》に立合《たちあ》いをしなければなりません。制《せい》限時間《げんじかん》は、幕内《まくうち》は4分《ぶん》、十両《じゅうりょう》は3分《ぶん》、幕下以下《まくしたいか》は2分《ふん》です。

時間《じかん》は、勝負審判《しょうぶしんぱん》の中《なか》の時《と》計係《けいがかり》が計《はか》っていて、制限時間《せいげんじかん》いっぱいになると、軽《かる》く手《て》を上《あ》げて合図《あいず》します。行司《ぎょうじ》は軽《かる》くうなずき、力士《りきし》には、呼出《よびだ》しが知《し》らせます。行司《ぎょうじ》が「時《じ》間《かん》です。待《ま》ったなし」と言《い》い、軍配《ぐんばい》を返《かえ》します。制限時間《せいげんじかん》が過《す》ぎてわざと立《た》たないと負《ま》けになる場合《ばあい》があります。

土俵《どひょう》に仕切《しき》り線《せん》が引《ひ》かれるようになったのは、昭和《しょうわ》3（1928）年以降《ねんいこう》。それ以前《いぜん》は、土俵《どひょう》の中央《ちゅうおう》で、おたがいに頭《あたま》をつけ合《あ》う仕切《しき》りも見《み》られた。仕切《しき》り線《せん》が引《ひ》かれたことで、両者《りょうしゃ》が距離《きょり》をあけて仕切《しき》り、立《た》ち合《あ》いでぶつかり合《あ》うようになった。

相撲《すもう》の勝負《しょうぶ》のポイント②

相撲《すもう》の取《と》り方《かた》

つきおし相撲《ずもう》と四《よ》つ相撲《ずもう》

相撲《すもう》の取《と》り方《かた》は、大《おお》きく2つに分《わ》けられます。

2つの取《と》り口《くち》

相撲《すもう》の取《と》り方《かた》を、〝取《と》り口《くち》〟といいます。まわしを取《と》らず、ついたりおしたりする「つきおし相撲《ずもう》」と、まわしを取《と》って、組《く》んだり投《な》げたりの「四《よ》つ相撲《ずもう》」があります。それぞれの力士《りきし》には、得意《とくい》な取《と》り口《くち》があります。

「つき」と「おし」でせめる　つきおし相撲《ずもう》

「おし」は、相撲《すもう》の最《もっと》も基本《きほん》的《てき》な技《わざ》です。「つき」は、相手《あいて》の上半身《じょうはんしん》めがけて手《て》の平《ひら》を素《す》早《ばや》く当《あ》てる技《わざ》です。このほかに、「つっぱり」や「のど輪《わ》」(↓37ページ) を使《つか》うこともあります。

はずおし

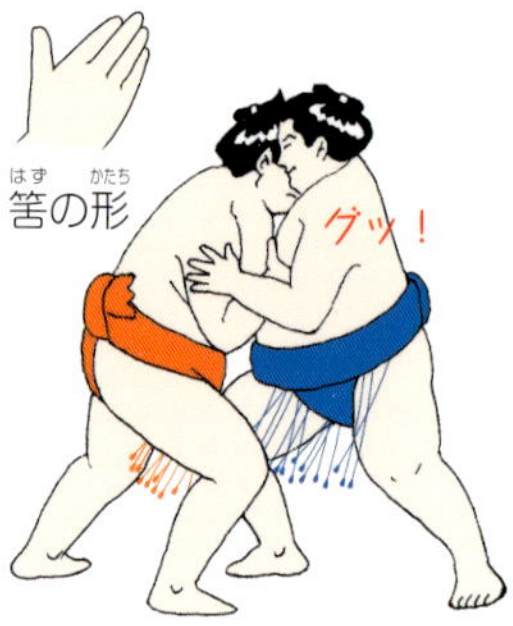

「おし」の基本《きほん》の方法《ほうほう》。手《て》の親指《おやゆび》を立《た》て、ほかの4本《ほん》の指《ゆび》をのばして、矢《や》の筈《はず》に似《に》たY字《じ》の形《かたち》にする。これを、相手《あいて》のわきの下《した》に当《あ》てておしこむ。

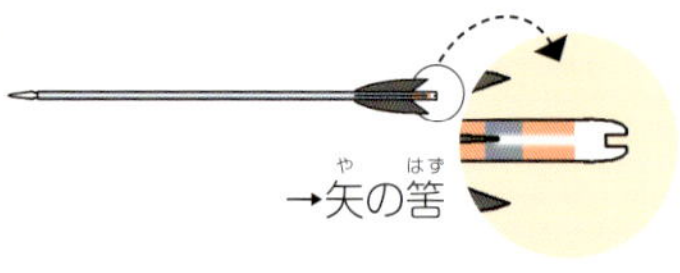

相手《あいて》と組《く》み、まわしを取《と》る　四《よ》つ相撲《ずもう》

どちらかがまわしを取《と》って組《く》み合《あ》った状態《じょうたい》を「四《よ》つ」といいます。相手《あいて》のうでの下《した》に、自分《じぶん》の手《て》を入《い》れてまわしをつかむことを、「差《さ》す」、「下手《したて》を取《と》る」といいます。

「四《よ》つ」には、組《く》み方《かた》によって「右四《みぎよ》つ」、「左四《ひだりよ》つ」、「もろざし」、「外四《そとよ》つ」があります。それぞれの力士《りきし》には得意《とくい》な形《かたち》があるので、なんとか自分《じぶん》が得意《とくい》な形《かたち》に組《く》んで、有利《ゆうり》になろうとします。これを差《さ》し手争《であらそ》いといいます。有利《ゆうり》な組《く》み方《かた》になれば、一気《いっき》に前《まえ》に進《すす》む「寄《よ》り」や「投《な》げ」の技《わざ》をくり出《だ》しやすくなります。

右四《みぎよ》つ

おたがいに右《みぎ》うでを差《さ》して組《く》んでいる状態《じょうたい》。

左四《ひだりよ》つ

おたがいに左《ひだり》うでを差《さ》して組《く》んでいる状態《じょうたい》。

相四《あいよ》つ・けんか四《よ》つ

得意《とくい》な組《く》み方《かた》が、右四《みぎよ》つ(または左四《ひだりよ》つ)同士《どうし》の力士《りきし》を「相四《あいよ》つ」という。得意《とくい》の組《く》み方《かた》がちがうと「けんか四《よ》つ」で、おたがいに自分《じぶん》の得《とく》意《い》な形《かたち》になろうとする。

けんか四《よ》つで差《さ》し手争《であらそ》い

テレビの解説《かいせつ》などでよく出《で》てくる用《よう》語《ご》なので、覚《おぼ》えておくと、観戦《かんせん》が充《じゅう》実《じつ》するぞ！

つきおし相撲《すもう》が得意《とくい》な力士《りきし》は、四《よ》つ相撲《すもう》が得意《とくい》な相手《あいて》にまわしを取《と》られてしまうと不利《ふり》になる。そこで、指《ゆび》が通《とお》らないほどまわしをきつくしめ、取《と》られにくくすることがある。

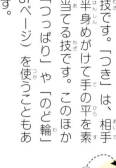

四《よ》つ相撲《ずもう》での技《わざ》

四《よ》つに組《く》んだ後《あと》も、有利《ゆうり》な状態《じょうたい》になるために、さまざまな技《わざ》を出《だ》します。

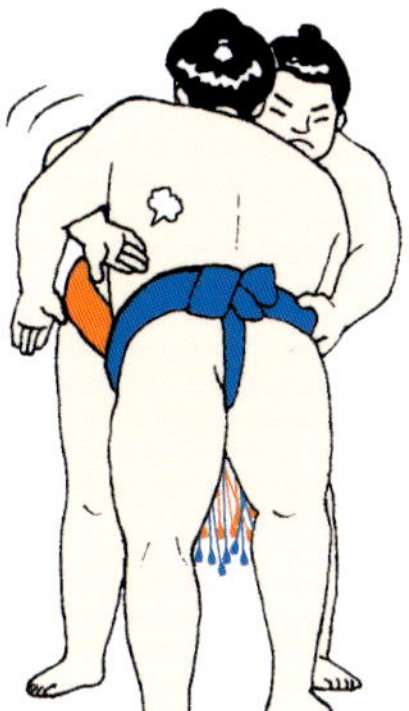

差《さ》し手《で》（腕《かいな》）を返《かえ》す

差《さ》したうでを相手《あいて》の背中《せなか》に回《まわ》し、ひじを張《は》る。相手《あいて》の上手《うわ て》が上《あ》がり、自分《じぶん》のまわしが取《と》られにくくなる。

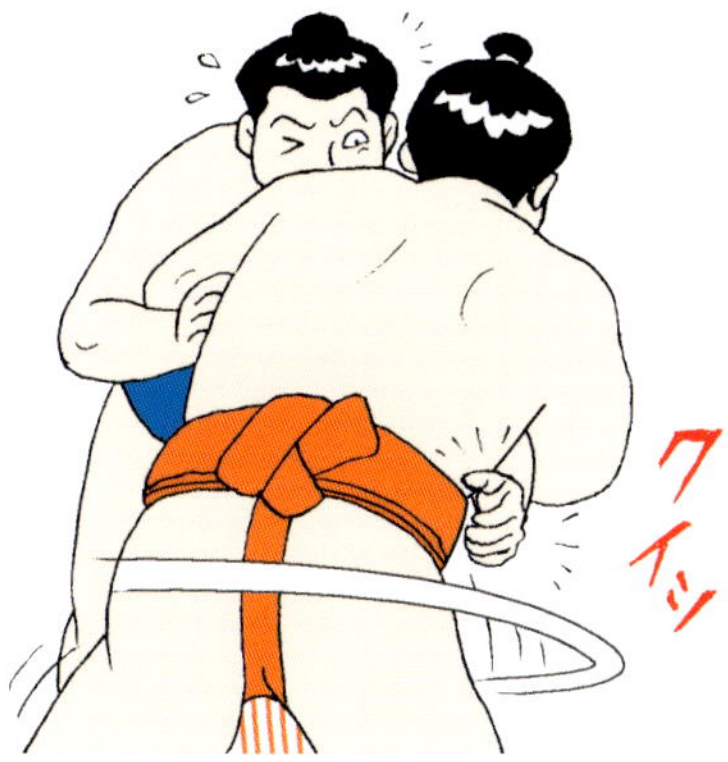

まわしを切《き》る

まわしをつかまれている手《て》を、まわしからはなさせる。腰《こし》をひねったり、手《て》で相手《あいて》の手《て》をおし下《さ》げたりする。

しぼる

相手《あいて》のひじをのばし、下《した》から内側《うちがわ》の上《うえ》にしぼるようにおし上《あ》げる。相手《あいて》の体《からだ》を起《お》こして、バランスをくずすことができる。

巻《ま》きかえる

上手《うわて》だった手《て》を、相手《あいて》の手《て》の下《した》を通《とお》して下手《したて》に差《さ》しかえる。体《からだ》を相手《あいて》から少《すこ》しはなし、すばやく巻《ま》きかえる。自分《じぶん》の不得意《ふとくい》な四《よ》つから得意《とくい》な四《よ》つにかえる時《とき》に使《つか》う。

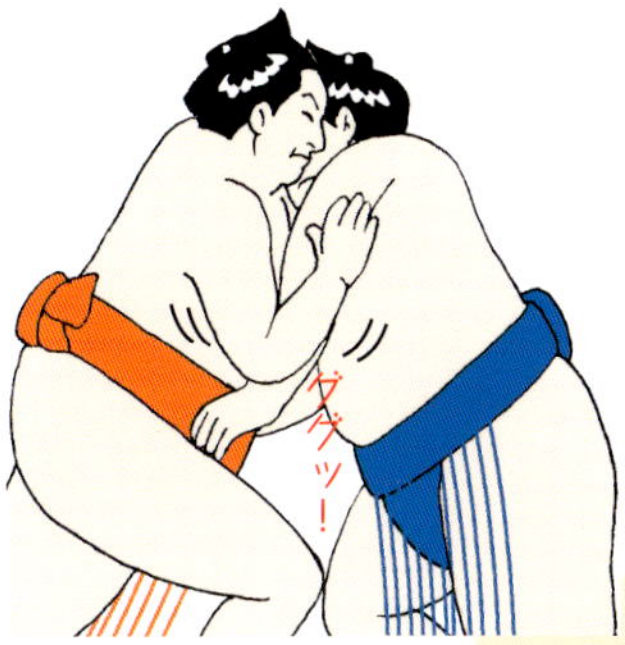

おっつけ

わきをしめて、相手《あいて》のうでを外側《そとがわ》からしぼり、下《した》からおし上《あ》げるようにする。相手《あいて》のつっぱりや、相手《あいて》にまわしを取《と》られることを防《ふせ》ぐ。四《よ》つ相撲《ずもう》でも有効《ゆうこう》。

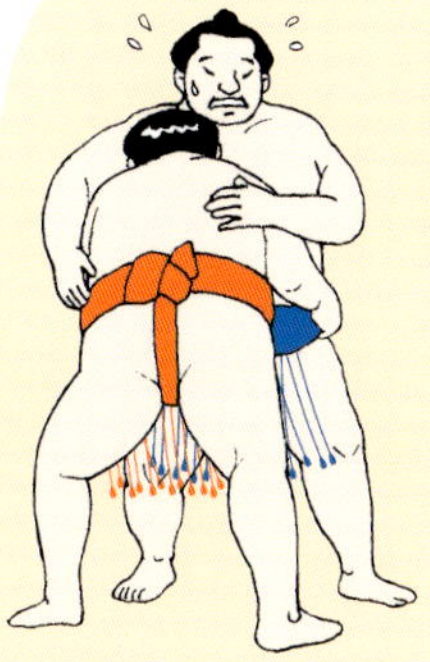

もろざし

左右《さゆう》のうでが、両方《りょうほう》とも相手《あいて》のうでの下《した》に入《はい》った状態《じょうたい》。相手《あいて》を下《した》からせめ、腰《こし》を高《たか》くさせられるので、有利《ゆうり》な体勢《たいせい》。（この時《とき》、相手《あいて》がまわしを取《と》っていれば相手《あいて》は「外四《そとよ》つ」の状態《じょうたい》）

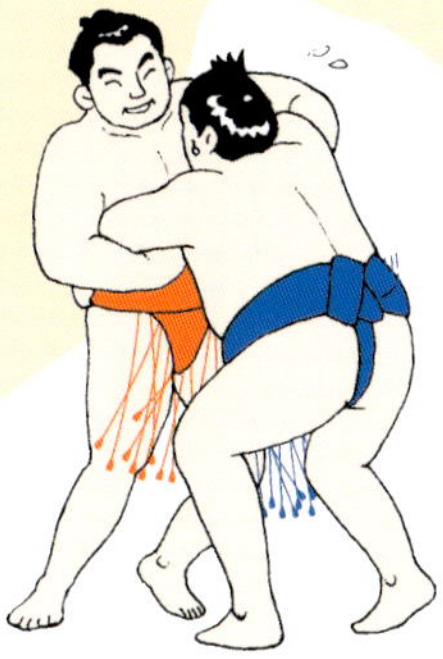

かんぬき

もろざしになられた方《ほう》が、相手《あいて》のまわしを取《と》らず、両《りょう》うでで、外側《そとがわ》から相手《あいて》の両《りょう》ひじをしめつけて、動《うご》けなくすることを「かんぬきにきめる」という。

がっぷり四《よ》つで“水入《みずい》り”に

四《よ》つ相撲《ずもう》の力士同士《りきしどうし》が対戦《たいせん》すると、おたがいに両《りょう》まわしを取《と》り合《あ》って、がっちりと組《く》み合《あ》うことがあります。このような状態《じょうたい》を「がっぷり四《よ》つ」といい、動《うご》きが止《と》まって相撲《すもう》が長引《ながび》くことがあります。

取組開始《とりくみかいし》から4～5分《ふん》たっても勝負《しょうぶ》がつかず動《うご》かない場合《ばあい》、勝負審判《しょうぶしんぱん》の時計係《とけいがかり》の合図《あいず》で行司《ぎょうじ》が「待《ま》った」をかけ、両者《りょうしゃ》をいったん分《わ》けます。力士《りきし》は、土俵《どひょう》を下《お》りて水《みず》を口《くち》につけ、少《すこ》し休《やす》みます。これを、水入《みずい》りといいます。そして、同《おな》じ体勢《たいせい》に組《く》み直《なお》してから、行司《ぎょうじ》の合図《あいず》で取組《とりくみ》を再開《さいかい》します。

四《よ》つ相撲《ずもう》では「下手《したて》は深《ふか》く、上手《うわて》は浅《あさ》く」と言《い》われる。相手《あいて》の背中側《せなかがわ》のまわしを下手《したて》で取《と》ると、相手《あいて》の上手《うわて》が利《き》きにくくなる。また、相手《あいて》の腹側《はらがわ》のまわしを上手《うわて》で取《と》ると、相手《あいて》の体《からだ》を起《お》こして、うかせることができる。

勝負《しょうぶ》を決《き》める技《わざ》

決《き》まり手《て》

相撲《すもう》の勝負《しょうぶ》がつく時《とき》の技《わざ》を、決《き》まり手《て》といいます。現在《げんざい》、決《き》まり手《て》は、82種類《しゅるい》あります。

決《き》まり手《て》〝全《ぜん》82種類《しゅるい》〟総覧《そうらん》

「寄《よ》り切《き》り」と「押《お》し出《だ》し」は、よく出《で》る決《き》まり手《て》です。勝負《しょうぶ》のおよそ半分《はんぶん》は、この2つの技《わざ》で決《き》まっています。体《からだ》がやわらかく、足腰《あしこし》のばねがある力士《りきし》でないと出《だ》せないめずらしい決《き》まり手《て》もあります。めったに見《み》られない決《き》まり手《て》が出《で》ると、観客《かんきゃく》が盛《も》り上《あ》がります。小柄《こがら》な力士《りきし》は、体重《たいじゅう》では勝負《しょうぶ》しない分《ぶん》、いろいろな技《わざ》を使《つか》う傾向《けいこう》があります。

※ 赤《あか》いまわしの力士《りきし》が勝《か》ち。
※ ＝よく使《つか》われる決《き》まり手《て》。
※ 珍＝めったに出《で》ない決《き》まり手《て》。

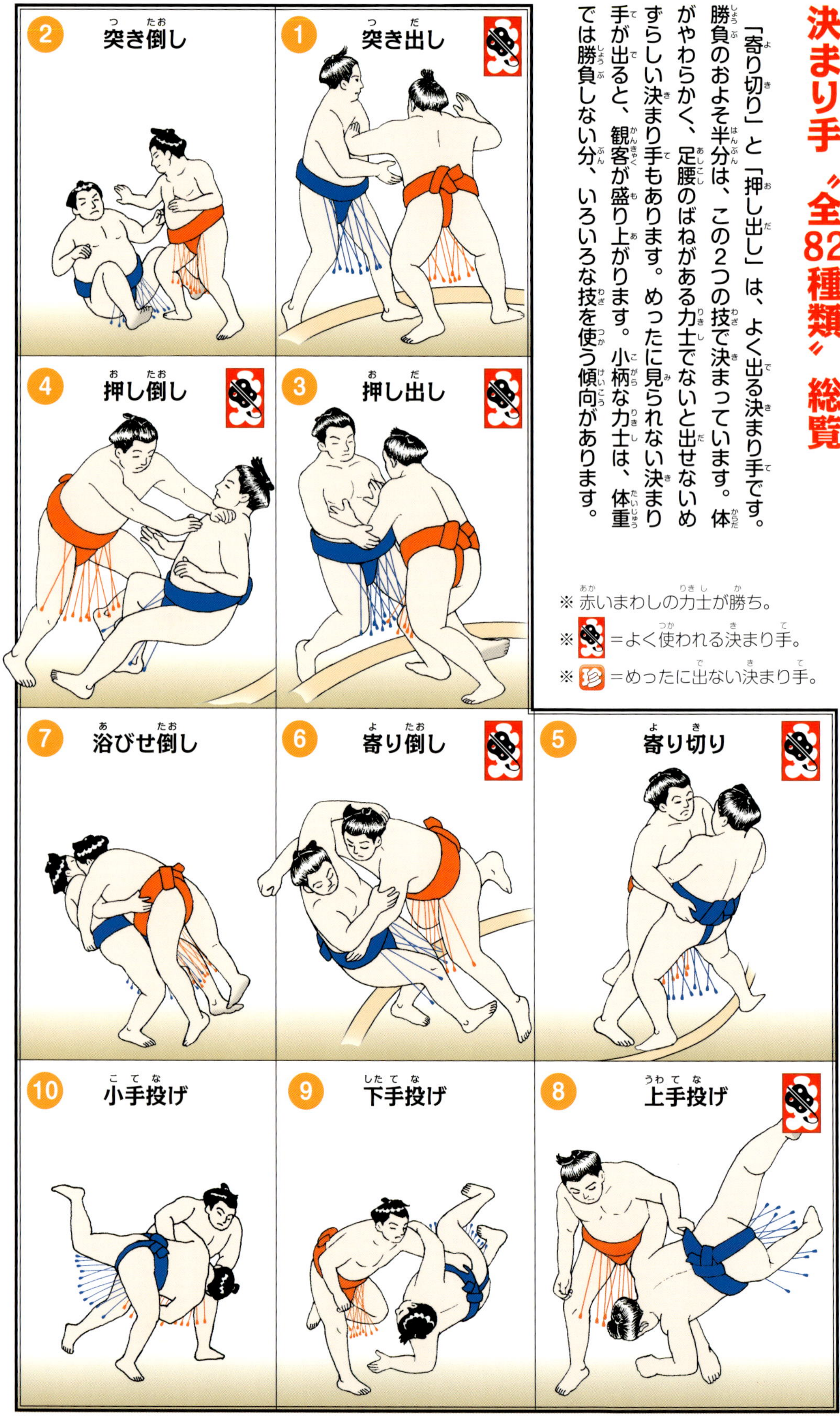

室町時代《むろまちじだい》には、48手《て》の決《き》まり手《て》があったとされるが、これはたくさんの技《わざ》があることを、縁起《えんぎ》のよい数《かず》で表《あらわ》したものとも考《かんが》えられる。その後《ご》、江戸時代《えどじだい》に土俵《どひょう》ができると、寄《よ》り切《き》り、押《お》し出《だ》し、突《つ》き出《だ》しなどの決《き》まり手《て》が生《う》まれた。

11 掬《すく》い投《な》げ

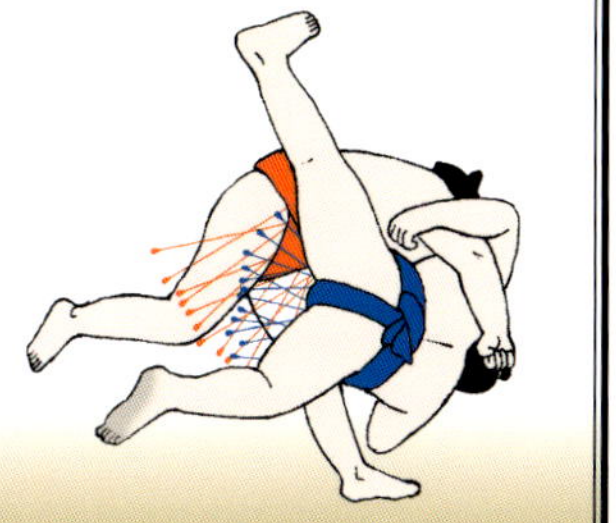

12 上手《うわて》出《だ》し投《な》げ

13 下手《したて》出《だ》し投《な》げ

14 腰《こし》投《な》げ 珍

15 首《くび》投《な》げ

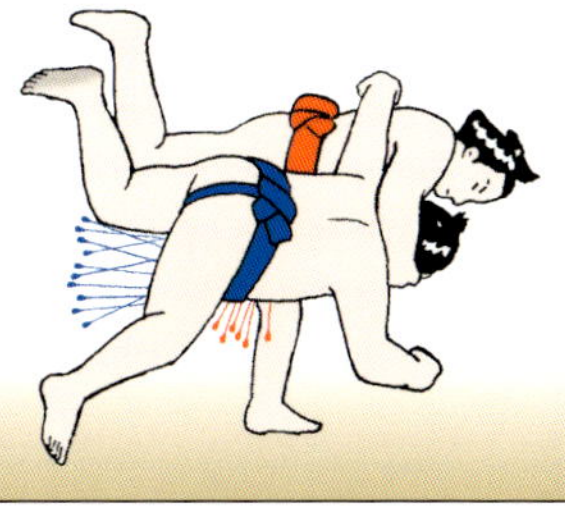

16 一本《いっぽん》背《ぜ》負《お》い

17 二《に》丁《ちょう》投《な》げ

相手《あいて》のひざの外側《そとがわ》に足《あし》をかけてはらうように投《な》げる。

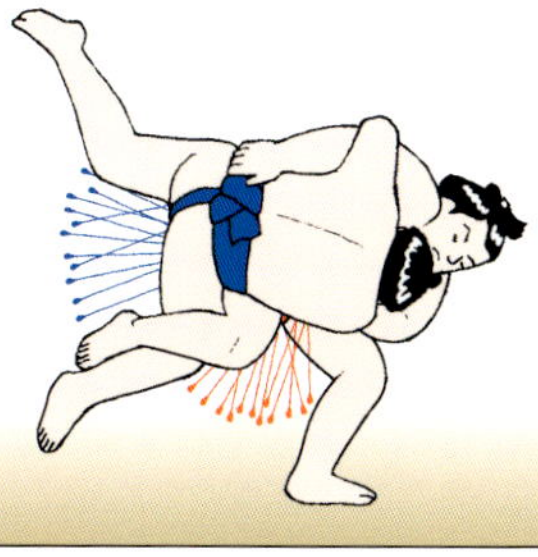

18 櫓《やぐら》投《な》げ

相手《あいて》の股《また》に足《あし》を入《い》れて持《も》ち上《あ》げ、ふり投《な》げる。

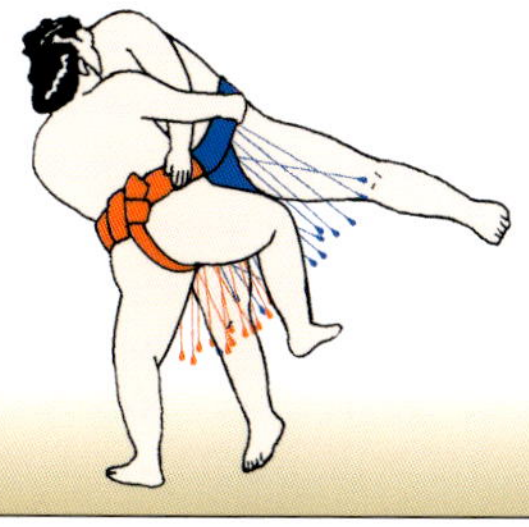

19 掛《か》け投《な》げ

20 つかみ投《な》げ 珍

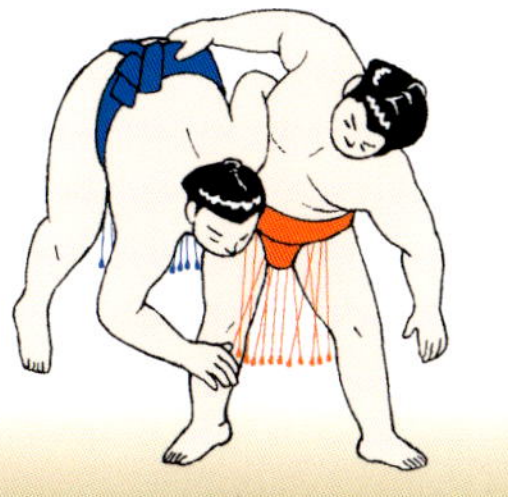

21 内《うち》掛《が》け

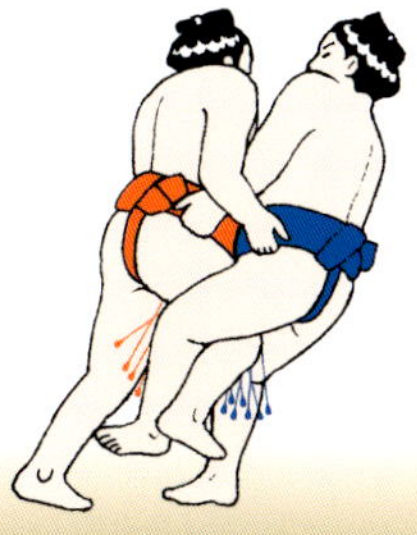

22 外《そと》掛《が》け

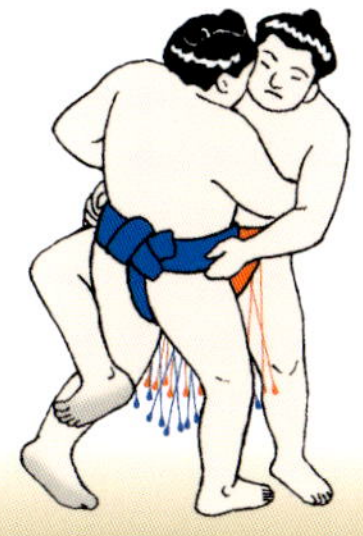

23 ちょん掛《が》け

相手《あいて》のかかとにつま先《さき》をかけてひねりたおす。

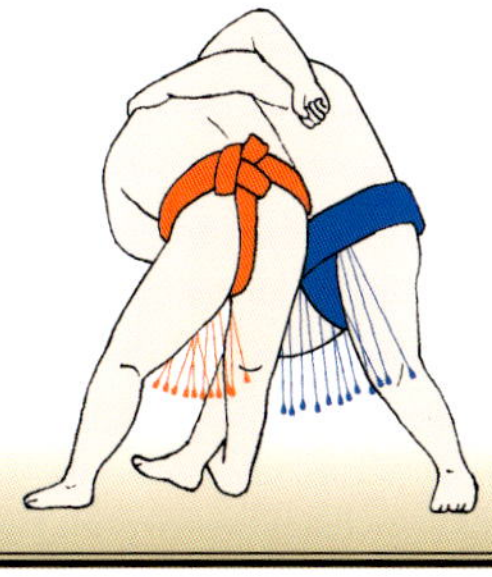

24 切《き》り返《かえ》し

25 河《かわ》津《ず》掛《が》け

相手《あいて》の足《あし》の内側《うちがわ》に足《あし》をからめて反《そ》りたおす。

26 蹴《け》返《かえ》し

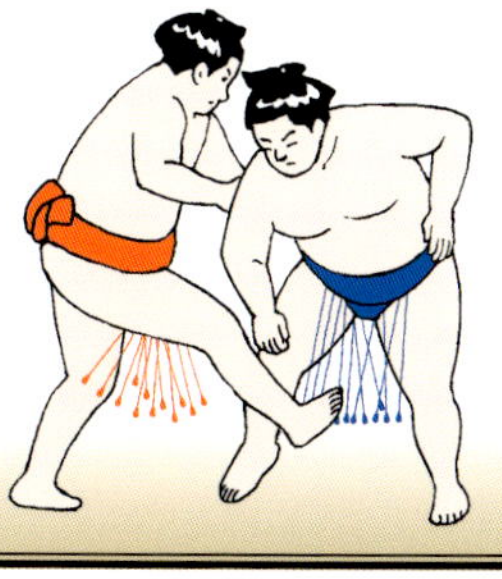

昭和《しょうわ》10（1935）年《ねん》に、56手《て》が決まり手《て》として制定《せいてい》された。その後《ご》、昭和《しょうわ》30（1955）年《ねん》に68手《て》、昭和《しょうわ》35（1960）年《ねん》に70手《て》となった。平成《へいせい》13（2001）年《ねん》に、12手《て》の決まり手《て》が追加《ついか》され、82手《て》になった。

27 蹴手繰《けたぐ》り

28 三所攻《みところぜ》め 珍

相手《あいて》の足《あし》に足《あし》をかけ、同時《どうじ》に逆《ぎゃく》の足《あし》を手《て》で取《と》り、頭《あたま》で胸《むね》をおす。

29 渡《わた》し込《こ》み

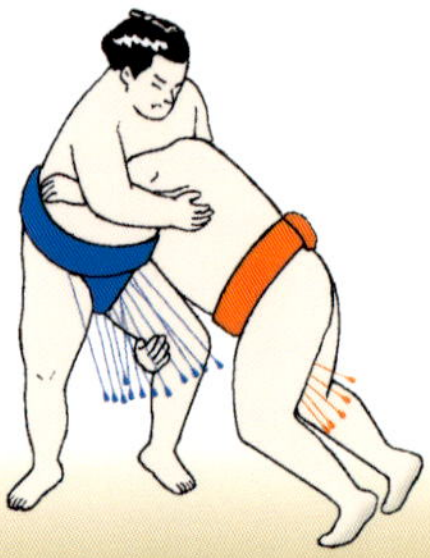

30 二枚蹴《にまいげ》り

31 小股掬《こまたすく》い

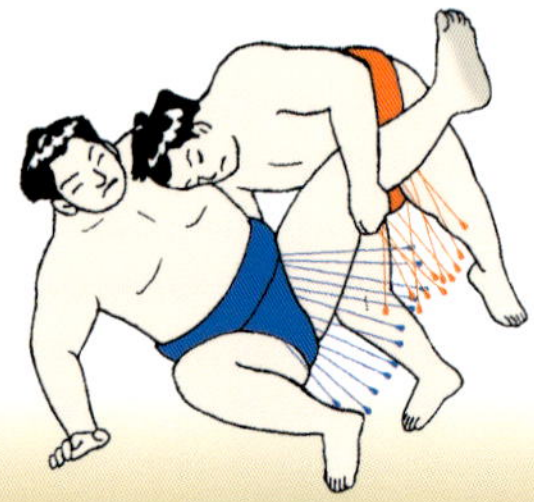

32 外小股《そとこまた》 珍

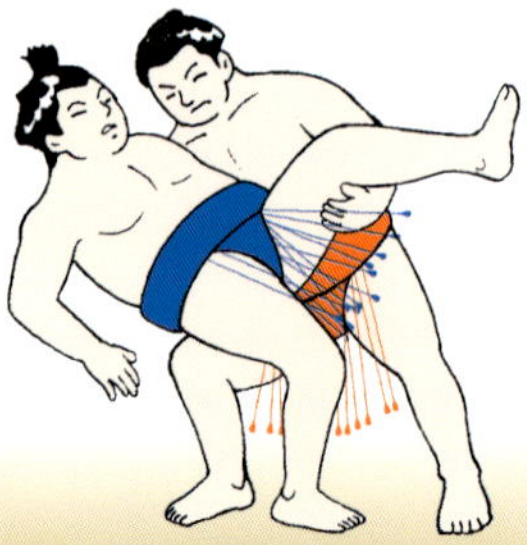

33 大股《おおまた》 珍

34 褄取《つまと》り 珍

相手《あいて》のつま先《さき》をつかみ、後《うし》ろに引《ひ》き上《あ》げてたおす。

35 小褄取《こづまと》り

相手《あいて》の足首《あしくび》を前《まえ》からつかみ、引《ひ》き上《あ》げてたおす。

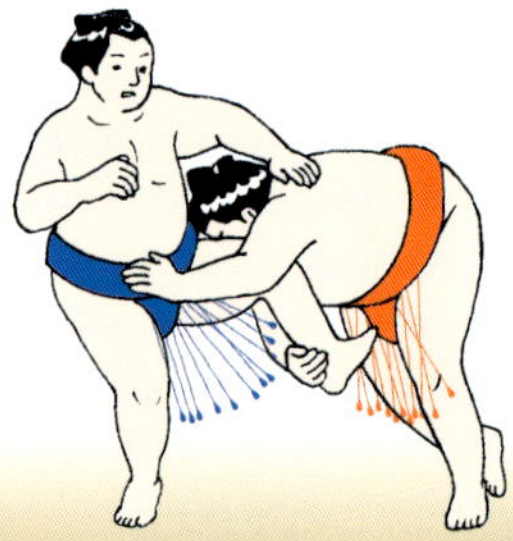

36 足取《あしと》り

両手《りょうて》で相手《あいて》の足《あし》をかかえ、たおすか、外《そと》に出《だ》す。

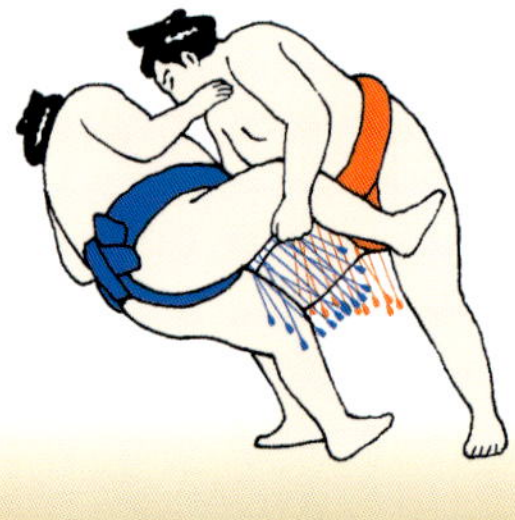

37 裾取《すそと》り

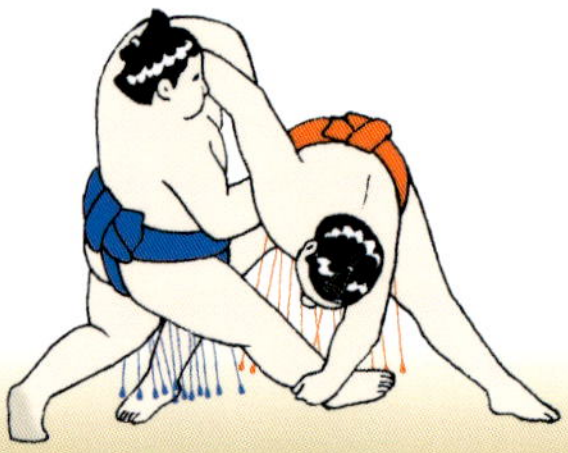

38 裾払《すそはら》い

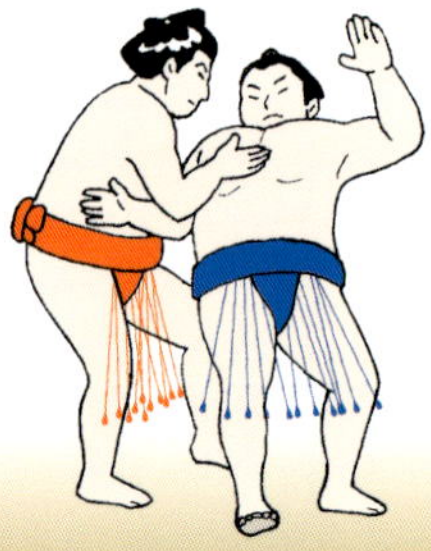

39 居反《いぞ》り 珍

のしかかってきた相手《あいて》をかかえ上《あ》げて後《うし》ろに反《そ》ってたおす。

40 撞木反《しゅもくぞ》り 珍

のしかかってきた相手《あいて》をかついで反《そ》りたおす。

41 掛《か》け反《ぞ》り 珍

相手《あいて》のわきの下《した》に頭《あたま》を入《い》れ、足《あし》もかけて後《うし》ろへたおす。

42 たすき反《ぞ》り 珍

背中《せなか》に相手《あいて》の体《からだ》をたすきがけにして反《そ》りたおす。

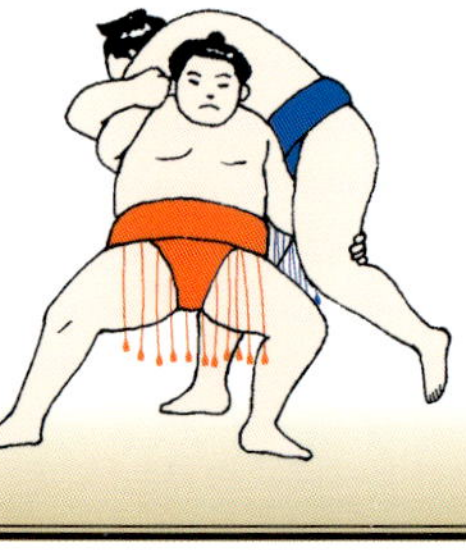

昭和時代以降《しょうわじだいいこう》2017年《ねん》までに、41番《ばん》・掛《か》け反《ぞ》り、43番《ばん》・外《そと》たすき反《ぞ》りは、一度《いちど》も出《で》ていない。40番《ばん》・撞木反《しゅもくぞ》り、42番《ばん》・たすき反《ぞ》りは、一度《いちど》だけあった。2001年《ねん》に増《ふ》えた決《き》まり手《て》のうち、61番《ばん》・徳利投《とっくりな》げと75番《ばん》・送《おく》り掛《が》けは、幕内《まくうち》では出《で》ていない。

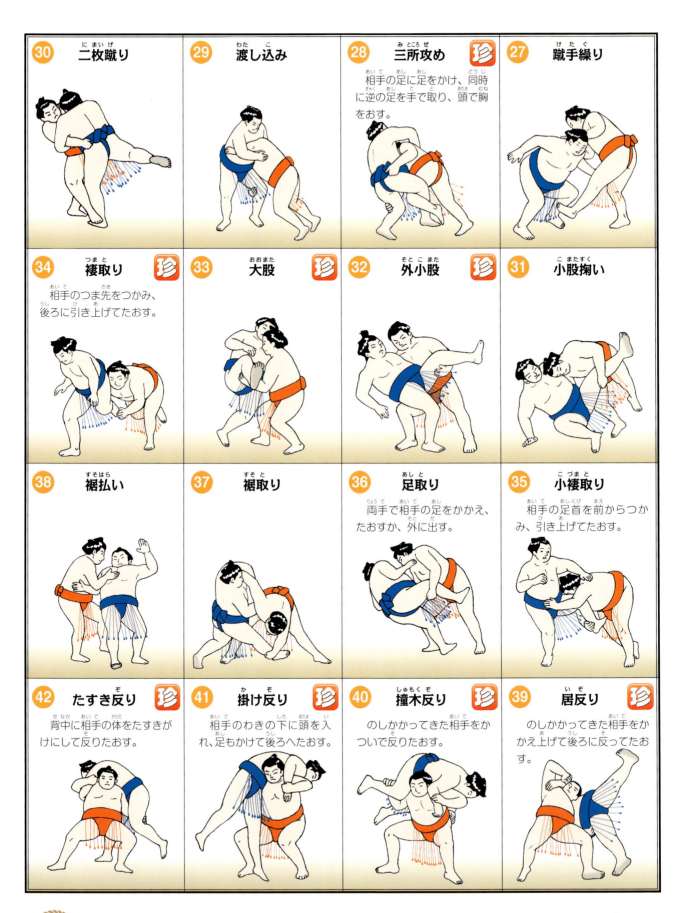

43 外《そと》たすき反《ぞ》り

44 伝《つた》え反《ぞ》り

相手《あいて》のわきの下《した》をくぐって反《そ》りたおす。

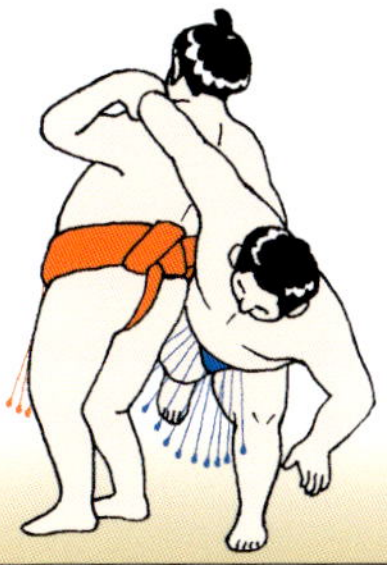

45 突《つ》き落《お》とし

46 巻《ま》き落《お》とし

47 とったり

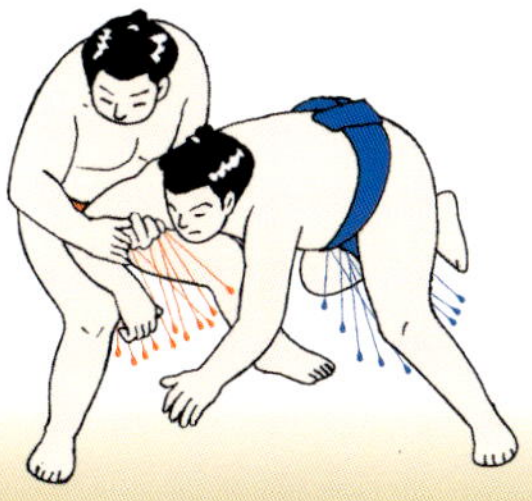

48 逆《さか》とったり

49 肩透《かたす》かし

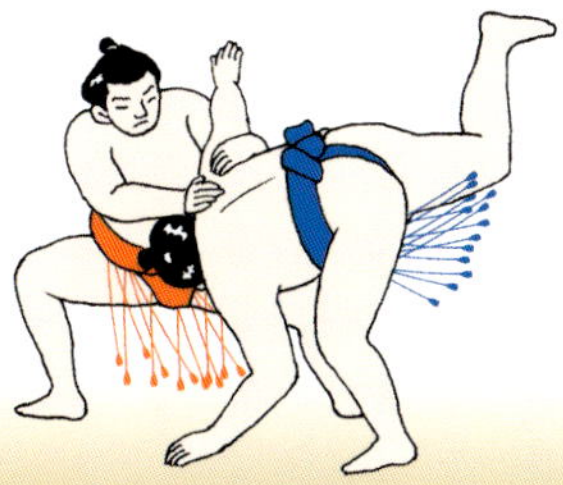

50 外無双《そとむそう》

相手《あいて》のひざの外側《そとがわ》をはらってひねりたおす。

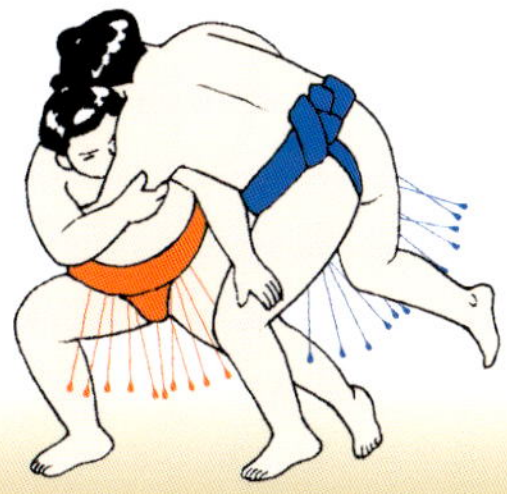

51 内無双《うちむそう》

相手《あいて》の内《うち》ももを下《した》からはらって体《からだ》をひねり、たおす。

52 頭捻《ずぶね》り

相手《あいて》の肩《かた》や胸《むね》に食《く》い下《さ》がり、首《くび》をひねってたおす。

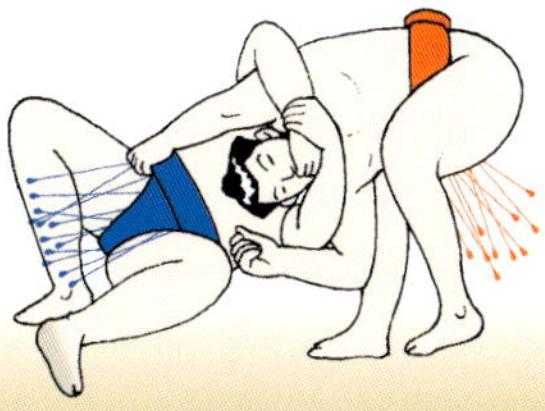

53 上手捻《うわてひね》り

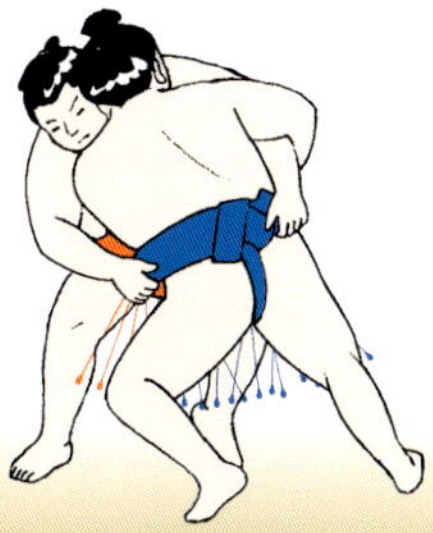

54 下手捻《したてひね》り

55 網打《あみう》ち

あみを投《な》げるように相手《あいて》を後《うし》ろへ投《な》げ飛《と》ばす。

56 鯖折《さばお》り

57 波離間投《はりまな》げ

相手《あいて》の肩《かた》ごしに取《と》ったまわしを引《ひ》いて後《うし》ろへ投《な》げる。

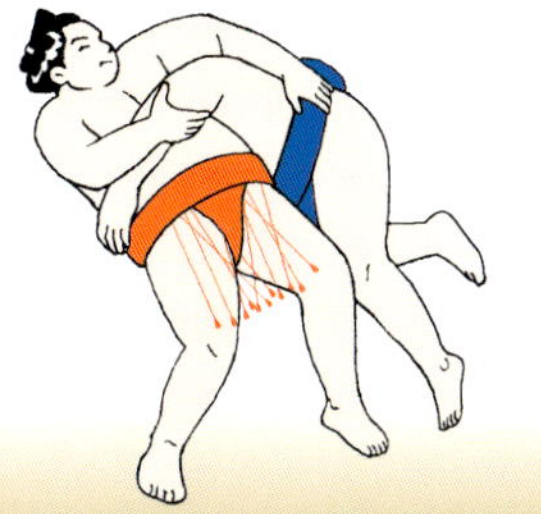

58 大逆手《おおさかて》

相手《あいて》の肩《かた》ごしに取《と》ったまわしを引いてつかんだうでの方《ほう》に投《な》げる。

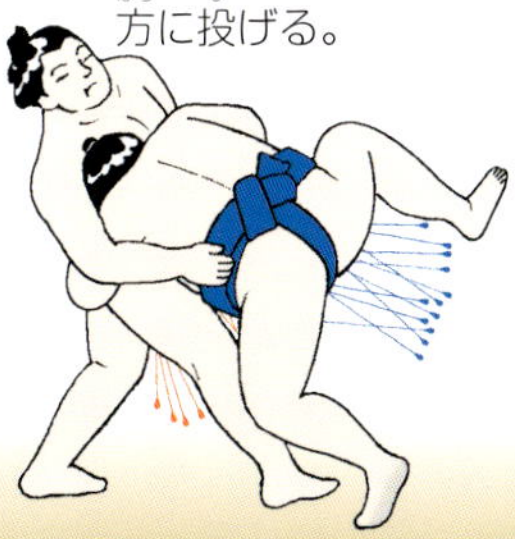

勝負《しょうぶ》がつくと、決《き》まり手《て》と勝《か》った力士《りきし》の名《な》が場内《じょうない》アナウンスされる。幕下以下《まくしたいか》の取組《とりくみ》では「寄《よ》り切《き》って○○の勝《か》ち」のように、十両以上《じゅうりょういじょう》の取組《とりくみ》では「ただいまの決《き》まり手《て》は、寄《よ》り切《き》り。寄《よ》り切《き》って○○の勝《か》ち」のようにアナウンスされる。

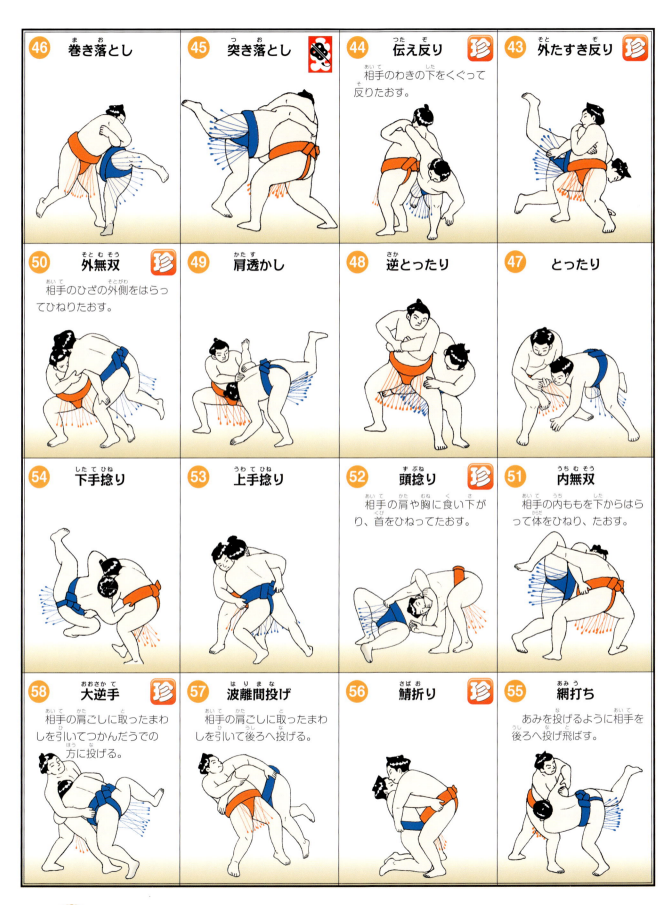

59 腕《かいな》捻《ひね》り

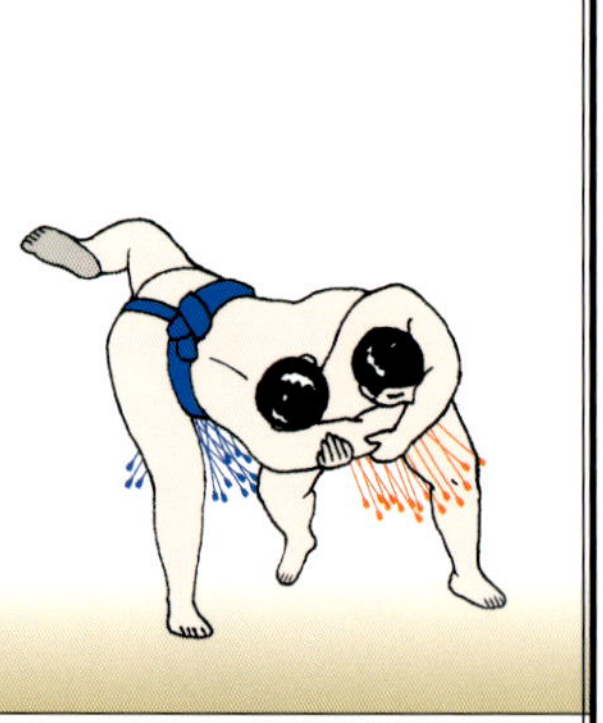

60 合掌《がっしょう》捻《ひね》り 珍

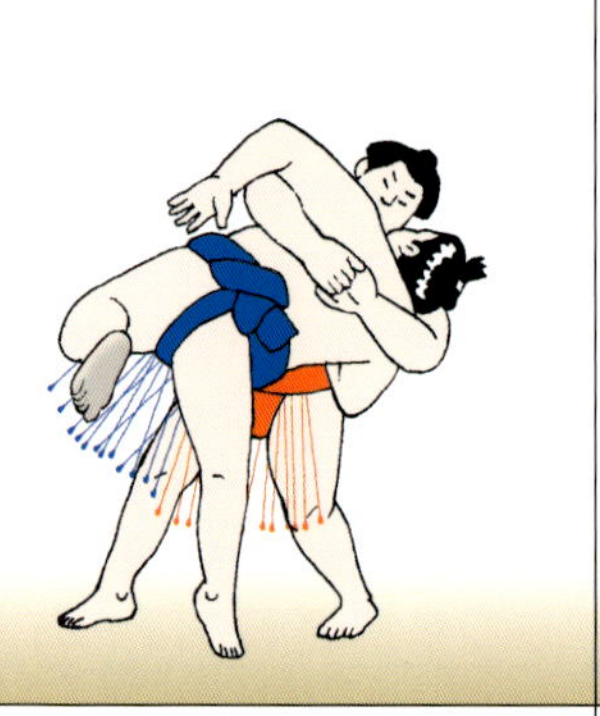

61 徳利《とっくり》投《な》げ 珍

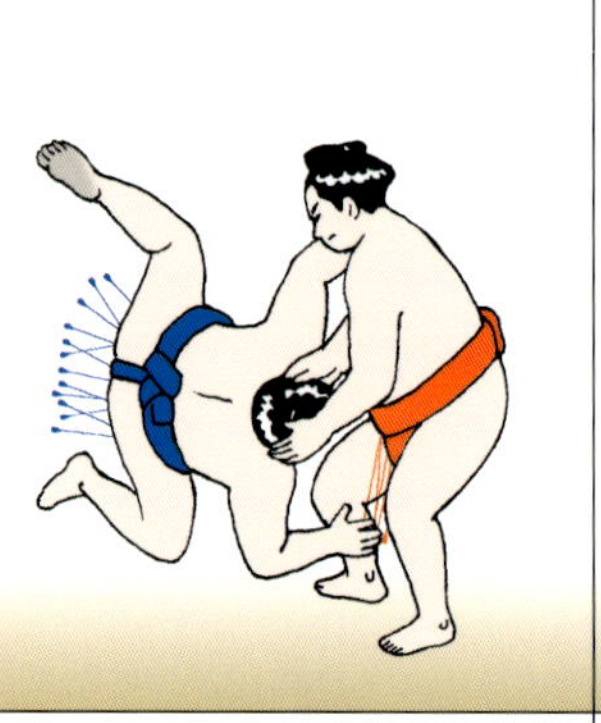

62 首《くび》捻《ひね》り

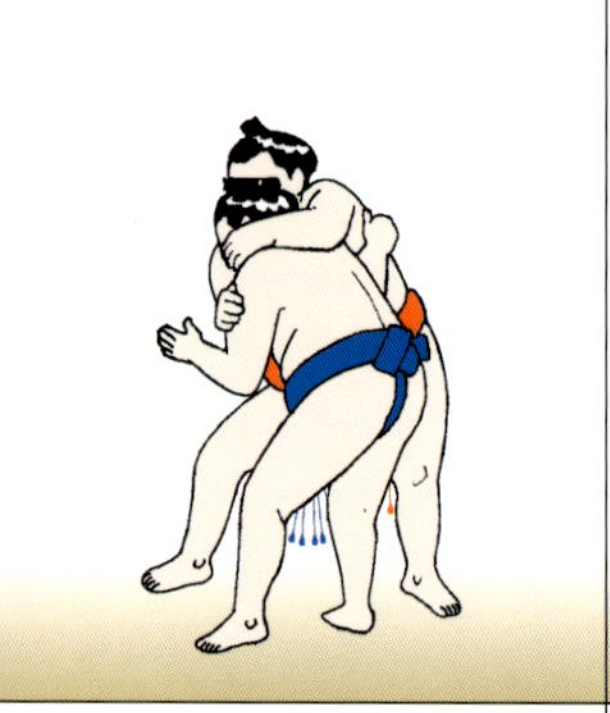

63 小手《こて》捻《ひね》り

64 引《ひ》き落《お》とし

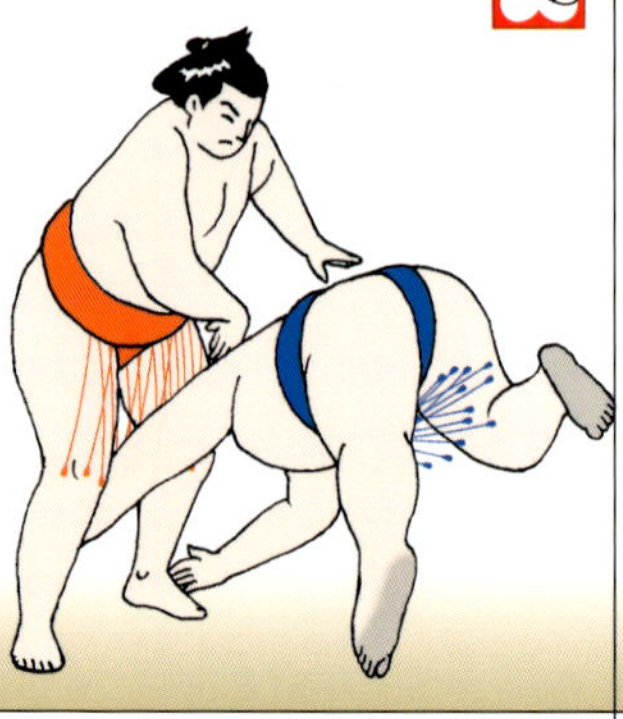

65 引《ひ》っ掛《か》け

66 叩《はた》き込《こ》み

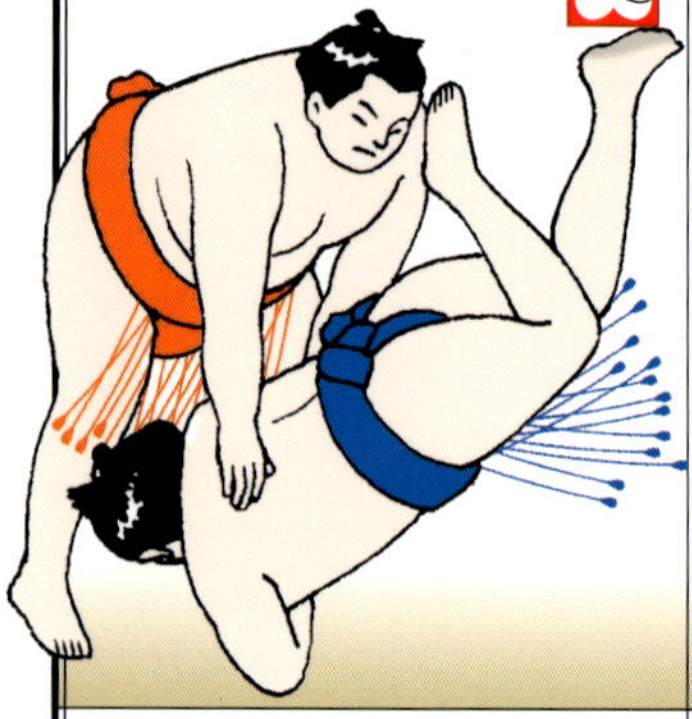

67 素首《そくび》落《お》とし

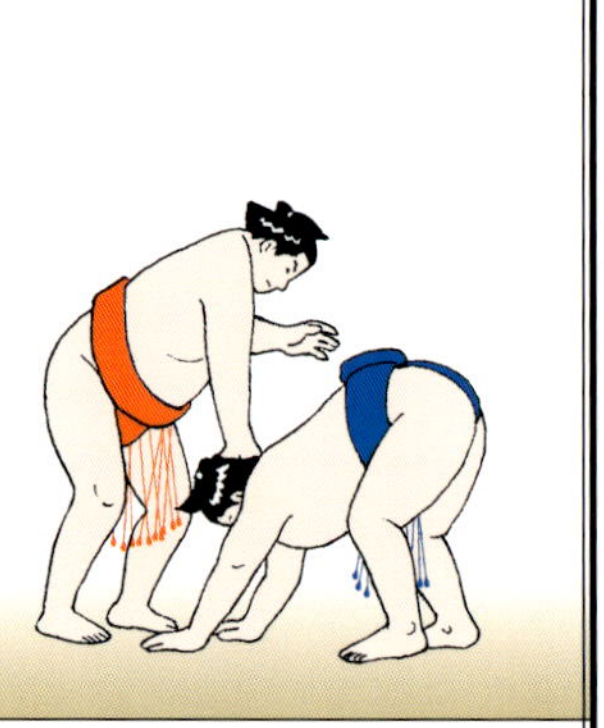

68 吊《つ》り出《だ》し

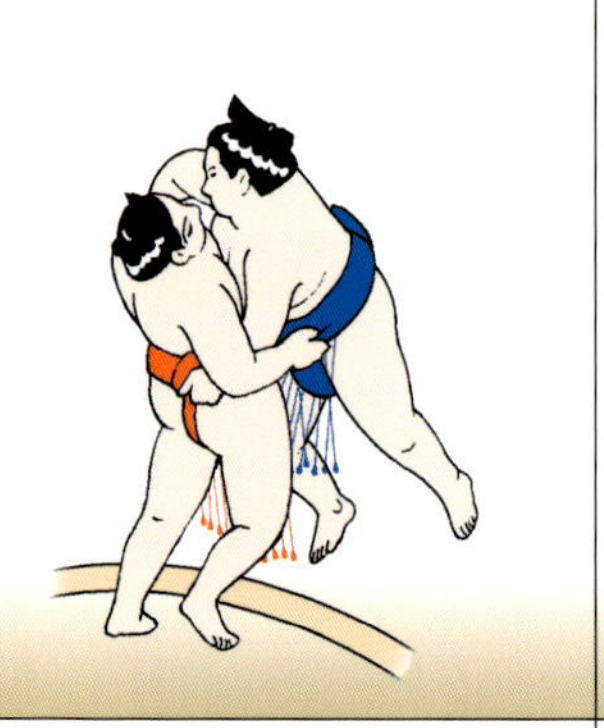

69 送《おく》り吊《つ》り出《だ》し 珍

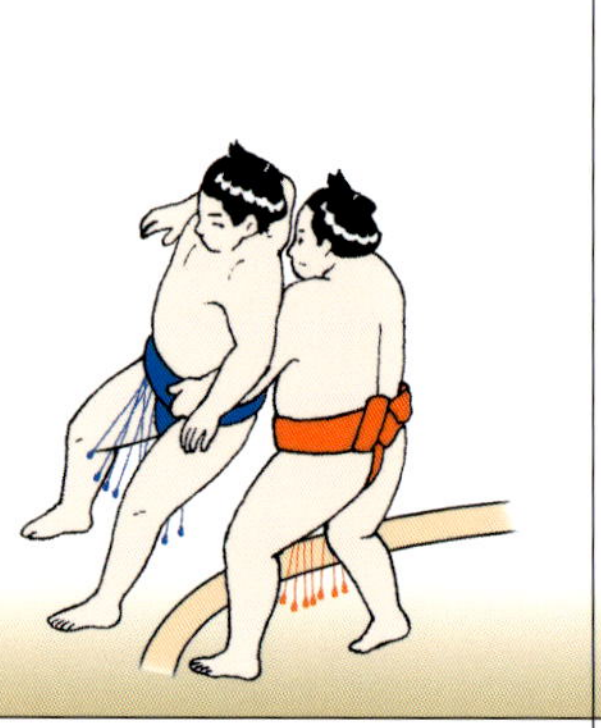

70 吊《つ》り落《お》とし

71 送《おく》り吊《つ》り落《お》とし 珍

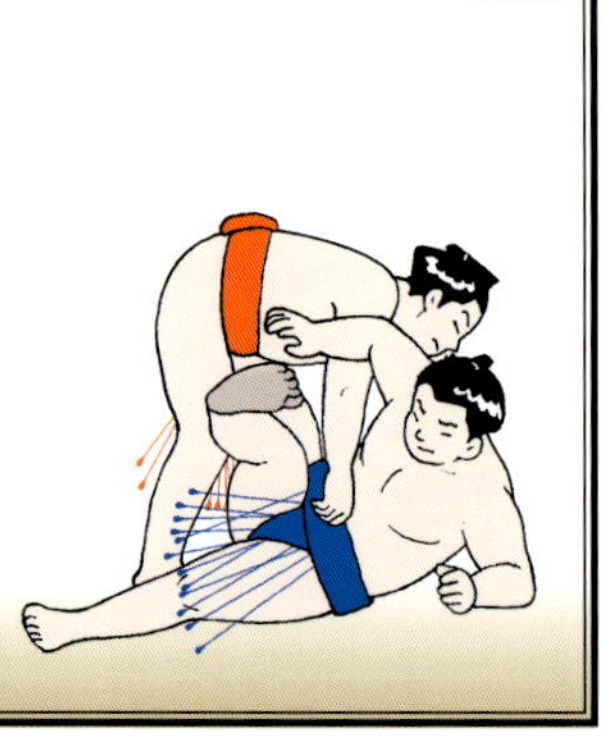

72 送《おく》り出《だ》し

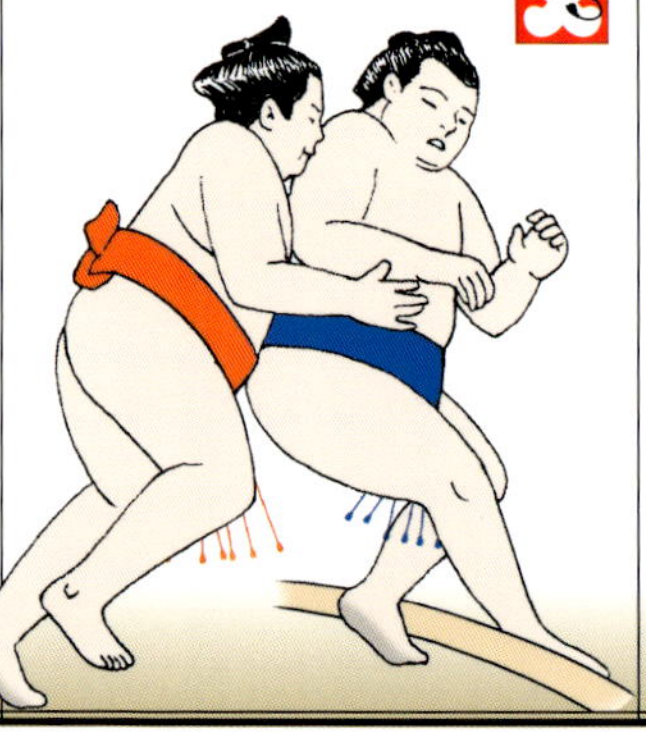

73 送《おく》り倒《たお》し

74 送《おく》り投《な》げ

決《き》まり手《て》は、場内《じょうない》アナウンスを担当《たんとう》する行司《ぎょうじ》が判断《はんだん》するが、判断《はんだん》が難《むずか》しい場合《ばあい》は、ビデオ室《しつ》にいる決《き》まり手係《てがかり》の親方《おやかた》に確《かく》認《にん》してからアナウンスされる。

75 送《おく》り掛《が》け 珍

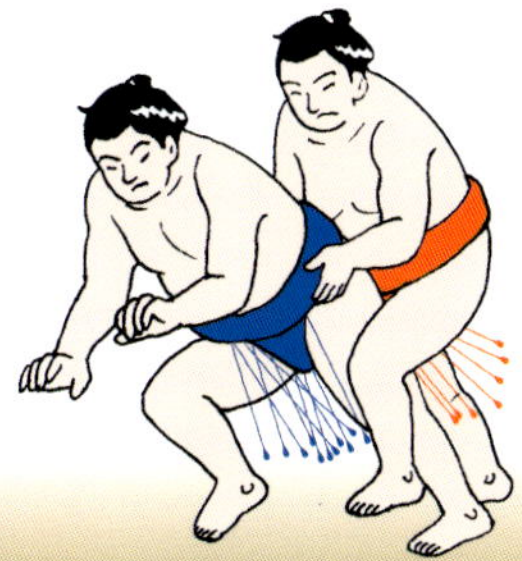

76 送《おく》り引《ひ》き落《お》とし

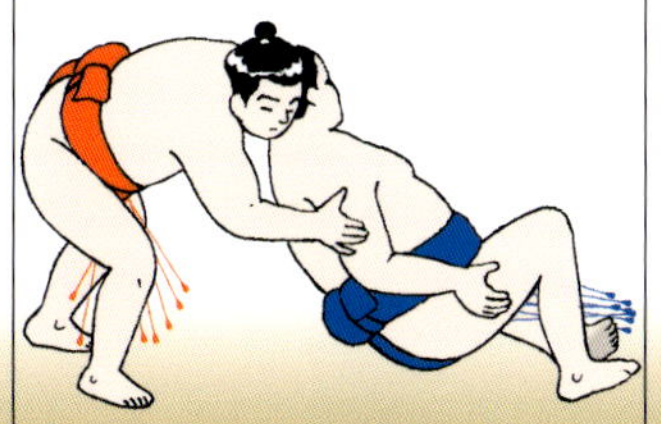

77 割《わ》り出《だ》し

まわしを引《ひ》きつけ、もう一方《いっぽう》の手《て》でおし出《だ》す。

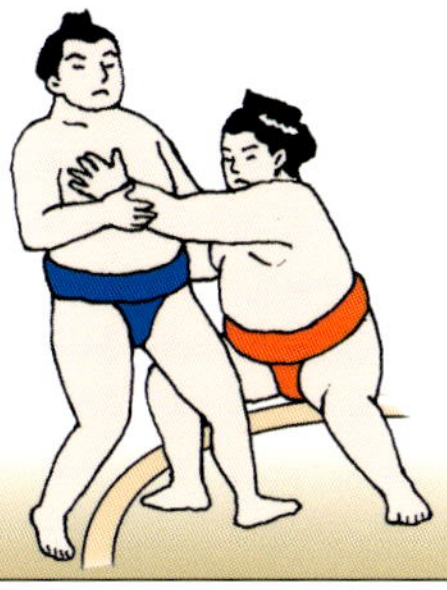

78 うっちゃり

79 極《き》め出《だ》し

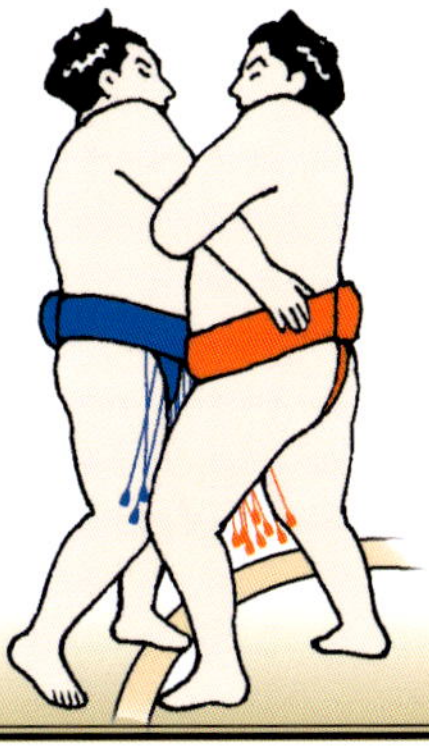

80 極《き》め倒《たお》し

81 後《うし》ろもたれ

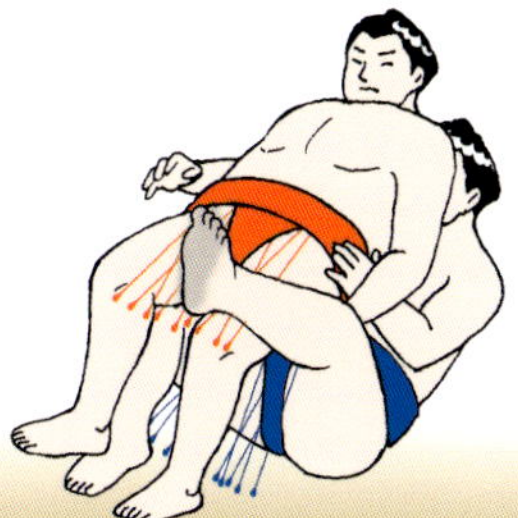

82 呼《よ》び戻《もど》し 珍

相手《あいて》の体《からだ》を呼《よ》びこみ、差《さ》し手《で》を返《かえ》してたおす。

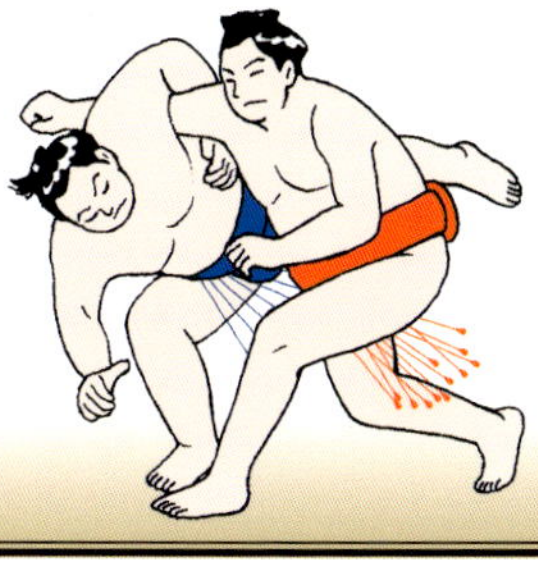

決《き》まり手《て》以外《いがい》で勝負《しょうぶ》がつく場合《ばあい》

相手《あいて》が何《なに》もしていないのに、自滅《じめつ》して負《ま》けることがあります。このような決《き》まり方《かた》5つを、決《き》まり手《て》とは別《べつ》に定《さだ》めています（非技《ひわざ》）。

勇《いさ》み足《あし》

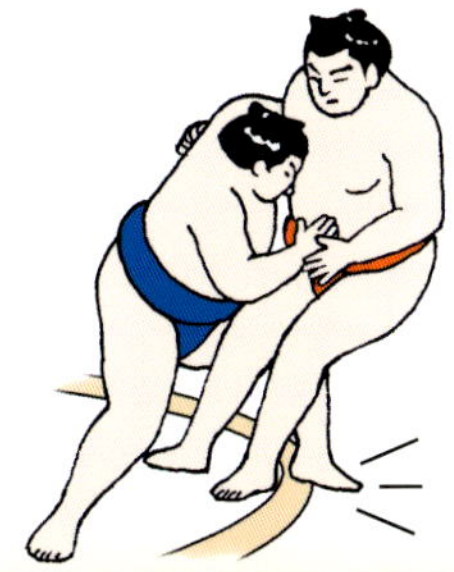

土俵際《どひょうぎわ》に攻《せ》めこみ、ほとんど勝《か》っている体勢《たいせい》なのに、足《あし》が土俵《どひょう》の外《そと》に出《で》てしまう。

腰砕《こしくだ》け

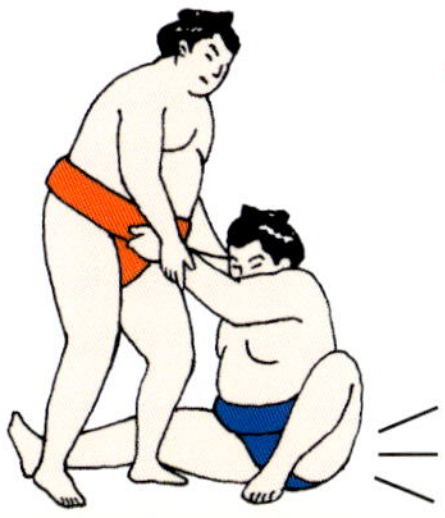

相手《あいて》が何《なに》もしていないのに、体勢《たいせい》をくずして、腰《こし》から落《お》ちる。

「勇《いさ》み足《あし》」は、日常《にちじょう》の話《はなし》の中《なか》で使《つか》われることもあるな。

つき手《て》

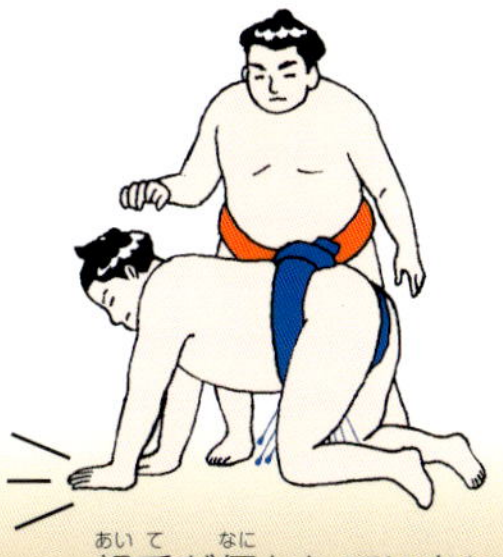

相手《あいて》が何《なに》もしていないのに、自分《じぶん》から手《て》をついてしまう。

つきひざ

相手《あいて》が何《なに》もしていないのに、自分《じぶん》からひざをついてしまう。

踏《ふ》み出《だ》し

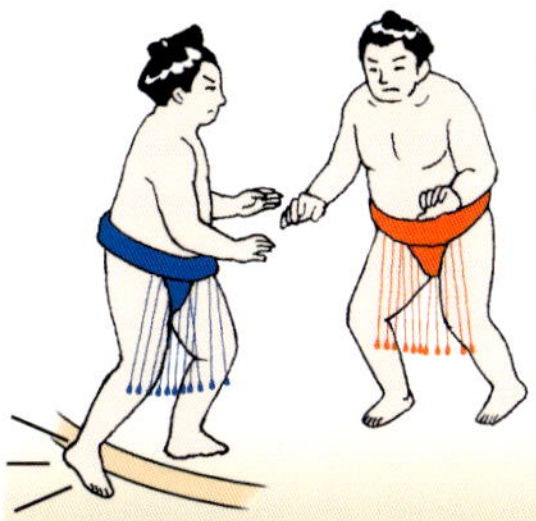

体勢《たいせい》を立《た》て直《なお》そうとした時《とき》などに、自分《じぶん》で足《あし》を出《だ》してしまう。

いったん場内《じょうない》アナウンスされた決《き》まり手《て》を訂正《ていせい》する場合《ばあい》は、その日《ひ》の結《むす》びの一番《いちばん》が終《お》わるまでに行《おこな》う。それを過《す》ぎると、公式記録《こうしききろく》として決定《けってい》されたことになり、訂正《ていせい》されることはない。

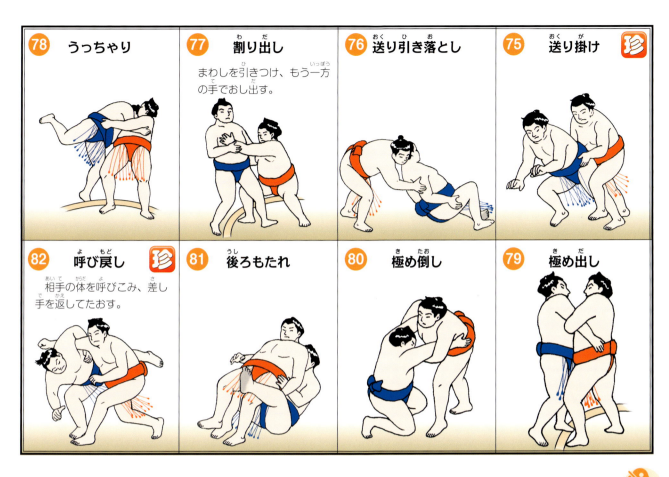

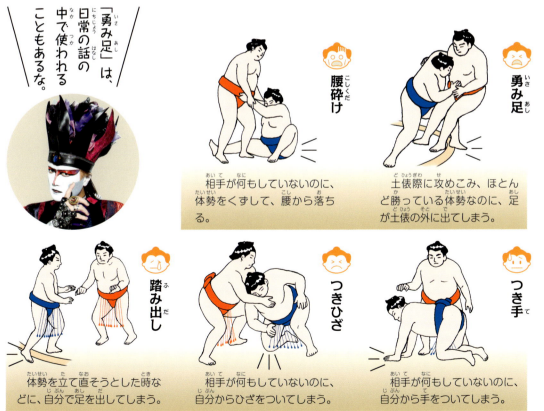

相撲《すもう》の魅力《みりょく》は奥深《おくぶか》い！

スポーツ、武道《ぶどう》、神事《しんじ》、娯楽《ごらく》など、さまざまな要素《ようそ》を持《も》っている相撲《すもう》には、一言《ひとこと》では語《かた》れない、ユニークで奥深《おくぶか》い味《あじ》わいがあります。

負《ま》けてほめられる!?

強《つよ》い相手《あいて》に正面《しょうめん》からぶつかって全《ぜん》力《りょく》をつくした相撲《すもう》を取《と》ると、たとえ負《ま》けてもほめられることがあります。逆《ぎゃく》に、立合《たちあ》いで「変化《へんか》」して簡《かん》単《たん》に勝《か》ったような場合《ばあい》、たとえ勝《か》っても、ほめられるどころか、こんな相撲《すもう》を取《と》っていてはだめだ、などの批判《ひはん》を受《う》けることもあります。ルールを守《まも》ったからよいというのでなく、立派《りっぱ》な相撲《すもう》が取《と》れたかどうか。横綱《よこづな》や大関《おおぜき》など上位力士《じょういりきし》はもちろん、下位力士《かいりきし》であろうと、立派《りっぱ》な相撲《すもう》を取《と》ることが目標《もくひょう》。そこに、相撲《すもう》ならではの世界《せかい》（美学《びがく》）があります。

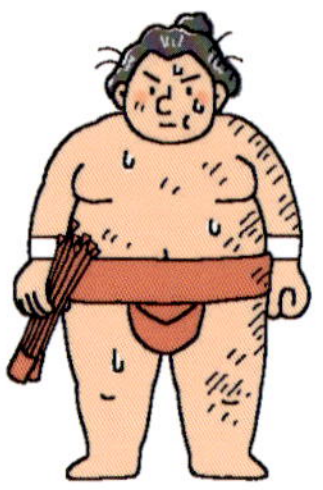

ルールや進行《しんこう》もおもしろい！

サッカーやバレーボールのコートも、野球《やきゅう》のグラウンドも、レスリングのリングも、それぞれ大切《たいせつ》な勝負《しょうぶ》の舞台《ぶたい》で、聖《きよ》き場所《ばしょ》といえるものです。

それにしても、相撲《すもう》では、取組《とりくみ》のたびに塩《しお》をまいたり、土俵《どひょう》の真《ま》ん中《なか》に昆布《こんぶ》や米《こめ》をうめたり…。独《どく》特《とく》の舞台《ぶたい》づくりが行《おこな》われています。これには、神事《しんじ》として行《おこな》われていた由来《ゆらい》があるわけですが、それらの儀《ぎ》式《しき》やしきたりが、今《いま》も大事《だいじ》に続《つづ》けて行《おこな》われていることも相撲《すもう》の特徴《とくちょう》です。また、真剣勝負《しんけんしょうぶ》のさなかに、行《ぎょう》司《じ》がいったん力士《りきし》を分《わ》ける「水入《みずい》り」や、ゆるんだまわしを行司《ぎょうじ》がしめ直《なお》してあげる「まわし待《ま》った！」があるのもユニークでおもしろい。ラジオの放送《ほうそう》に合《あ》わせて仕切《しき》りに制限時《せいげんじ》間《かん》を設《もう》けるなど、伝統《でんとう》を受《う》けつぎながら、みんなが楽《たの》しめるスポーツとして変化《へんか》してきた相撲《すもう》のこれまでの道《みち》のりが、ルールからも想像《そうぞう》されます。トーナメントでも総当《そうあ》たりでもくじ引《び》きでもなく、対戦相手《たいせんあいて》が会議《かいぎ》で決《き》まるというのも特徴《とくちょう》です。おもしろい相撲《すもう》が見《み》たい、こんな相撲《すもう》が取《と》りたい。見《み》る人《ひと》、取《と》る人《ひと》、支《ささ》える人《ひと》、みんなの期待《きたい》と工夫《くふう》によって、今《いま》の大相撲《おおずもう》が形《かたち》づくられています。

写真／日本相撲協会

高等技術《こうとうぎじゅつ》、立合《たちあ》いの妙《みょう》！

行司《ぎょうじ》が合図《あいず》を出《だ》すわけでもなく、相手《あいて》の仕草《しぐさ》や表情《ひょうじょう》を見《み》ながら、両者《りょうしゃ》が同時《どうじ》に立《た》つ立合《たちあ》いは、実《じつ》は、大《たい》変《へん》な高等技術《こうとうぎじゅつ》です。力士《りきし》たちは、新弟《しんで》子《し》になったばかりのころから、これを練習《れんしゅう》しています。同時《どうじ》に立《た》つのが難《むずか》しいからといって、ホイッスルで合図《あいず》をしてはどうかというような話《はなし》は、相撲《すもう》では出《で》てきません。相手《あいて》を知《し》り、相手《あいて》を尊重《そんちょう》する。立合《たちあ》いには、相撲《すもう》の中《なか》で大切《たいせつ》にされている日本文化《にっぽんぶんか》の美意識《びいしき》がつまっているのです。

相撲道《すもうどう》をきわめる!?

土俵《どひょう》からおし出《だ》した相手《あいて》を、さらにおす「だめおし」は、よいこととされません。観客《かんきゃく》にまゆをしかめられるばかりか、審判部《しんぱんぶ》から注意《ちゅうい》を受《う》けることもあります。一方《いっぽう》で、相手《あいて》にけがをさせないためのかばい手《て》が認《みと》められているなど、相撲《すもう》には、独《どく》特《とく》のスポーツマンシップがあります。また、横綱《よこづな》や大関《おおぜき》は、強《つよ》くある

よく「負《ま》けて覚《おぼ》える相撲《すもう》かな」と言《い》われる。これは、思《おも》い切《き》って相手《あいて》にぶつかっても、歯《は》が立《た》たないこともあるが、「どうして勝《か》てなかったのか」、「どこがいけなかったのか」と考《かんが》えることで強《つよ》くなるということを表《あらわ》したものだ。

ことはもちろん、下《した》の力士《りきし》を育《そだ》てるような堂々《どうどう》とした相撲《すもう》を取《と》ることが望《のぞ》まれます。土俵《どひょう》に上《あ》がれば1対《たい》1の真剣勝負《しんけんしょうぶ》ですから、なかなか厳《きび》しい注文《ちゅうもん》です。

相撲道《すもうどう》という言葉《ことば》もあります。相撲《すもう》を通《つう》じて、真理《しんり》を追究《ついきゅう》したり、正《ただ》しい生《い》き方《かた》を見出《みいだ》したりできるという考《かんが》えです。力士《りきし》たちは、毎日《まいにち》の厳《きび》しいけいこ、また、一瞬《いっしゅん》にすべてをかける厳《きび》しい勝負《しょうぶ》を重《かさ》ねて、自分《じぶん》と向《む》き合《あ》い、人《ひと》としても精進《しょうじん》していくのです。

大活躍《だいかつやく》の外国出身力士《がいこくしゅっしんりきし》たち！

まげ、行司《ぎょうじ》の装束《しょうぞく》…。相撲《すもう》の世界《せかい》は、現代《げんだい》の一般《いっぱん》の暮《く》らしには見《み》られない、昔《むかし》ながらの日本《にっぽん》の伝統《でんとう》が受《う》けつがれた世界《せかい》です。力士《りきし》たちは、土《ど》俵《ひょう》の上《うえ》だけでなく、日常《にちじょう》の服装《ふくそう》や髪《かみ》型《がた》まで、伝統《でんとう》の中《なか》で過《す》ごしています。

伝統《でんとう》を守《まも》りながら、相撲界《すもうかい》は、外《がい》国《こく》からの力士《りきし》を受《う》け入《い》れてきました。ちがう文化《ぶんか》の中《なか》で育《そだ》った若者《わかもの》が、日本《にっぽん》の言葉《ことば》を覚《おぼ》え、勝負《しょうぶ》を学《まな》び、相撲《すもう》の心《こころ》を学《まな》び、成長《せいちょう》していきます。外国出身力士《がいこくしゅっしんりきし》が日本語《にほんご》を覚《おぼ》えるのには、日本《にっぽん》の歌《うた》を歌《うた》って覚《おぼ》えるのが有効《ゆうこう》だそうです。

長身《ちょうしん》だったり足《あし》が長《なが》かったりと、体型《たいけい》がちがえば、相撲《すもう》の取《と》り方《かた》も日本出身《にっぽんしゅっしん》の力士《りきし》と同《おな》じようにはいきません。色《いろ》や質《しつ》がちがう髪《かみ》でまげをゆったり、故郷《こきょう》の相撲《すもう》とは方法《ほうほう》がちがったり（モンゴル相撲《ずもう》には土俵《どひょう》がない）、あるいは宗教上《しゅうきょうじょう》の習慣《しゅうかん》が相撲《すもう》に影響《えいきょう》したり（イスラム教《きょう》の信者《しんじゃ》の力士《りきし》は断食《だんじき》の日《ひ》を守《まも》る）、苦労《くろう》もたくさんありますが、それらを乗《の》りこえていい相撲《すもう》を取《と》り、人気者《にんきもの》になる力士《りきし》が大勢《おおぜい》います。

観客席《かんきゃくせき》にも伝統《でんとう》あり！

相撲見物《すもうけんぶつ》もまた独特《どくとく》の様子《ようす》です。土俵《どひょう》の間近《まぢか》には、砂《すな》かぶり（土俵《どひょう》だまり）と呼《よ》ばれる、座布団《ざぶとん》だけを置《お》いた席《せき》、そして、その外側《そとがわ》には、マス席《せき》があります。マス席《せき》では、家族《かぞく》や知人同《ちじんどう》士《し》が、お花見《はなみ》のような雰囲気《ふんいき》で飲《の》んだり食《た》べたりしながら土《ど》俵《ひょう》に声援《せいえん》を送《おく》っています。帰《かえ》りには、おみやげも…。そんな雰囲気自体《ふんいきじたい》が、大相撲《おおずもう》の魅力《みりょく》です。

お相撲《すもう》さんは「特別《とくべつ》な人《ひと》」

すばらしい勝負《しょうぶ》を見《み》せてくれるアスリートとしての一面《いちめん》があったり、はなやかなふるまいを見《み》せてくれる演者《えんじゃ》としての魅力《みりょく》があったり、そのキャラクターが人気《にんき》を集《あつ》めたりと、いつの時代《じだい》も力士《りきし》は注目《ちゅうもく》を集《あつ》める存《そん》在《ざい》です。有名力士《ゆうめいりきし》に限《かぎ》りません。お相撲《すもう》さんというだけで、おめでたく感《かん》じたりありがたく感《かん》じたり、特別《とくべつ》に思《おも》う文化《ぶんか》が日本《にっぽん》にはあります。相撲《すもう》を取《と》る人《ひと》、相撲《すもう》取《と》りであるというだけで、力士《りきし》は、みんなにとっての「特別《とくべつ》な人《ひと》」なのです。

物議《ぶつぎ》がいっぱい！　相撲界《すもうかい》

伝統《でんとう》を守《まも》ってきた相撲《すもう》の世界《せかい》だけに、現代《げんだい》の世《よ》の中《なか》とはちがうしきたりなども多《おお》く、時《とき》には論議《ろんぎ》の的《まと》になることもあります。

たとえば、「女性《じょせい》は土俵《どひょう》の上《うえ》に上《あ》がってはいけない」。男女平等《だんじょびょうどう》の世《よ》の中《なか》なのに、なぜ？という声《こえ》は、しばしば上《あ》がり、物議《ぶつぎ》をかもします。

また、「外国出身力士《がいこくしゅっしんりきし》が増《ふ》えると、日本文化《にっぽんぶんか》の継承《けいしょう》がおろそかになっていくのではないか」。こんな声《こえ》もあります。また、現在《げんざい》は、外国籍《がいこくせき》のままでは引退後《いんたいご》に親方《おやかた》にはなれません。このままでいいのかという意見《いけん》もあります。

こうした議論《ぎろん》がおこるのも、いろいろな顔《かお》をもつ相撲《すもう》ならではです。

これからも、時代《じだい》の空気《くうき》を取《と》り入《い》れながら、新《あたら》しい大相撲《おおずもう》の形《かたち》が生《う》まれていくことでしょう。

外国出身《がいこくしゅっしん》で初《はじ》めて関取《せきとり》（十両以上《じゅうりょういじょう》）になったのは、アメリカ・ハワイ州出身《しゅうしゅっしん》の高見山《たかみやま》。昭和《しょうわ》42（1967）年三月場所《ねんさんがつばしょ》で十《じゅう》両《りょう》に上《あ》がり、昭和《しょうわ》47（1972）年七月場所《ねんしちがつばしょ》で、外国人初《がいこくじんはつ》の幕内優勝《まくうちゆうしょう》をはたした。

日々《ひび》の精進《しょうじん》

けいこ

相撲《すもう》では、「三年先《さんねんさき》のけいこ」という言葉《ことば》があります。目《め》先《さき》の勝《か》ちにこだわらず、真《しん》の実力《じつりょく》をつけることをめざして、力士《りきし》たちは、地道《じみち》に、厳《きび》しいけいこに打《う》ちこんでいます。

基本《きほん》のけいこ

けいこでは、力士《りきし》たちは、まず各自《かくじ》で、四股《しこ》、すり足《あし》、てっぽう、股割《またわ》りをします。これらは、相撲《すもう》に必《ひつ》要《よう》な動《うご》きを取《と》り入《い》れた基本《きほん》のけいこで、足腰《あしこし》と体幹《たいかん》をきたえ、けがに強《つよ》い体《からだ》をつくります。また、準備運動《じゅんびうんどう》にもなっています。

四股《しこ》

両足《りょうあし》を開《ひら》いて構《かま》え、片方《かたほう》の足《あし》を高《たか》く上《あ》げてから地面《じめん》をふむ動作《どうさ》を、左右交互《さゆうこうご》にする。足《あし》を上《あ》げる時《とき》に、手《て》をひざに当《あ》て、つま先《さき》から地面《じめん》をふむ。こし、ひざ、足首《あしくび》、つま先《さき》などがきたえられる。

てっぽう

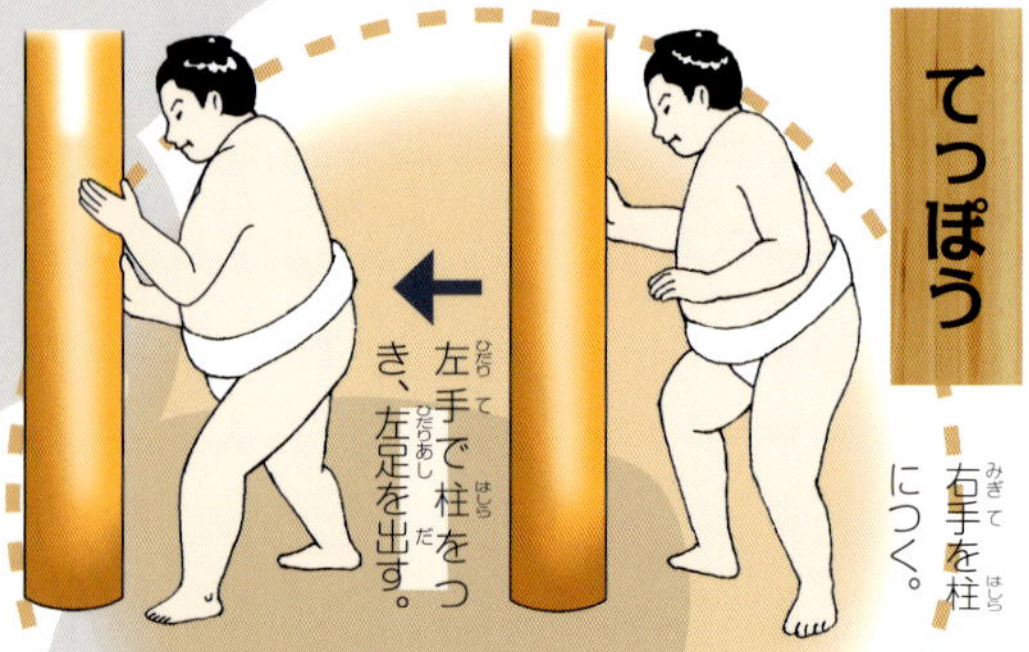

てっぽう柱《ばしら》という柱《はしら》に向《む》かい、足《あし》を肩《かた》はばくらいに開《ひら》き、わきをしめて立《た》つ。右手《みぎて》を柱《はしら》について体《からだ》を支《ささ》えたら、左手《ひだりて》で柱《はしら》をつき、左足《ひだりあし》をすり足《あし》で前《まえ》に出《だ》しながら左《ひだり》うでに体重《たいじゅう》をかけて片《かた》うで立《た》てふせのようにおしもどす。これを左右交互《さゆうこうご》にくり返《かえ》す。「つき」や「おし」の練習《れんしゅう》になる。

すり足《あし》

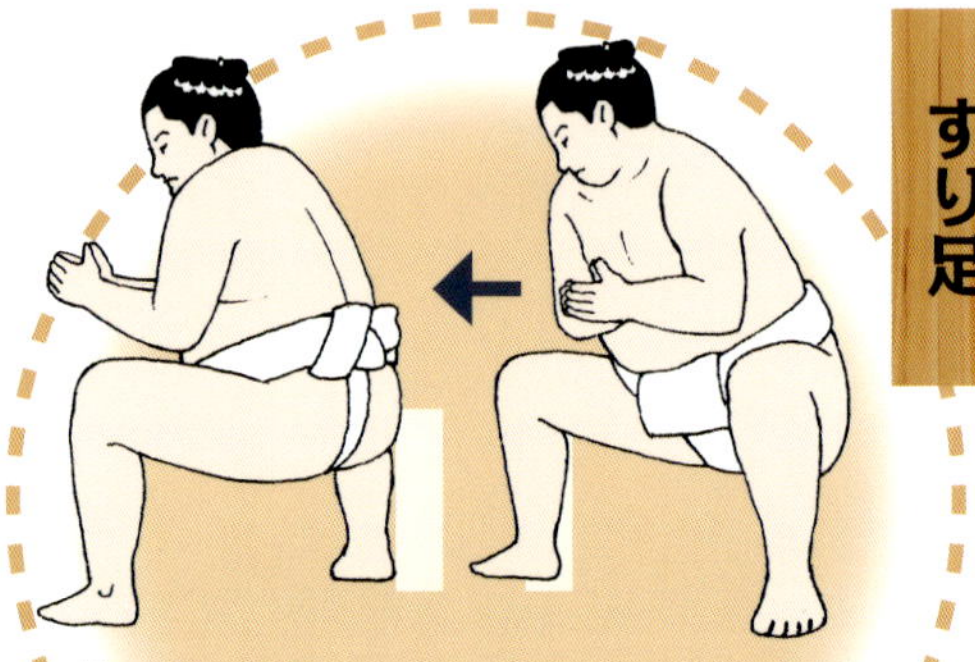

足《あし》の裏《うら》を地面《じめん》にぴったりつけ、ひざが直角《ちょっかく》になるくらいに腰《こし》を落《お》とす。両《りょう》わきをしめて、右手《みぎて》と右足《みぎあし》、左手《ひだりて》と左足《ひだりあし》を同時《どうじ》に前《まえ》に出《だ》して進《すす》む。重心《じゅうしん》を安定《あんてい》させたまま前《まえ》に出《で》る練習《れんしゅう》。

股《また》割《わ》り

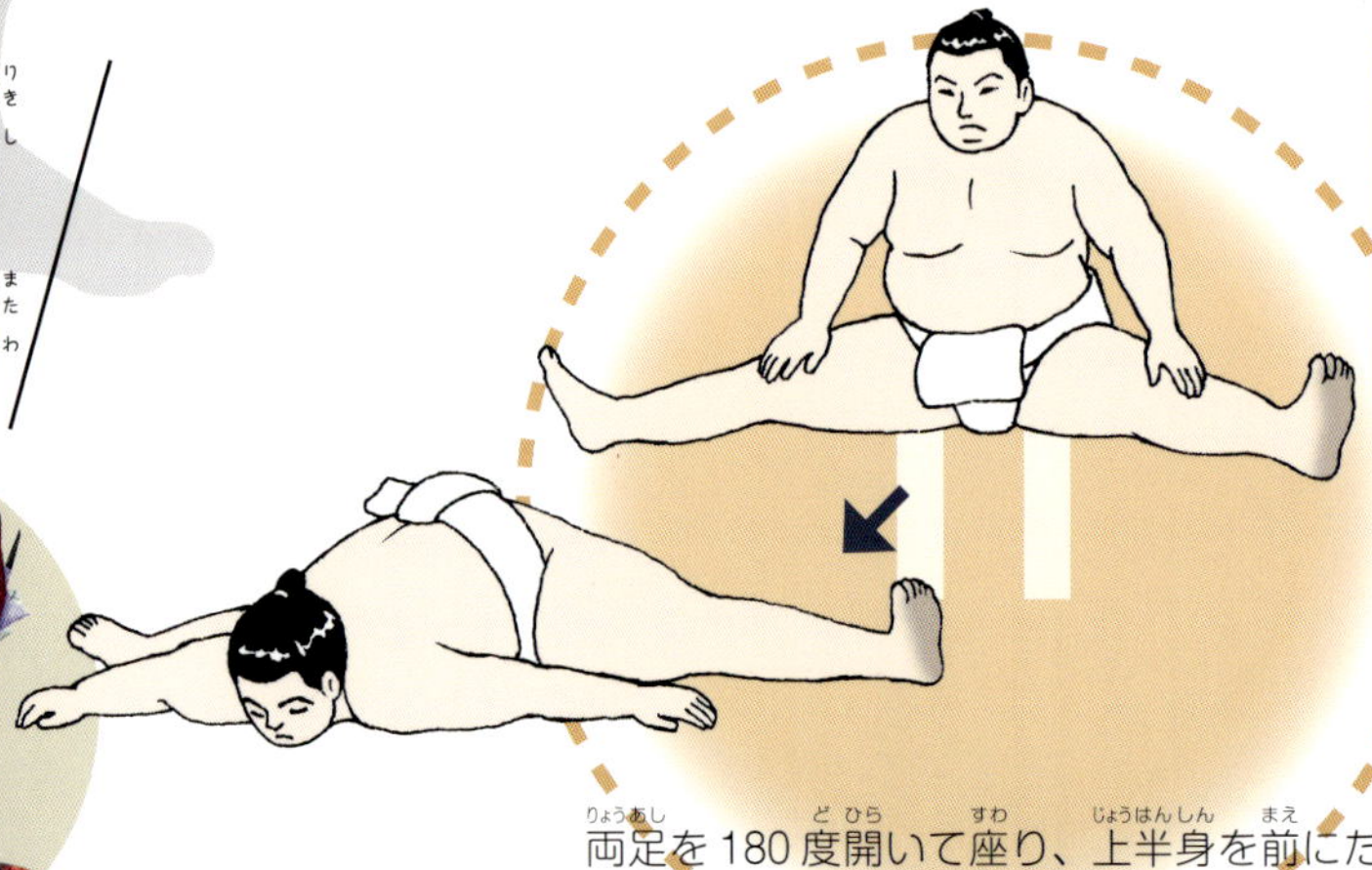

両足《りょうあし》を 180 度《ど》開《ひら》いて座《すわ》り、上半身《じょうはんしん》を前《まえ》にたおして地面《じめん》につける。股《また》の関節《かんせつ》をやわらかくしておくことで、けがを防《ふせ》ぐことができる。

力士《りきし》は、股割《またわ》りによって、高《たか》い柔軟性《じゅうなんせい》を養《やしな》っているのだ！

自分《じぶん》の所属《しょぞく》する部屋《へや》に適当《てきとう》なけいこの相手《あいて》がいないような場合《ばあい》は、よその部屋《へや》に出《で》かけていくこともある。これを出《で》げいこという。昔《むかし》は、同《おな》じ一門《いちもん》の部屋《へや》に行《い》くことが多《おお》かったが、現在《げんざい》はそれに限《かぎ》らず、別《べつ》の一門《いちもん》の部屋《へや》に行《い》くこともある。

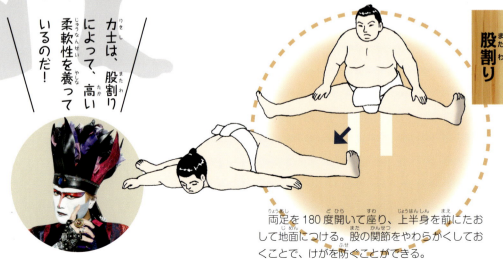

実戦的《じっせんてき》なけいこ

基本《きほん》のけいこに続《つづ》き、土俵《どひょう》を使《つか》って、相手《あいて》のあるけいこをします。

申《もう》し合《あ》い

勝《か》った力士《りきし》が、周《まわ》りの力士《りきし》の中《なか》から次《つぎ》の相手《あいて》を指名《しめい》して相撲《すもう》を取《と》るという、勝《か》ちぬき戦形式《せんけいしき》のけいこで、最《もっと》も実戦《じっせん》に近《ちか》い。申《もう》し合《あ》いの最中《さいちゅう》、力士《りきし》たちは、勝《か》った力士《りきし》に指名《しめい》してもらえるよう積極的《せっきょくてき》に近《ちか》づいていく。指名《しめい》してもらえなければ、いつまでもけいこができず、強《つよ》くなれない。

前《まえ》に出《で》ず、消極的《しょうきょくてき》な態度《たいど》でいると、いつもけいこ場《ば》の羽目板近《はめいたちか》くにいることになる。「板《いた》についている」様子《ようす》から、「かまぼこ」と呼《よ》ばれてしまう。

三番《さんばん》げいこ

実力《じつりょく》が近《ちか》い力士同士《りきしどうし》が、続《つづ》けてたくさん相撲《すもう》を取《と》るけいこ。「三番《さんばん》」とは、「たくさん」という意《い》味《み》で、実際《じっさい》には30～40番《ばん》も取《と》り続《つづ》けることがある。持久力《じきゅうりょく》をつけ、地力《じりき》をのばす効果《こうか》があり、技《わざ》の研究《けんきゅう》ができる。

ぶつかりげいこ

わきをしめ、両手《りょうて》を「筈《はず》」（→38ページ）の形《かたち》にして、相手《あいて》の胸《むね》をおしていき、ひたすら残《のこ》そうとする相手《あいて》を出《だ》そうとする。これを体力《たいりょく》の限界《げんかい》まで何回《なんかい》もくり返《かえ》し、持久力《じきゅうりょく》をつける。何回《なんかい》かに1回《かい》、おしていく途中《とちゅう》で転《ころ》がしてもらう。たおされることで、受《う》け身《み》を取《と》る練習《れんしゅう》になる。通常《つうじょう》は、けいこのしあげとして行《おこな》われる。

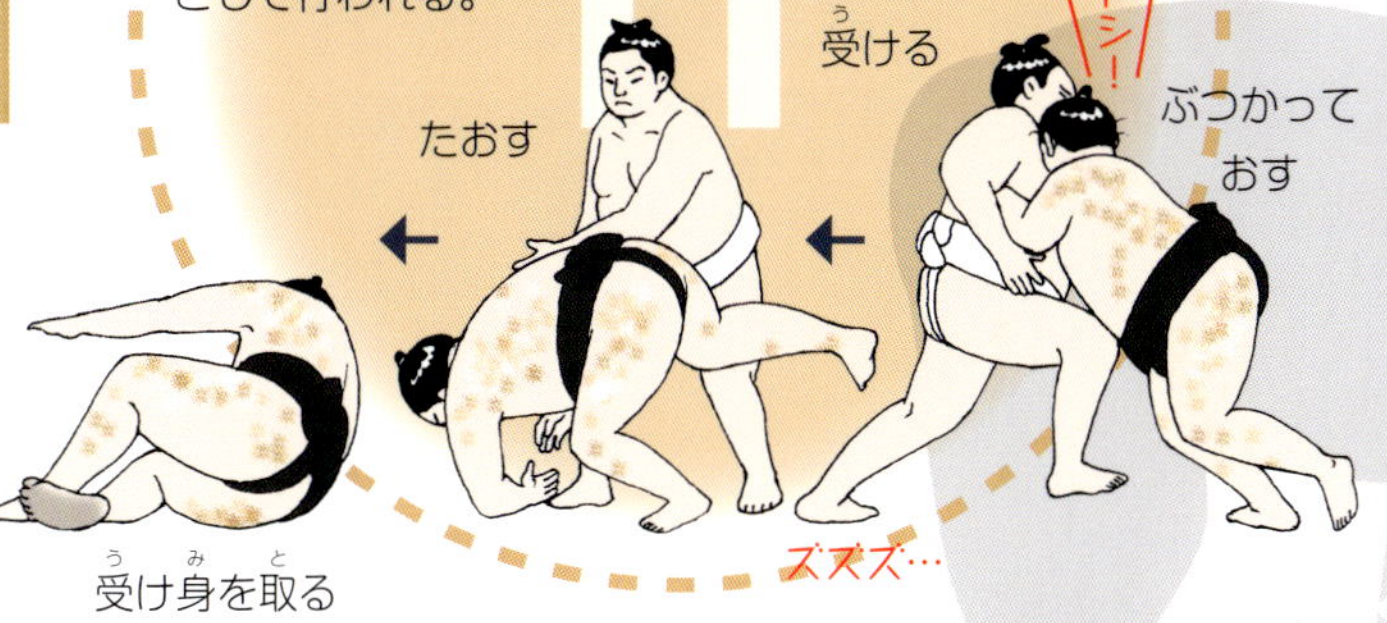

本場所直前《ほんばしょちょくぜん》に行《おこな》われる「けいこ総見《そうけん》」

東京《とうきょう》の国技館《こくぎかん》で行《おこな》われる一月《いちがつ》、五《ご》月《がつ》、九月《くがつ》の本場所《ほんばしょ》の前《まえ》に、十両以上《じゅうりょういじょう》の力士《りきし》がけいこをする様子《ようす》を、横綱審議《よこづなしんぎ》委員会《いいんかい》（→20ページ）の委員《いいん》が視察《しさつ》する行事《ぎょうじ》があります。この行事《ぎょうじ》を、けいこ総見《そうけん》といいます。

けいこ総見《そうけん》では、申《もう》し合《あ》いやぶつかりげいこなどが行《おこな》われ、力士《りきし》たちの本《ほん》場所前《ばしょまえ》のしあがり具合《ぐあい》や調子《ちょうし》の程度《ていど》などを見《み》ることができます。

けいこ総見《そうけん》で、ぶつかりげいこをする力士《りきし》。

写真／日本相撲協会

ぶつかりげいこでは、ぶつかる側《がわ》が受《う》ける（胸《むね》を出《だ》す）側《がわ》に全力《ぜんりょく》でぶつかり、おしていく。ぶつかりげいこで、くり返《かえ》しぶつかられるために、胸《むね》にたこができてしまう力士《りきし》もいる。

力士《りきし》の道《みち》の出発点《しゅっぱつてん》

新弟子《しんでし》

新《あたら》しく力士《りきし》になった人《ひと》を新弟子《しんでし》といいます。

堂々《どうどう》たる風格《ふうかく》の横綱《よこづな》も、スタートはみんなここから。長《なが》い階段《かいだん》を一段《いちだん》ずつ上《あ》がっていきます。

めざせ、横綱《よこづな》！ 力士《りきし》になるまで

相撲部屋《すもうべや》に入門《にゅうもん》

力士《りきし》は、みなどこかの相撲部屋《すもうべや》に所属《しょぞく》します。相撲部屋《すもうべや》に入《はい》ることを入門《にゅうもん》といい、一度《いちど》入門《にゅうもん》すると、基本的《きほんてき》に部屋《へや》を移《うつ》ることはできません。

親戚《しんせき》や知人《ちじん》の紹介《しょうかい》で部屋《へや》を決《き》める場合《ばあい》が多《おお》いですが、志望者《しぼうしゃ》が興味《きょうみ》のある部屋《へや》を自分《じぶん》から訪《たず》ね、体験《たいけん》して決《き》めることもあります。経験《けいけん》や実績《じっせき》のある若者《わかもの》を、親方《おやかた》がスカウトすることもあります。最近《さいきん》は、インターネットで、それぞれの部屋《へや》のサイトを見《み》て選《えら》ぶ人《ひと》も少《すく》なくありません。外国出身者《がいこくしゅっしんしゃ》も入門《にゅうもん》の方法《ほう》は同《おな》じですが、1つの部屋《へや》に入門《にゅうもん》できるのは1人と決《き》まっています（平成《へいせい》30年現在《ねんげんざい》）。

新弟子検査《しんでしけんさ》を受《う》ける

新弟子《しんでし》になれるのは、身長《しんちょう》167cm以上《いじょう》、体重《たいじゅう》67kg以上《いじょう》で、義務教育《ぎむきょういく》を修了《しゅうりょう》した23歳《さい》未満《みまん》の男子《だんし》に限《かぎ》られます。志望者《しぼうしゃ》は、日本相撲協会《にほんすもうきょうかい》が行《おこな》う新弟子検査《しんでしけんさ》を受《う》け、体格《たいかく》が規《き》準《じゅん》を満《み》たしているかを調《しら》べなければなりません。

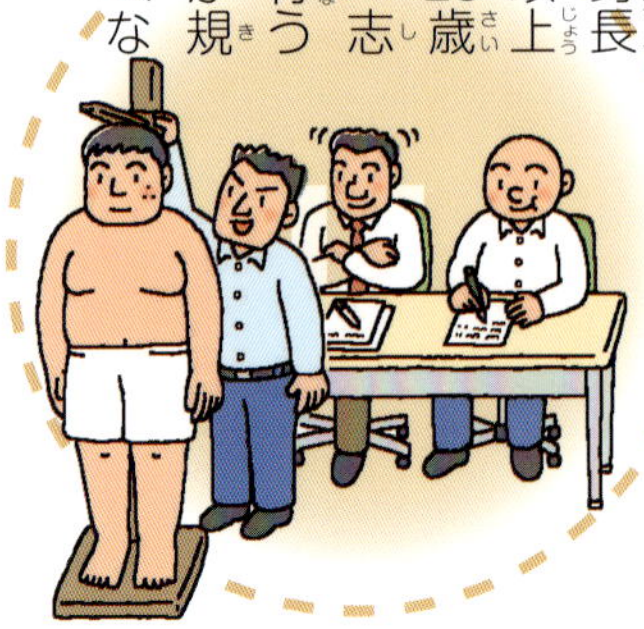

前相撲《まえずもう》を取《と》る

新弟子検査《しんでしけんさ》に合格《ごうかく》すると新《しん》弟子《でし》となり、本場所《ほんばしょ》で、前《まえ》相撲《すもう》という取組《とりくみ》をします（初《はつ》土俵《どひょう》）。三日目《みっかめ》から序ノ口《じょのくち》の取組前《とりくみまえ》に基本的《きほんてき》に1日《にち》1番《ばん》、3勝《しょう》するまで取《と》ります。早《はや》く3勝《しょう》した力士《りきし》ほど、次《つぎ》の場所《ばしょ》で序ノ口《じょのくち》での地位《ちい》が上《うえ》になります。

相撲教習所《すもうきょうしゅうじょ》

新弟子《しんでし》たちは、前相撲《まえずもう》を取《と》った翌《よく》月《げつ》から6か月間《げつかん》、東京《とうきょう》の国技館《こくぎかん》にある相撲教習所《すもうきょうしゅうじょ》に通《かよ》います。

学《まな》ぶ内容《ないよう》には、教養講座《きょうようこうざ》と実技《じつぎ》があり、教養講座《きょうようこうざ》では、相撲《すもう》の歴史《れきし》、書道《しょどう》、相撲甚句《すもうじんく》、運動医学《うんどういがく》などを学《まな》びます。実技《じつぎ》では、四股《しこ》やすり足《あし》のしかたを習《なら》うほか、ぶつかりげいこや申《もう》し合《あ》いなどのけいこをします。

入《はい》りたての行司《ぎょうじ》や床山《とこやま》、呼出《よびだ》しも、相撲教習所《すもうきょうしゅうじょ》で相撲《すもう》の歴史《れきし》を受講《じゅこう》します。

相撲教習所《すもうきょうしゅうじょ》では、本場所《ほんばしょ》がある時期《じき》を除《のぞ》いて、毎日朝《まいにちあさ》7時《じ》から授業《じゅぎょう》が始《はじ》まる。授業《じゅぎょう》の後《あと》は、入浴《にゅうよく》、昼食《ちゅうしょく》、そうじをすませ、12時半《じはん》ごろに教室《きょうしつ》に集《あつ》まって「日本相撲協会錬成歌《にほんすもうきょうかいれんせいか》」という歌《うた》をみんなで歌《うた》って終了《しゅうりょう》となる。

番付《ばんづけ》の序《じょ》ノ口《くち》に登場《とうじょう》

前相撲《まえずもう》を取《と》った次《つぎ》の場所《ばしょ》に、番付表《ばんづけひょう》の序《じょ》ノ口《くち》に名《な》前《まえ》がのります。もしも、前相撲《まえずもう》で1つも勝《か》てなくても、序《じょ》ノ口《くち》に進《すす》むことができます。ただし、アマチュアの大会《たいかい》などで規定《きてい》の実績《じっせき》を上《あ》げた新弟子《しんでし》は、前《まえ》相撲《すもう》を経《へ》ないで幕下十五枚目《まくしたじゅうごまいめ》や三段目《さんだんめ》から始《はじ》めることができます（相撲教習《すもうきょうしゅう》所《じょ》には通《かよ》う）。こうして、それぞれに上《うえ》の地位《ちい》をめざして努力《どりょく》し、競《きそ》い合《あ》っていくのです。

新序出世披露《しんじょしゅっせひろう》

本場所八日目《ほんばしょようかめ》の三段《さんだん》目《め》の取組《とりくみ》の間《あいだ》に、新弟《しんで》子《し》としてのお披露目《ひろめ》があります。これを新序《しんじょ》出世披露《しゅっせひろう》といいます。新弟子《しんでし》たちは、親方《おやかた》や兄弟子《あにでし》の化粧《けしょう》まわしを着《つ》けて土俵上《どひょうじょう》に並《なら》びます。学校《がっこう》の卒業時期《そつぎょうじき》に当《あ》たる三月場所《さんがつばしょ》だけは、新弟子《しんでし》が多《おお》いので、五《いつ》日目《かめ》と九日目《ここのかめ》の2回《かい》に分《わ》けて行《おこな》われます。

力士《りきし》の収入《しゅうにゅう》のしくみ

幕下《まくした》までは、正式《せいしき》にはまだ〝プロ〟力士《りきし》ではなく、力士養成員《りきしようせいいん》という立場《たちば》です。相撲部屋《すもうべや》で生活《せいかつ》するので部屋《へや》では家賃《やちん》や食費《しょくひ》などはかかりませんが、力士養成員《りきしようせいいん》は、給料《きゅうりょう》はもらえず、もらえるのは場《ば》所《しょ》ごとの手当《てあて》と、勝《か》ち星《ぼし》によってもらえる奨励金《しょうれいきん》だけです。

十両《じゅうりょう》に上《あ》がって関取《せきとり》と呼《よ》ばれるようになると、初《はじ》めて一人前《いちにんまえ》の力《りき》士《し》としてあつかわれ、給料《きゅうりょう》がもらえるようになります。地位《ちい》が上《あ》がれば給料《きゅうりょう》も増《ふ》えていきます。このほかに、本場所《ほんばしょ》の勝《か》ちこしや金星《きんぼし》の数《かず》を基本《きほん》にして、計算《けいさん》され支給《しきゅう》される「褒賞金《ほうしょうきん》」というしくみもあります。

しかし、反対《はんたい》に幕下《まくした》に下《さ》がってしまうと、また給料《きょうりょう》はなくなってしまいます。

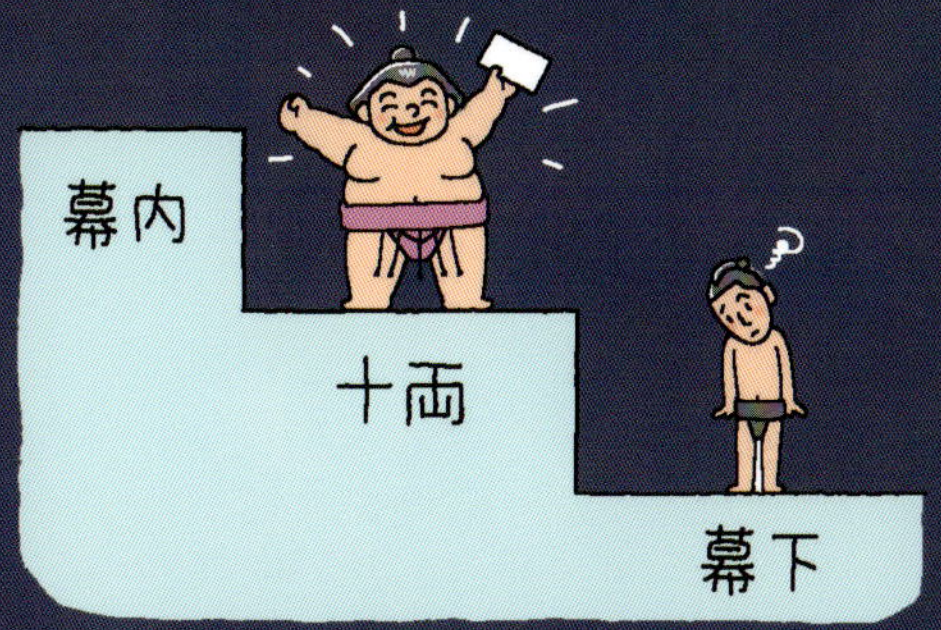

勝《か》つともらえる懸賞金《けんしょうきん》

幕内《まくうち》の取組《とりくみ》では、応援《おうえん》する力士《りきし》の取組《とりくみ》に、企業《きぎょう》などがお金《かね》を出《だ》す「懸《けん》賞《しょう》」がかかることがあります。

懸賞《けんしょう》の賞金《しょうきん》は、平成《へいせい》30年現在《ねんげんざい》で1本当《ぽんあ》たり6万《まん》2000円《えん》です。勝《か》った力士《りきし》は、このうち3万円《まんえん》が手取《てど》りとしてもらえ、2万《まん》6700円《えん》は、その力士《りきし》の積立金《つみたてきん》と納税《のうぜい》のためのお金《かね》に当《あ》てられます。残《のこ》りは日本相撲《にほんすもう》協会《きょうかい》の手数料《てすうりょう》です。

懸賞金《けんしょうきん》は、力士《りきし》にとっては、大切《たいせつ》な臨時収入《りんじしゅうにゅう》といえます。

取組《とりくみ》に懸賞《けんしょう》がかけられていることを示《しめ》す幕《まく》。写真／日本相撲協会

千秋楽《せんしゅうらく》の優勝力士《ゆうしょうりきし》などの表彰式《ひょうしょうしき》の後《あと》、その場所《ばしょ》の新序出世披露《しんじょしゅっせひろう》をした新弟子《しんでし》たちが、土俵《どひょう》に上《あ》がり、手打《てう》ち式《しき》をする。さらにその後《ご》、神送《かみおく》りの儀式《ぎしき》（→7ページ）にも参加《さんか》する。

日本《にっぽん》の北《きた》から南《みなみ》まで

巡業《じゅんぎょう》

春夏秋冬《はるなつあきふゆ》と、全国各地《ぜんこくかくち》で行《おこな》われる興行《こうぎょう》を巡業《じゅんぎょう》といいます。本場所《ほんばしょ》とはちがう相撲《すもう》の魅力《みりょく》が味《あじ》わえます。

巡業《じゅんぎょう》のプログラム

巡業《じゅんぎょう》では、力士《りきし》を始《はじ》め、行司《ぎょうじ》や呼出《よびだ》し、床山《とこやま》たちが、約《やく》1か月《げつ》かけて、地方《ちほう》の十数《じゅうすう》か所《しょ》を回《まわ》ります。取組《とりくみ》や土俵《どひょう》入《い》りのほかに、本場所《ほんばしょ》では見《み》られない楽《たの》しい内容《ないよう》もたくさん。力士《りきし》や相撲《すもう》の文化《ぶんか》を間近《まぢか》に感《かん》じられる機会《きかい》です。なお、巡業《じゅんぎょう》での取組《とりくみ》の成績《せいせき》は、番付《ばんづけ》には影響《えいきょう》しません。

巡業《じゅんぎょう》は、地域《ちいき》の活性化《かっせいか》や相撲《すもう》の普及《ふきゅう》に役立《やくだ》っている。

子《こ》どもとのけいこ

地元《じもと》の子《こ》どもたちが、力士《りきし》たちにけいこをつけてもらう。子《こ》どもたちにとっては、ふだんテレビでしか見《み》られないあこがれの力士《りきし》と直接《ちょくせつ》ふれあえる、夢《ゆめ》のような機会《きかい》だ。

赤《あか》ちゃんをだいて土俵入《どひょうい》り

巡業《じゅんぎょう》では、土俵入《どひょうい》りの時《とき》に力士《りきし》が赤《あか》ちゃんをだいて土俵《どひょう》に上《あ》がることがある。中《なか》には、大声《おおごえ》で泣《な》き出《だ》す赤《あか》ちゃんも。本場所《ほんばしょ》とは一味《ひとあじ》ちがった土俵入《どひょうい》りの風景《ふうけい》だ。

写真／日本相撲協会

大相撲《おおずもう》の一年《いちねん》

年《ねん》に6回《かい》、奇数月《きすうづき》に開催《かいさい》される本場所《ほんばしょ》の間《あいだ》に、各地《かくち》での巡業《じゅんぎょう》や行事《ぎょうじ》などがあります。

- 1月《がつ》　一月場所《いちがつばしょ》（初場所《はつばしょ》）　東京《とうきょう》・両国国技館《りょうごくこくぎかん》
- 2月《がつ》　豆《まめ》まき参加《さんか》　日本大相撲《にほんおおずもう》トーナメント
- 3月《がつ》　三月場所《さんがつばしょ》（春場所《はるばしょ》）　大阪《おおさか》
- 4月《がつ》　春巡業《はるじゅんぎょう》　近畿《きんき》・東海《とうかい》・関東地方《かんとうちほう》
- 5月《がつ》　五月場所《ごがつばしょ》（夏場所《なつばしょ》）　東京《とうきょう》・両国国技館《りょうごくこくぎかん》

昔《むかし》から、「お相撲《すもう》さんにだかれた子《こ》は、じょうぶに育《そだ》つ」といわれている。巡業《じゅんぎょう》で、力士《りきし》が赤《あか》ちゃんをだいて土俵入《どひょうい》りする様子《ようす》は、子《こ》どものすこやかな成長《せいちょう》を願《ねが》った親《おや》が、赤《あか》ちゃんを託《たく》す、ほのぼのとした光景《こうけい》だ。

横綱《よこづな》つなしめ実演《じつえん》

付《つ》け人《びと》が横綱《よこづな》を取《と》り囲《かこ》んで、化粧《けしょう》まわしの上《うえ》から綱《つな》をしめていく。約《やく》8kgもある綱《つな》を周《まわ》りから強《つよ》く引《ひ》っ張《ぱ》るので、横綱《よこづな》がぐらぐらしないよう、前《まえ》で付《つ》け人《びと》が支《ささ》えとなる。

髪《かみ》ゆい実演《じつえん》

人気力士《にんきりきし》がモデルとなって、床山《とこやま》が観客《かんきゃく》の前《まえ》で、大《おお》いちょうをゆう実演《じつえん》。長年《ながねん》の経験《けいけん》をもとに、みごとな手《て》さばきで、大《おお》いちょうをゆい上《あ》げる様子《ようす》を披露《ひろう》する。

しょっきり・相撲甚句《すもうじんく》

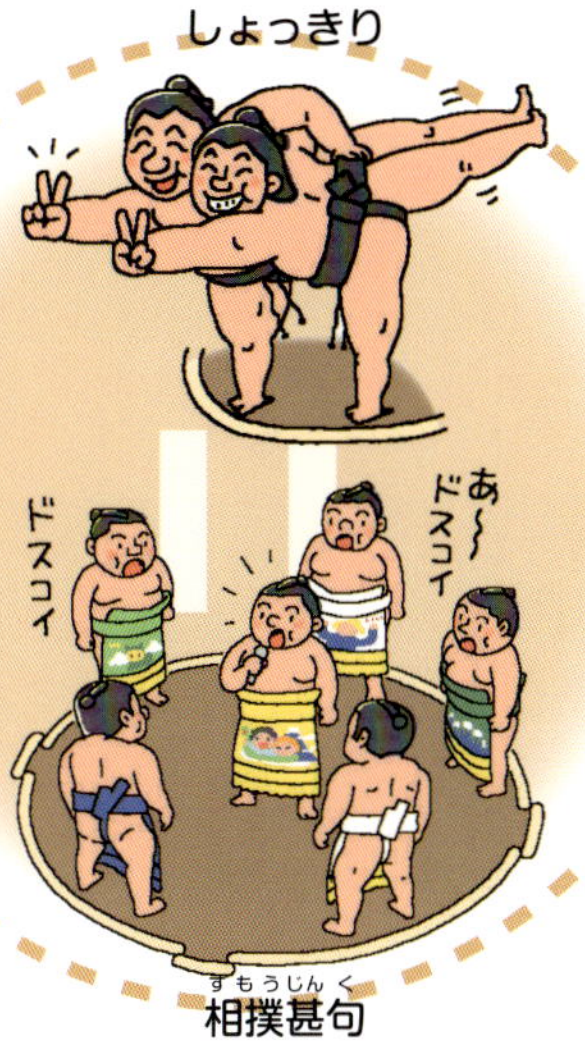

相撲《すもう》の禁《きん》じ手《て》などをユーモラスに紹介《しょうかい》する「しょっきり」や、力士《りきし》たちが歌《うた》う「相撲甚句《すもうじんく》」も、巡業《じゅんぎょう》ならではの見《み》どころだ。

裏方《うらかた》も大活躍《だいかつやく》

巡業《じゅんぎょう》を行《おこな》うにも、裏方《うらかた》の活躍《かつやく》が欠《か》かせません。開催日《かいさいび》の10日《か》ほど前《まえ》には、担当《たんとう》の親方《おやかた》や行司《ぎょうじ》、呼出《よびだ》しが現地《げんち》に入《はい》り、土俵《どひょう》作《づく》りや、荷物《にもつ》の運《はこ》びこみなどをします。地元《じもと》の人《ひと》たちにも協力《きょうりょく》してもらって、大勢《おおぜい》の観客《かんきゃく》をむかえるのです。

巡業《じゅんぎょう》で使《つか》う荷物《にもつ》の運搬《うんぱん》。　写真／日本相撲協会

6月《がつ》
海外巡業《かいがいじゅんぎょう》／公演《こうえん》・合宿《がっしゅく》など

7月《がつ》
七月場所《しちがつばしょ》（名古屋場所《なごやばしょ》）
名古屋《なごや》

8月《がつ》
夏巡業《なつじゅんぎょう》
東北《とうほく》・北海道《ほっかいどう》地方《ちほう》

9月《がつ》
九月場所《くがつばしょ》（秋場所《あきばしょ》）
東京《とうきょう》・両国国技館《りょうごくこくぎかん》

10月《がつ》
秋巡業《あきじゅんぎょう》
東海《とうかい》・近畿《きんき》・中国地方《ちゅうごくちほう》

11月《がつ》
十一月場所《じゅういちがつばしょ》（九州場所《きゅうしゅうばしょ》）
福岡《ふくおか》

12月《がつ》
冬巡業《ふゆじゅんぎょう》
九州《きゅうしゅう》・沖縄地方《おきなわちほう》

もちつき

地方《ちほう》への巡業《じゅんぎょう》は、江戸時代《えどじだい》から続《つづ》いている。昔《むかし》は、部屋《へや》ごと、または一門《いちもん》ごとに回《まわ》っていたが、昭和《しょうわ》33（1958）年《ねん》から日本相撲協会《にほんすもうきょうかい》がまとめて行《おこな》うようになった。以前《いぜん》は、巡業専用《じゅんぎょうせんよう》の列車《れっしゃ》もあったが、現在《げんざい》は主《しゅ》としてバスで移動《いどう》する。

力士《りきし》を育《そだ》てる場《ば》

相撲部屋《すもうべや》

力士《りきし》たちが所属《しょぞく》する個々《ここ》の小団体《しょうだんたい》を、相撲部屋《すもうべや》といいます。部屋《へや》の責任者《せきにんしゃ》を親方《おやかた》といいます。

相撲部屋《すもうべや》とは

相撲部屋《すもうべや》は、平成《へいせい》30年現在《ねんげんざい》、45あります。出羽海親方《でわのうみおやかた》が責任者《せきにんしゃ》（師匠《ししょう》）である部屋《へや》を出羽海部屋《でわのうみべや》と呼《よ》ぶように、親方《おやかた》の名前《なまえ》をつけて呼《よ》びます。部屋《へや》を別《べつ》の親方《おやかた》がついだ場合《ばあい》は、部屋《へや》の名前《なまえ》が変《か》わることもあります。

相撲部屋《すもうべや》には、力士《りきし》のほか、部屋《へや》を持《も》っていない親方《おやかた》（コーチのような役割《やくわり》）、行司《ぎょうじ》や呼出《よびだ》し、床山《とこやま》も所属《しょぞく》しています。

力士《りきし》は、必《かなら》ずどこかの部屋《へや》に所属《しょぞく》しなければ、相撲《すもう》を取《と》ることはできません。

相撲部屋《すもうべや》でのけいこの様子《ようす》（鐚山部屋《しころやまべや》）。

写真／日本相撲協会

出羽海部屋《でわのうみべや》は、文久元《ぶんきゅうがん》（1861）年《ねん》から、高砂部屋《たかさごべや》は、明治《めいじ》11（1878）年《ねん》から続《つづ》く、歴史《れきし》の長《なが》い相撲部屋《すもうべや》だ。

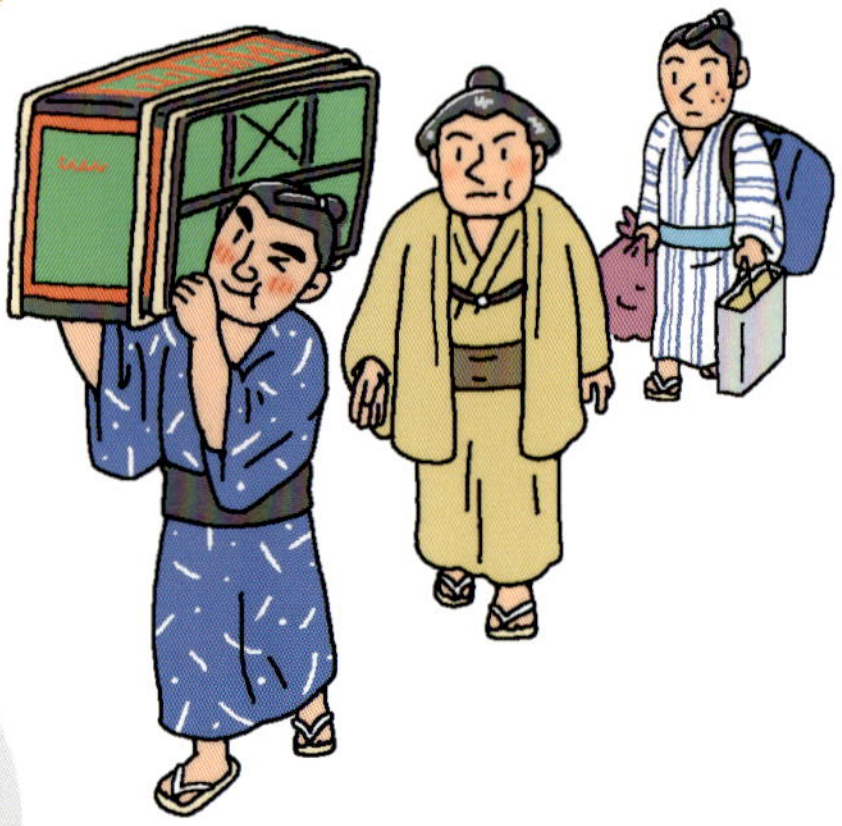

力士《りきし》の共同生活《きょうどうせいかつ》の場《ば》

相撲部屋《すもうべや》は、力士《りきし》たちが生活《せいかつ》をともにして、鍛錬《たんれん》を積《つ》む場所《ばしょ》でもあります。

それぞれの相撲部屋《すもうべや》には、けいこ場《ば》があり、朝《あさ》早《はや》くから、所属《しょぞく》する力士《りきし》たちがけいこをします。

十両以上《じゅうりょういじょう》の関取《せきとり》には、幕下以下《まくしたいか》の力士《りきし》が付《つ》け人《びと》として、関取《せきとり》の身《み》の回《まわ》りの世話《せわ》をします。

先《さき》に入門《にゅうもん》した力士《りきし》は兄弟子《あにでし》と呼《よ》ばれ、後輩《こうはい》の指導《しどう》にあたります。

親方同士《おやかたどうし》がもともと同《おな》じ相撲部屋《すもうべや》の出身《しゅっしん》で兄弟弟子《きょうだいでし》だったなど、親戚関係《しんせきかんけい》にある部屋《へや》を、一門《いちもん》という。平成《へいせい》30年現在《ねんげんざい》、出羽海《でわのうみ》、時津風《ときつかぜ》、高砂《たかさご》、二所ノ関《にしょのせき》、伊勢ヶ濱《いせがはま》、貴乃花《たかのはな》の6つの一門《いちもん》がある（これらにふくまれない部屋《へや》もある）。

部屋《へや》の責任者《せきにんしゃ》、「親方《おやかた》」

現役時代《げんえきじだい》に一定《いってい》の実績《じっせき》のあった力士《りきし》は、引退後《いんたいご》に、「年寄名跡《としよりみょうせき》」という資格《しかく》のようなものを持《も》つことができます。この人《ひと》たちを、「年寄《としより》」といいますが、通常《つうじょう》は「親方《おやかた》」と呼《よ》ばれます。日本相撲協会《にほんすもうきょうかい》の一員《いちいん》として相撲部屋《すもうべや》を持《も》てるのは、親方《おやかた》だけに限《かぎ》られます。

三役以上《さんやくいじょう》を1場所《ばしょ》、または幕内通算《まくうちつうさん》20場所以上《ばしょいじょう》、または幕内《まくうち》・十両通算《じゅうりょうつうさん》28場所以上《ばしょいじょう》つとめると、年寄名跡《としよりみょうせき》を持《も》てる。

相撲部屋《すもうべや》の継承予定者《けいしょうよていしゃ》は、幕《まく》内通算《うちつうさん》12場所以上《ばしょいじょう》、または幕《まく》内《うち》・十両通算《じゅうりょうつうさん》20場所以上《ばしょいじょう》つとめていれば年寄名跡《としよりみょうせき》を持《も》てる。

部屋《へや》の経営《けいえい》をする

相撲部屋《すもうべや》の収入《しゅうにゅう》や支出《ししゅつ》に関《かん》することなど、経営《けいえい》に関係《かんけい》する仕事《しごと》をします。

力士《りきし》の指導《しどう》をする

所属《しょぞく》している力士《りきし》のけいこや生活《せいかつ》に目《め》を配《くば》り、全般的《ぜんぱんてき》な指導《しどう》をします。

協会《きょうかい》の仕事《しごと》をする

審判部《しんぱんぶ》、巡業部《じゅんぎょうぶ》、場内警備《じょうないけいび》など、日本相撲協会《にほんすもうきょうかい》の仕事《しごと》をします。

スカウトをする

将来有望《しょうらいゆうぼう》な若者《わかもの》に、部屋《へや》に入《はい》ってもらうよう、スカウトをします。時《とき》には外国《がいこく》に行《い》くこともあります。

母親《ははおや》がわりの「おかみさん」

相撲部屋《すもうべや》の親方《おやかた》のおくさんは、おかみさんと呼《よ》ばれ、親方《おやかた》を支《ささ》えて、部屋《へや》のさまざまな仕事《しごと》をします。

若《わか》い力士《りきし》たちの着《き》るもの、食《た》べるもの、健康面《けんこうめん》の気配《きくば》りなど、生活《せいかつ》に関《かん》することの面倒《めんどう》を見《み》ます。実家《じっか》をはなれて部屋《へや》で暮《く》らす力士《りきし》たちにとっては、母親《ははおや》のような存在《そんざい》です。

また、それ以外《いがい》にも、部屋《へや》の後援《こうえん》会《かい》の人《ひと》たちへのあいさつやパーティーの手配《てはい》など、さまざまな仕事《しごと》があります。

部屋《へや》の力士《りきし》が出世《しゅっせ》することを夢見《ゆめみ》ながら、いそがしく働《はたら》いているのです。

年寄名跡《としよりみょうせき》は、年寄株《としよりかぶ》、親方株《おやかたかぶ》とも呼《よ》ばれ、江戸時代《えどじだい》から続《つづ》くしくみだ。昭和《しょうわ》2(1927)年以降《ねんいこう》、年寄名跡《としよりみょうせき》は105と決《き》まっている。このほかに、大《おお》きな功績《こうせき》があった力士《りきし》には、一代限《いちだいかぎ》りの一代年寄《いちだいとしより》がおくられることがある。

さくいん

あ

相《あい》四《よ》つ……38
青房《あおぶさ》……5
赤房《あかぶさ》……5
秋場所《あきばしょ》……53
上《あ》げ俵《だわら》……5
揚巻《あげまき》……5
足取《あしと》り……42
浴《あ》びせ倒《たお》し……40
網打《あみう》ち……43
荒木田土《あらきだつち》……6
あんこ型《がた》……14
勇《いさ》み足《あし》……45
居反《いぞ》り……42
一代年寄《いちだいとしより》……55
一門《いちもん》……54
一本背負《いっぽんぜお》い……41
後《うし》ろもたれ……45
内掛《うちが》け……41
内無双《うちむそう》……43
うっちゃり……45
上手出《うわてだ》し投《な》げ……41
上手投《うわてな》げ……40
上手捻《うわてひね》り……43
雲竜型《うんりゅうがた》……21
烏帽子《えぼし》……27
大《おお》いちょう……28・29
大逆手《おおさかて》……43
大関《おおぜき》……15・18
大股《おおまた》……42
送《おく》り足《あし》……34
送《おく》り掛《が》け……45
送《おく》り倒《たお》し……44
送《おく》り出《だ》し……44
送《おく》り吊《つ》り落《お》とし……44
送《おく》り吊《つ》り出《だ》し……44
送《おく》り投《な》げ……44
送《おく》り引《ひ》き落《お》とし……45
押《お》し倒《たお》し……40
押《お》し出《だ》し……40
お相撲《すもう》さん……14
おっつけ……39
小野川《おのがわ》……21
親方《おやかた》……55

か

親方株《おやかたかぶ》……55
腕捻《かいなひね》り……44
顔《かお》ぶれ言上《ごんじょう》……11
角俵《かくだわら》……4
掛《か》け反《ぞ》り……42
掛《か》け投《な》げ……41
肩透《かたす》かし……43
方屋開口《かたやかいこう》……7
かち上《あ》げ……37
勝《か》ちこし……9
合掌捻《がっしょうひね》り……44
がっぷり四《よ》つ……39
カド番《ばん》……18
かばい手《て》……34
神送《かみおく》りの儀式《ぎしき》……7
河津掛《かわずが》け……41
敢闘賞《かんとうしょう》……19
かんぬき……39
柝《き》……30・31
技能賞《ぎのうしょう》……19
決《き》まり手《て》……40〜45
木村庄之助《きむらしょうのすけ》……27
極《き》め倒《たお》し……45
極《き》め出《だ》し……45
九州場所《きゅうしゅうばしょ》……53
行司《ぎょうじ》……13・26・27
切《き》り返《かえ》し……41
禁《きん》じ手《て》……34
金星《きんぼし》……19
首投《くびな》げ……41
首捻《くびひね》り……44
黒房《くろぶさ》……5
軍配《ぐんばい》……27
けいこ……16・48
けいこ総見《そうけん》……49
けいこまわし……24
蹴返《けかえ》し……41
化粧《けしょう》まわし……10・24
蹴手繰《けたぐ》り……42
けんか四《よ》つ……38
懸賞金《けんしょうきん》……51
腰砕《こしくだ》け……45
腰投《こしな》げ……41
小褄取《こづまと》り……42
小手投《こてな》げ……40
小手捻《こてひね》り……44
小股掬《こまたすく》い……42
小結《こむすび》……15・18

さ

逆《さか》とったり……43
さがり……25
先《さき》しばり……28
さしちがえ……35
鯖折《さばお》り……43
三賞《さんしょう》……19
三段目《さんだんめ》……13・15
三番《さんばん》げいこ……16・49
三役《さんやく》……15
三役呼出《さんやくよびだ》し……30
式守伊之助《しきもりいのすけ》……27
仕切《しき》り……33・36
仕切《しき》り線《せん》……5・37
四股《しこ》……32・48
しこ名《な》……22・23
支度部屋《したくべや》……10
下手出《したてだ》し投《な》げ……41
下手投《したてな》げ……40
下手捻《したてひね》り……43
死《し》に体《たい》……34
しめこみ……24
蛇《じゃ》の目《め》……5
十枚目《じゅうまいめ》……15
十両《じゅうりょう》……13・15
殊勲賞《しゅくんしょう》……19
撞木反《しゅもくぞ》り……42
巡業《じゅんぎょう》……52
勝負俵《しょうぶだわら》……4
しょっきり……53
序二段《じょにだん》……13・15
初日《しょにち》……8
序《じょ》ノ口《くち》……13・15
不知火型《しらぬいがた》……21
白房《しろぶさ》……5
新序出世披露《しんじょしゅっせひろう》……51
新弟子《しんでし》……50
新弟子検査《しんでしけんさ》……50
審判委員《しんぱんいいん》……13
掬《すく》い投《な》げ……41
裾取《すそと》り……42
裾払《すそはら》い……42
頭捻《ずぶね》り……43
相撲教習所《すもうきょうしゅうじょ》……50
相撲甚句《すもうじんく》……53
相撲取《すもうと》り……14
相撲部屋《すもうべや》……14・16・17・50・54
相撲文字《すもうもじ》……13
すり足《あし》……48
制限時間《せいげんじかん》……37
関取《せきとり》……15・51
関脇《せきわけ》……15・18
せり上《あ》がり……21
世話人《せわにん》……31
千秋楽《せんしゅうらく》……8
素首落《そくびお》とし……44
ソップ型《がた》……14
外掛《そとが》け……41
外小股《そとこまた》……42
外《そと》たすき反《ぞ》り……43
外無双《そとむそう》……43
蹲踞《そんきょ》……32

た

たすき反《ぞ》り……42
立合《たちあ》い……27・37
太刀持《たちも》ち……11・21
立行司《たてぎょうじ》……27
立呼出《たてよびだ》し……30
谷風《たにかぜ》……21
力水《ちからみず》……30・32
ちゃんこ……16・17
ちょん掛《が》け……41
ちょんまげ……28
塵手水《ちりちょうず》……33
つかみ投《な》げ……41
つきおし相撲《ずもう》……38
突《つ》き落《お》とし……43
突《つ》き倒《たお》し……40
突《つ》き出《だ》し……40
つき手《て》……45
つきひざ……45
伝《つた》え反《ぞ》り……43
つっぱり……37
褄取《つまと》り……42
つゆはらい……11・20
吊《つ》り落《お》とし……44
吊《つ》り出《だ》し……44
手刀《てがたな》……33
てっぽう……48
徳俵《とくだわら》……4
床山《とこやま》……28
年寄株《としよりかぶ》……55
年寄名跡《としよりみょうせき》……55
徳利投《とっくりな》げ……44
とったり……43
土俵《どひょう》……4・6
土俵入《どひょうい》り……19・21
土俵作法《どひょうさほう》……32
土俵築《どひょうつき》……6
土俵祭《どひょうまつり》……7・26
取組編成会議《とりくみへんせいかいぎ》……8

な

中入《なかいり》……11
中《なか》ぞり……29
中日《なかび》……8
名古屋場所《なごやばしょ》……53
夏場所《なつばしょ》……52
にぎりばさみ……28
二丁投《にちょうな》げ……41
二枚蹴《にまいげ》り……42
根岸流《ねぎしりゅう》……13
ねこだまし……37
のど輪《わ》……37

は

はずおし……38
叩《はた》き込《こ》み……44
初場所《はつばしょ》……52
張《は》り手《て》……37
波離間投《はりまな》げ……43
春場所《はるばしょ》……52
馬簾《ばれん》……24
番付《ばんづけ》……12
番付表《ばんづけひょう》……12・13・26
番付編成会議《ばんづけへんせいかいぎ》……12
引《ひ》き落《お》とし……44
直垂《ひたたれ》……26
左四《ひだりよ》つ……38
引《ひ》っ掛《か》け……44
拍子木《ひょうしぎ》……30・31
平幕《ひらまく》……15・19
平幕優勝《ひらまくゆうしょう》……19
びんつけ油《あぶら》……28
副立呼出《ふくたてよびだ》し……30
房《ふさ》……5
不浄負《ふじょうま》け……34
ぶちかまし……37
ぶつかりげいこ……16・49
踏《ふ》み出《だ》し……45
ふみ俵《だわら》……5
変化《へんか》……37
褒賞金《ほうしょうきん》……51
星取表《ほしとりひょう》……9
本場所《ほんばしょ》……8・10

ま

前頭《まえがしら》……15・18
前相撲《まえずもう》……10・50
巻《ま》き落《お》とし……43
幕内《まくうち》……15・18
幕内土俵入《まくうちどひょうい》り……19
幕内力士《まくうちりきし》……13・18
幕下《まくした》……13・15
負《ま》けこし……9
まげ棒《ぼう》……28
股割《またわ》り……48
待《ま》ったた……36
まわし……24
右四《みぎよ》つ……38
水入《みずい》り……39
水引幕《みずひきまく》……5
三所攻《みところぜ》め……42
虫《むし》めがね……13
結《むす》びの一番《いちばん》……11・19
申《もう》し合《あ》い……16・49
元結《もとゆい》……28
物言《ものい》い……35
もろざし……39
もろ手《て》づき……37

や

屋形《やかた》……5
櫓投《やぐらな》げ……41
優勝《ゆうしょう》……8
優勝決定戦《ゆうしょうけっていせん》……8
弓取式《ゆみとりしき》……11
横綱《よこづな》……15・18・20・21
横綱審議委員会《よこづなしんぎいいんかい》……20・49
横綱推挙状《よこづなすいきょじょう》……20
横綱土俵入《よこづなどひょうい》り……11・21
寄《よ》せ太鼓《だいこ》……10
四《よ》つ相撲《ずもう》……38
呼出《よびだ》し……10・30・31
呼《よ》び戻《もど》し……45
寄《よ》り切《き》り……40
寄《よ》り倒《たお》し……40

ら

力士《りきし》……14・16
力士養成員《りきしようせいいん》……15・51

わ

若者頭《わかいものがしら》……31
渡《わた》し込《こ》み……42
割《わ》り出《だ》し……45

●監修《かんしゅう》　デーモン閣下《かっか》

悪魔《あくま》。芸術《げいじゅつ》・娯楽《ごらく》の創作演出《そうさくえんしゅつ》と表現《ひょうげん》、世情評論《せじょうひょうろん》など多《おお》くの媒体《ばいたい》で活躍《かつやく》。相撲専門誌《すもうせんもんし》で論評《ろんぴょう》を11年間連載《ねんかんれんさい》。大相撲関連番組《おおずもうかんれんばんぐみ》でのゲスト解説《かいせつ》、報道《ほうどう》でのコメントでも頻繁《ひんぱん》に登場《とうじょう》。発表《はっぴょう》した楽《がっ》曲《きょく》に「土俵《どひょう》の魂《たましい》」「雷電為右衛門《らいでんためえもん》」「千秋楽《せんしゅうらく》」、書籍《しょせき》では『勝手《かって》に大相撲審議会《おおずもうしんぎかい》』(やくみつる氏《し》との共著《きょうちょ》)がある。監督《かんとく》した映画《えいが》「コナ・ニシテ・フゥ」では元横綱《もとよこづな》・輪島大士氏《わじまひろしし》を自分《じぶん》の父親役《ちちおややく》に配役《はいやく》。

「邦楽維新 Collaboration《ほうがくいしんコラボレーション》」など和《わ》の伝統芸《でんとうげい》との共作活動《きょうさくかつどう》も主体的《しゅたいてき》で、上海万博《しゃんはいばんぱく》では「文化交流大使《ぶんかこうりゅうたいし》」も執務《しつむ》。早稲田大学相撲部特別参与《わせだだいがくすもうぶとくべつさんよ》。

http://demon-kakka.jp/

●編集協力　有限会社大悠社

●表紙デザイン　キガミッツ

●本文デザイン　seadragon

●イラスト　岡本まさあき
川上　潤
タカダカズヤ
土田菜摘

デーモン閣下監修《かっかかんしゅう》!

みんなの相撲大全《すもうたいぜん》(全《ぜん》2巻《かん》)

一　大相撲《おおずもう》を楽《たの》しもう!

2018年2月　初版発行

発 行 者　升川秀雄
発 行 所　株式会社教育画劇
〒151-0051
東京都渋谷区千駄ヶ谷5-17-15
TEL：03-3341-3400
FAX：03-3341-8365
http://www.kyouikugageki.co.jp
印刷・製本　大日本印刷株式会社
56P 268 × 210mm　NDC788 ISBN978-4-7746-2133-3
(全2冊セット ISBN978-4-7746-3107-3)

Published by Kyouikugageki, inc., Printed in Japan

●参考文献

『相撲大事典　第四版』金指基原著／公益財団法人日本相撲協会監修(現代書館)
『大相撲の事典』澤田一矢編(東京堂出版)
『勝手に大相撲審議会』やく みつる・デーモン閣下著(中央公論新社)
『相撲の歴史』新田一郎著(山川出版社)
『相撲、国技となる』風見明著(大修館書店)
『大相撲手帳』杉山邦博監修(東京書籍)
『力士の世界』33代木村庄之助著(KADOKAWA)
『相撲のひみつ』新田一郎著(朝日出版社)
『DVDでよくわかる！　相撲観戦が10倍楽しくなる!!　世界初の相撲の技術の教科書』桑森真介著(ベースボール・マガジン社)
『平成三十年版　大相撲力士名鑑』京須利敏・水野尚文編著(共同通信社)
『大相撲の解剖図鑑』伊藤勝治監修(エクスナレッジ)
『大相撲の道具ばなし』坂本俊夫著(現代書館)
『チカラビトの国 －乃南アサの大相撲探検－』乃南アサ著(新潮社)
『ハッキヨイ！せきトリくん　わくわく大相撲ガイド』財団法人日本相撲協会監修(河出書房新社)
『ハッキヨイ！せきトリくん　わくわく大相撲ガイド　押し出し編』財団法人日本相撲協会監修(河出書房新社)
『ハッキヨイ！せきトリくん　わくわく大相撲ガイド　寄り切り編』公益財団法人日本相撲協会監修(河出書房新社)
『舞の海秀平と学ぶ　知れば知るほど大相撲』舞の海秀平・はすまる・荒井太郎著(徳間書店)
『大相撲知れば知るほど』「相撲」編集部編著(ベースボール・マガジン社)
『おもしろ大相撲百科』桜井誠人著(舵社)
『裏まで楽しむ！大相撲』ダグハウス編(KADOKAWA)
『相撲「通」レッスン帖』第三十四代木村庄之助こと伊藤勝治監修(大泉書店)
『図解　平成大相撲決まり手大事典』新山善一著(国書刊行会)
『はじめての大相撲』舞の海秀平監修／小野幸恵著(岩崎書店)
『昭和大相撲史』(毎日新聞社)
『相撲観戦入門2017』(ベースボール・マガジン社)
『大相撲決まり手大図鑑』(ベースボール・マガジン社)
『大相撲完全ガイド』(晋遊舎)
『中学体育実技』(学研教育みらい)

優勝力士一覧《ゆうしょうりきしいちらん》②

※個人優勝制度《こじんゆうしょうせいど》ができてからの幕内《まくうち》の優勝力士《ゆうしょうりきし》。「力士名《りきしめい》」「番付《ばんづけ》」は、優勝《ゆうしょう》当時《とうじ》のもの。「成績《せいせき》」の中《なか》で、「分《わけ》」は引《ひ》き分《わ》け、「預《あず》」は、預かり（引《ひ》き分《わ》けの一種《いっしゅ》で、あえて勝敗《しょうはい》を決《き》めないもの）、「休《きゅう》」は休場《きゅうじょう》を表《あらわ》す。「回数《かいすう》」は、その力士《りきし》の何回目《なんかいめ》の優勝《ゆうしょう》かを示《しめ》す。

年《ねん》・場《ば》所《しょ》	力《りき》士《し》名《めい》	番付《ばんづけ》	所属部屋《しょぞくべや》	成《せい》績《せき》	出身《しゅっしん》	回数《かいすう》
昭和《しょうわ》52（1977）年《ねん》・十一月《がつ》	輪島《わじま》 大士《ひろし》	横綱《よこづな》	花籠《はなかご》	14勝《しょう》1敗《ぱい》	石川《いしかわ》	12
昭和53（1978）年・一月	北の湖《きたのうみ》 敏満《としみつ》	横綱《よこづな》	三保ケ関《みほがせき》	15勝《しょう》	北海道《ほっかいどう》	10
昭和53（1978）年・三月	北の湖《きたのうみ》 敏満《としみつ》	横綱《よこづな》	三保ケ関《みほがせき》	13勝《しょう》2敗《はい》	北海道《ほっかいどう》	11
昭和53（1978）年・五月	北の湖《きたのうみ》 敏満《としみつ》	横綱《よこづな》	三保ケ関《みほがせき》	14勝《しょう》1敗《ぱい》	北海道《ほっかいどう》	12
昭和53（1978）年・七月	北の湖《きたのうみ》 敏満《としみつ》	横綱《よこづな》	三保ケ関《みほがせき》	15勝《しょう》	北海道《ほっかいどう》	13
昭和53（1978）年・九月	北の湖《きたのうみ》 敏満《としみつ》	横綱《よこづな》	三保ケ関《みほがせき》	14勝《しょう》1敗《ぱい》	北海道《ほっかいどう》	14
昭和53（1978）年・十一月	若乃花《わかのはな》 幹士《かんじ》（二代《にだい》）	横綱《よこづな》	二子山《ふたごやま》	15勝《しょう》	青森《あおもり》	2
昭和54（1979）年・一月	北の湖《きたのうみ》 敏満《としみつ》	横綱《よこづな》	三保ケ関《みほがせき》	14勝《しょう》1敗《ぱい》	北海道《ほっかいどう》	15
昭和54（1979）年・三月	北の湖《きたのうみ》 敏満《としみつ》	横綱《よこづな》	三保ケ関《みほがせき》	15勝《しょう》	北海道《ほっかいどう》	16
昭和54（1979）年・五月	若乃花《わかのはな》 幹士《かんじ》（二代《にだい》）	横綱《よこづな》	二子山《ふたごやま》	14勝《しょう》1敗《ぱい》	青森《あおもり》	3
昭和54（1979）年・七月	輪島《わじま》 大士《ひろし》	横綱《よこづな》	花籠《はなかご》	14勝《しょう》1敗《ぱい》	石川《いしかわ》	13
昭和54（1979）年・九月	北の湖《きたのうみ》 敏満《としみつ》	横綱《よこづな》	三保ケ関《みほがせき》	13勝《しょう》2敗《はい》	北海道《ほっかいどう》	17
昭和54（1979）年・十一月	三重ノ海《みえのうみ》 剛司《つよし》	横綱《よこづな》	出羽海《でわのうみ》	14勝《しょう》1敗《ぱい》	三重《みえ》	2
昭和55（1980）年・一月	三重ノ海《みえのうみ》 剛司《つよし》	横綱《よこづな》	出羽海《でわのうみ》	15勝《しょう》	三重《みえ》	3
昭和55（1980）年・三月	北の湖《きたのうみ》 敏満《としみつ》	横綱《よこづな》	三保ケ関《みほがせき》	13勝《しょう》2敗《はい》	北海道《ほっかいどう》	18
昭和55（1980）年・五月	北の湖《きたのうみ》 敏満《としみつ》	横綱《よこづな》	三保ケ関《みほがせき》	14勝《しょう》1敗《ぱい》	北海道《ほっかいどう》	19
昭和55（1980）年・七月	北の湖《きたのうみ》 敏満《としみつ》	横綱《よこづな》	三保ケ関《みほがせき》	15勝《しょう》	北海道《ほっかいどう》	20
昭和55（1980）年・九月	若乃花《わかのはな》 幹士《かんじ》（二代《にだい》）	横綱《よこづな》	二子山《ふたごやま》	14勝《しょう》1敗《ぱい》	青森《あおもり》	4
昭和55（1980）年・十一月	輪島《わじま》 大士《ひろし》	横綱《よこづな》	花籠《はなかご》	14勝《しょう》1敗《ぱい》	石川《いしかわ》	14
昭和56（1981）年・一月	千代の富士《ちよのふじ》 貢《みつぐ》	関脇《せきわけ》	九重《ここのえ》	14勝《しょう》1敗《ぱい》	北海道《ほっかいどう》	1
昭和56（1981）年・三月	北の湖《きたのうみ》 敏満《としみつ》	横綱《よこづな》	三保ケ関《みほがせき》	13勝《しょう》2敗《はい》	北海道《ほっかいどう》	21
昭和56（1981）年・五月	北の湖《きたのうみ》 敏満《としみつ》	横綱《よこづな》	三保ケ関《みほがせき》	14勝《しょう》1敗《ぱい》	北海道《ほっかいどう》	22
昭和56（1981）年・七月	千代の富士《ちよのふじ》 貢《みつぐ》	大関《おおぜき》	九重《ここのえ》	14勝《しょう》1敗《ぱい》	北海道《ほっかいどう》	2
昭和56（1981）年・九月	琴風《ことかぜ》 豪規《ごうき》	関脇《せきわけ》	佐渡ケ嶽《さどがたけ》	12勝《しょう》3敗《ぱい》	三重《みえ》	1
昭和56（1981）年・十一月	千代の富士《ちよのふじ》 貢《みつぐ》	横綱《よこづな》	九重《ここのえ》	12勝《しょう》3敗《ぱい》	北海道《ほっかいどう》	3
昭和57（1982）年・一月	北の湖《きたのうみ》 敏満《としみつ》	横綱《よこづな》	三保ケ関《みほがせき》	13勝《しょう》2敗《はい》	北海道《ほっかいどう》	23
昭和57（1982）年・三月	千代の富士《ちよのふじ》 貢《みつぐ》	横綱《よこづな》	九重《ここのえ》	13勝《しょう》2敗《はい》	北海道《ほっかいどう》	4
昭和57（1982）年・五月	千代の富士《ちよのふじ》 貢《みつぐ》	横綱《よこづな》	九重《ここのえ》	13勝《しょう》2敗《はい》	北海道《ほっかいどう》	5
昭和57（1982）年・七月	千代の富士《ちよのふじ》 貢《みつぐ》	横綱《よこづな》	九重《ここのえ》	12勝《しょう》3敗《ぱい》	北海道《ほっかいどう》	6
昭和57（1982）年・九月	隆の里《たかのさと》 俊英《としひで》	大関《おおぜき》	二子山《ふたごやま》	15勝《しょう》	青森《あおもり》	1
昭和57（1982）年・十一月	千代の富士《ちよのふじ》 貢《みつぐ》	横綱《よこづな》	九重《ここのえ》	14勝《しょう》1敗《ぱい》	北海道《ほっかいどう》	7
昭和58（1983）年・一月	琴風《ことかぜ》 豪規《ごうき》	大関《おおぜき》	佐渡ケ嶽《さどがたけ》	14勝《しょう》1敗《ぱい》	三重《みえ》	2
昭和58（1983）年・三月	千代の富士《ちよのふじ》 貢《みつぐ》	横綱《よこづな》	九重《ここのえ》	15勝《しょう》	北海道《ほっかいどう》	8
昭和58（1983）年・五月	北天佑《ほくてんゆう》 勝彦《かつひこ》	関脇《せきわけ》	三保ケ関《みほがせき》	14勝《しょう》1敗《ぱい》	北海道《ほっかいどう》	1
昭和58（1983）年・七月	隆の里《たかのさと》 俊英《としひで》	大関《おおぜき》	二子山《ふたごやま》	14勝《しょう》1敗《ぱい》	青森《あおもり》	2
昭和58（1983）年・九月	隆の里《たかのさと》 俊英《としひで》	横綱《よこづな》	二子山《ふたごやま》	15勝《しょう》	青森《あおもり》	3
昭和58（1983）年・十一月	千代の富士《ちよのふじ》 貢《みつぐ》	横綱《よこづな》	九重《ここのえ》	14勝《しょう》1敗《ぱい》	北海道《ほっかいどう》	9
昭和59（1984）年・一月	隆の里《たかのさと》 俊英《としひで》	横綱《よこづな》	二子山《ふたごやま》	13勝《しょう》2敗《はい》	青森《あおもり》	4
昭和59（1984）年・三月	若嶋津《わかしまづ》 六夫《むつお》	大関《おおぜき》	二子山《ふたごやま》	14勝《しょう》1敗《ぱい》	鹿児島《かごしま》	1
昭和59（1984）年・五月	北の湖《きたのうみ》 敏満《としみつ》	横綱《よこづな》	三保ケ関《みほがせき》	15勝《しょう》	北海道《ほっかいどう》	24

年《ねん》・場《ば》所《しょ》	力《りき》士《し》名《めい》	番付《ばんづけ》	所属部屋《しょぞくべや》	成《せい》績《せき》	出身《しゅっしん》	回数《かいすう》
昭和《しょうわ》59（1984）年《ねん》・七月《がつ》	若嶋津《わかしまづ》 六夫《むつお》	大関《おおぜき》	二子山《ふたごやま》	15勝《しょう》	鹿児島《かごしま》	2
昭和59（1984）年・九月	多賀竜《たがりゅう》 昇司《しょうじ》	前頭《まえがしら》12	鏡山《かがみやま》	13勝《しょう》2敗《はい》	茨城《いばらき》	1
昭和59（1984）年・十一月	千代の富士《ちよのふじ》 貢《みつぐ》	横綱《よこづな》	九重《ここのえ》	14勝《しょう》1敗《ぱい》	北海道《ほっかいどう》	10
昭和60（1985）年・一月	千代の富士《ちよのふじ》 貢《みつぐ》	横綱《よこづな》	九重《ここのえ》	15勝《しょう》	北海道《ほっかいどう》	11
昭和60（1985）年・三月	朝潮《あさしお》 太郎《たろう》	大関《おおぜき》	高砂《たかさご》	13勝《しょう》2敗《はい》	高知《こうち》	1
昭和60（1985）年・5月	千代の富士《ちよのふじ》 貢《みつぐ》	横綱《よこづな》	九重《ここのえ》	14勝《しょう》1敗《ぱい》	北海道《ほっかいどう》	12
昭和60（1985）年・七月	北天佑《ほくてんゆう》 勝彦《かつひこ》	大関《おおぜき》	三保ケ関《みほがせき》	13勝《しょう》2敗《はい》	北海道《ほっかいどう》	2
昭和60（1985）年・九月	千代の富士《ちよのふじ》 貢《みつぐ》	横綱《よこづな》	九重《ここのえ》	15勝《しょう》	北海道《ほっかいどう》	13
昭和60（1985）年・十一月	千代の富士《ちよのふじ》 貢《みつぐ》	横綱《よこづな》	九重《ここのえ》	14勝《しょう》1敗《ぱい》	北海道《ほっかいどう》	14
昭和61（1986）年・一月	千代の富士《ちよのふじ》 貢《みつぐ》	横綱《よこづな》	九重《ここのえ》	13勝《しょう》2敗《はい》	北海道《ほっかいどう》	15
昭和61（1986）年・三月	保志《ほし》 延芳《のぶよし》	関脇《せきわけ》	九重《ここのえ》	13勝《しょう》2敗《はい》	北海道《ほっかいどう》	1
昭和61（1986）年・五月	千代の富士《ちよのふじ》 貢《みつぐ》	横綱《よこづな》	九重《ここのえ》	13勝《しょう》2敗《はい》	北海道《ほっかいどう》	16
昭和61（1986）年・七月	千代の富士《ちよのふじ》 貢《みつぐ》	横綱《よこづな》	九重《ここのえ》	14勝《しょう》1敗《ぱい》	北海道《ほっかいどう》	17
昭和61（1986）年・九月	千代の富士《ちよのふじ》 貢《みつぐ》	横綱《よこづな》	九重《ここのえ》	14勝《しょう》1敗《ぱい》	北海道《ほっかいどう》	18
昭和61（1986）年・十一月	千代の富士《ちよのふじ》 貢《みつぐ》	横綱《よこづな》	九重《ここのえ》	13勝《しょう》2敗《はい》	北海道《ほっかいどう》	19
昭和62（1987）年・一月	千代の富士《ちよのふじ》 貢《みつぐ》	横綱《よこづな》	九重《ここのえ》	12勝《しょう》3敗《ぱい》	北海道《ほっかいどう》	20
昭和62（1987）年・三月	北勝海《ほくとうみ》 信芳《のぶよし》	大関《おおぜき》	九重《ここのえ》	12勝《しょう》3敗《ぱい》	北海道《ほっかいどう》	2
昭和62（1987）年・五月	大乃国《おおのくに》 康《やすし》	大関《おおぜき》	放駒《はなれごま》	15勝《しょう》	北海道《ほっかいどう》	1
昭和62（1987）年・七月	千代の富士《ちよのふじ》 貢《みつぐ》	横綱《よこづな》	九重《ここのえ》	14勝《しょう》1敗《ぱい》	北海道《ほっかいどう》	21
昭和62（1987）年・九月	北勝海《ほくとうみ》 信芳《のぶよし》	横綱《よこづな》	九重《ここのえ》	14勝《しょう》1敗《ぱい》	北海道《ほっかいどう》	3
昭和62（1987）年・十一月	千代の富士《ちよのふじ》 貢《みつぐ》	横綱《よこづな》	九重《ここのえ》	15勝《しょう》	北海道《ほっかいどう》	22
昭和63（1988）年・一月	旭富士《あさひふじ》 正也《せいや》	大関《おおぜき》	大島《おおしま》	14勝《しょう》1敗《ぱい》	青森《あおもり》	1
昭和63（1988）年・三月	大乃国《おおのくに》 康《やすし》	横綱《よこづな》	放駒《はなれごま》	13勝《しょう》2敗《はい》	北海道《ほっかいどう》	2
昭和63（1988）年・五月	千代の富士《ちよのふじ》 貢《みつぐ》	横綱《よこづな》	九重《ここのえ》	14勝《しょう》1敗《ぱい》	北海道《ほっかいどう》	23
昭和63（1988）年・七月	千代の富士《ちよのふじ》 貢《みつぐ》	横綱《よこづな》	九重《ここのえ》	15勝《しょう》	北海道《ほっかいどう》	24
昭和63（1988）年・九月	千代の富士《ちよのふじ》 貢《みつぐ》	横綱《よこづな》	九重《ここのえ》	15勝《しょう》	北海道《ほっかいどう》	25
昭和63（1988）年・十一月	千代の富士《ちよのふじ》 貢《みつぐ》	横綱《よこづな》	九重《ここのえ》	14勝《しょう》1敗《ぱい》	北海道《ほっかいどう》	26
平成元《へいせいがん》（1989）年・一月	北勝海《ほくとうみ》 信芳《のぶよし》	横綱《よこづな》	九重《ここのえ》	14勝《しょう》1敗《ぱい》	北海道《ほっかいどう》	4
平成元（1989）年・三月	千代の富士《ちよのふじ》 貢《みつぐ》	横綱《よこづな》	九重《ここのえ》	14勝《しょう》1敗《ぱい》	北海道《ほっかいどう》	27
平成元（1989）年・五月	北勝海《ほくとうみ》 信芳《のぶよし》	横綱《よこづな》	九重《ここのえ》	13勝《しょう》2敗《はい》	北海道《ほっかいどう》	5
平成元（1989）年・七月	千代の富士《ちよのふじ》 貢《みつぐ》	横綱《よこづな》	九重《ここのえ》	12勝《しょう》3敗《ぱい》	北海道《ほっかいどう》	28
平成元（1989）年・九月	千代の富士《ちよのふじ》 貢《みつぐ》	横綱《よこづな》	九重《ここのえ》	15勝《しょう》	北海道《ほっかいどう》	29
平成元（1989）年・十一月	小錦《こにしき》 八十吉《やそきち》	大関《おおぜき》	高砂《たかさご》	14勝《しょう》1敗《ぱい》	アメリカ	1
平成2（1990）年・一月	千代の富士《ちよのふじ》 貢《みつぐ》	横綱《よこづな》	九重《ここのえ》	14勝《しょう》1敗《ぱい》	北海道《ほっかいどう》	30
平成2（1990）年・三月	北勝海《ほくとうみ》 信芳《のぶよし》	横綱《よこづな》	九重《ここのえ》	13勝《しょう》2敗《はい》	北海道《ほっかいどう》	6
平成2（1990）年・五月	旭富士《あさひふじ》 正也《せいや》	大関《おおぜき》	大島《おおしま》	14勝《しょう》1敗《ぱい》	青森《あおもり》	2
平成2（1990）年・七月	旭富士《あさひふじ》 正也《せいや》	大関《おおぜき》	大島《おおしま》	14勝《しょう》1敗《ぱい》	青森《あおもり》	3
平成2（1990）年・九月	北勝海《ほくとうみ》 信芳《のぶよし》	横綱《よこづな》	九重《ここのえ》	14勝《しょう》1敗《ぱい》	北海道《ほっかいどう》	7
平成2（1990）年・十一月	千代の富士《ちよのふじ》 貢《みつぐ》	横綱《よこづな》	九重《ここのえ》	13勝《しょう》2敗《はい》	北海道《ほっかいどう》	31
平成3（1991）年・一月	霧島《きりしま》 一博《かずひろ》	大関《おおぜき》	井筒《いづつ》	14勝《しょう》1敗《ぱい》	鹿児島《かごしま》	1

年《ねん》・場《ば》所《しょ》	力《りき》士《し》名《めい》	番付《ばんづけ》	所属部屋《しょぞくべや》	成《せい》績《せき》	出身《しゅっしん》	回数《かいすう》
平成《へいせい》3（1991）年《ねん》・三月《がつ》	北勝海《ほくとうみ》 信芳《のぶよし》	横綱《よこづな》	九重《ここのえ》	13勝《しょう》2敗《はい》	北海道《ほっかいどう》	8
平成3（1991）年・五月	旭富士《あさひふじ》 正也《せいや》	横綱《よこづな》	大島《おおしま》	14勝《しょう》1敗《ぱい》	青森《あおもり》	4
平成3（1991）年・七月	琴富士《ことふじ》 孝也《たかや》	前頭《まえがしら》13	佐渡ケ嶽《さどがたけ》	14勝《しょう》1敗《ぱい》	千葉《ちば》	1
平成3（1991）年・九月	琴錦《ことにしき》 功宗《かつひろ》	前頭《まえがしら》5	佐渡ケ嶽《さどがたけ》	13勝《しょう》2敗《はい》	群馬《ぐんま》	1
平成3（1991）年・十一月	小錦《こにしき》 八十吉《やそきち》	大関《おおぜき》	高砂《たかさご》	13勝《しょう》2敗《はい》	アメリカ	2
平成4（1992）年・一月	貴花田《たかはなだ》 光司《こうじ》	前頭《まえがしら》2	藤島《ふじしま》	14勝《しょう》1敗《ぱい》	東京《とうきょう》	1
平成4（1992）年・三月	小錦《こにしき》 八十吉《やそきち》	大関《おおぜき》	高砂《たかさご》	13勝《しょう》2敗《はい》	アメリカ	3
平成4（1992）年・五月	曙《あけぼの》 太郎《たろう》	関脇《せきわけ》	東関《あずまぜき》	13勝《しょう》2敗《はい》	アメリカ	1
平成4（1992）年・七月	水戸泉《みといずみ》 政人《まさと》	前頭《まえがしら》1	高砂《たかさご》	13勝《しょう》2敗《はい》	茨城《いばらき》	1
平成4（1992）年・九月	貴花田《たかはなだ》 光司《こうじ》	小結《こむすび》	藤島《ふじしま》	14勝《しょう》1敗《ぱい》	東京《とうきょう》	2
平成4（1992）年・十一月	曙《あけぼの》 太郎《たろう》	大関《おおぜき》	東関《あずまぜき》	14勝《しょう》1敗《ぱい》	アメリカ	2
平成5（1993）年・一月	曙《あけぼの》 太郎《たろう》	大関《おおぜき》	東関《あずまぜき》	13勝《しょう》2敗《はい》	アメリカ	3
平成5（1993）年・三月	若花田《わかはなだ》 勝《まさる》	小結《こむすび》	二子山《ふたごやま》	14勝《しょう》1敗《ぱい》	東京《とうきょう》	1
平成5（1993）年・五月	貴ノ花《たかのはな》 光司《こうじ》	大関《おおぜき》	二子山《ふたごやま》	14勝《しょう》1敗《ぱい》	東京《とうきょう》	3
平成5（1993）年・七月	曙《あけぼの》 太郎《たろう》	横綱《よこづな》	東関《あずまぜき》	13勝《しょう》2敗《はい》	アメリカ	4
平成5（1993）年・九月	曙《あけぼの》 太郎《たろう》	横綱《よこづな》	東関《あずまぜき》	14勝《しょう》1敗《ぱい》	アメリカ	5
平成5（1993）年・十一月	曙《あけぼの》 太郎《たろう》	横綱《よこづな》	東関《あずまぜき》	13勝《しょう》2敗《はい》	アメリカ	6
平成6（1994）年・一月	貴ノ花《たかのはな》 光司《こうじ》	大関《おおぜき》	二子山《ふたごやま》	14勝《しょう》1敗《ぱい》	東京《とうきょう》	4
平成6（1994）年・三月	曙《あけぼの》 太郎《たろう》	横綱《よこづな》	東関《あずまぜき》	12勝《しょう》3敗《ぱい》	アメリカ	7
平成6（1994）年・五月	貴ノ花《たかのはな》 光司《こうじ》	大関《おおぜき》	二子山《ふたごやま》	14勝《しょう》1敗《ぱい》	東京《とうきょう》	5
平成6（1994）年・七月	武蔵丸《むさしまる》 光洋《こうよう》	大関《おおぜき》	武蔵川《むさしがわ》	15勝《しょう》	アメリカ	1
平成6（1994）年・九月	貴ノ花《たかのはな》 光司《こうじ》	大関《おおぜき》	二子山《ふたごやま》	15勝《しょう》	東京《とうきょう》	6
平成6（1994）年・十一月	貴乃花《たかのはな》 光司《こうじ》	大関《おおぜき》	二子山《ふたごやま》	15勝《しょう》	東京《とうきょう》	7
平成7（1995）年・一月	貴乃花《たかのはな》 光司《こうじ》	横綱《よこづな》	二子山《ふたごやま》	13勝《しょう》2敗《はい》	東京《とうきょう》	8
平成7（1995）年・三月	曙《あけぼの》 太郎《たろう》	横綱《よこづな》	東関《あずまぜき》	14勝《しょう》1敗《ぱい》	アメリカ	8
平成7（1995）年・五月	貴乃花《たかのはな》 光司《こうじ》	横綱《よこづな》	二子山《ふたごやま》	14勝《しょう》1敗《ぱい》	東京《とうきょう》	9
平成7（1995）年・七月	貴乃花《たかのはな》 光司《こうじ》	横綱《よこづな》	二子山《ふたごやま》	13勝《しょう》2敗《はい》	東京《とうきょう》	10
平成7（1995）年・九月	貴乃花《たかのはな》 光司《こうじ》	横綱《よこづな》	二子山《ふたごやま》	15勝《しょう》	東京《とうきょう》	11
平成7（1995）年・十一月	若乃花《わかのはな》 勝《まさる》	大関《おおぜき》	二子山《ふたごやま》	12勝《しょう》3敗《ぱい》	東京《とうきょう》	2
平成8（1996）年・一月	貴ノ浪《たかのなみ》 貞博《さだひろ》	大関《おおぜき》	二子山《ふたごやま》	14勝《しょう》1敗《ぱい》	青森《あおもり》	1
平成8（1996）年・三月	貴乃花《たかのはな》 光司《こうじ》	横綱《よこづな》	二子山《ふたごやま》	14勝《しょう》1敗《ぱい》	東京《とうきょう》	12
平成8（1996）年・五月	貴乃花《たかのはな》 光司《こうじ》	横綱《よこづな》	二子山《ふたごやま》	14勝《しょう》1敗《ぱい》	東京《とうきょう》	13
平成8（1996）年・七月	貴乃花《たかのはな》 光司《こうじ》	横綱《よこづな》	二子山《ふたごやま》	13勝《しょう》2敗《はい》	東京《とうきょう》	14
平成8（1996）年・九月	貴乃花《たかのはな》 光司《こうじ》	横綱《よこづな》	二子山《ふたごやま》	15勝《しょう》	東京《とうきょう》	15
平成8（1996）年・十一月	武蔵丸《むさしまる》 光洋《こうよう》	大関《おおぜき》	武蔵川《むさしがわ》	11勝《しょう》4敗《はい》	アメリカ	2
平成9（1997）年・一月	若乃花《わかのはな》 勝《まさる》	大関《おおぜき》	二子山《ふたごやま》	14勝《しょう》1敗《ぱい》	東京《とうきょう》	3
平成9（1997）年・三月	貴乃花《たかのはな》 光司《こうじ》	横綱《よこづな》	二子山《ふたごやま》	12勝《しょう》3敗《ぱい》	東京《とうきょう》	16
平成9（1997）年・五月	曙《あけぼの》 太郎《たろう》	横綱《よこづな》	東関《あずまぜき》	13勝《しょう》2敗《はい》	アメリカ	9
平成9（1997）年・七月	貴乃花《たかのはな》 光司《こうじ》	横綱《よこづな》	二子山《ふたごやま》	13勝《しょう》2敗《はい》	東京《とうきょう》	17
平成9（1997）年・九月	貴乃花《たかのはな》 光司《こうじ》	横綱《よこづな》	二子山《ふたごやま》	13勝《しょう》2敗《はい》	東京《とうきょう》	18